贵州省重点学科"教育学"阶段性建设成果
贵州民族地区学前教育专业研究生工作站阶段性建设成果
"服务国家特殊需求人才培养项目"——学士学位授予单位开展培养硕士专业学位研究生试点工作成果
民族地区学前教育师资专业能力创新创业训练中心阶段性建设成果
黔南民族师范学院一流学科"教育学"阶段性建设成果

民族地区学前教育改革与发展研究

（第三辑）

主　编　辛均庚　王双宏　石恒帅

副主编　刘　珊　张陆海　王　梅　王曼君　刘　凯

编　委　陈　凌　陈亚萍　侯天庆　勾　训　张　玫
张　莉　蒙家宏　李　馨　田　穗　许湘云
张　健　谭　强　田应仟　皮梦君

西南交通大学出版社
·成　都·

图书在版编目（CIP）数据

民族地区学前教育改革与发展研究. 第三辑 / 辛均庚，王双宏，石恒帅主编. —成都：西南交通大学出版社，2018.11

ISBN 978-7-5643-6596-7

Ⅰ. ①民… Ⅱ. ①辛… ②王… ③石… Ⅲ. ①民族地区－学前教育－教育改革－研究－中国②民族地区－学前教育－发展－研究－中国 Ⅳ. ①G619.21

中国版本图书馆 CIP 数据核字（2018）第 262450 号

民族地区学前教育改革与发展研究

（第三辑）

主编／辛均庚　王双宏　石恒帅

责任编辑／吴　迪
特邀编辑／任淑莉
封面设计／严春艳

西南交通大学出版社出版发行
（四川省成都市二环路北一段 111 号西南交通大学创新大厦 21 楼　610031）
发行部电话：028-87600564
网址：http://www.xnjdcbs.com
印刷：成都中永印务有限责任公司

成品尺寸　185 mm × 260 mm
印张　14.75　　字数　367 千
版次　2018 年 11 月第 1 版
印次　2018 年 11 月第 1 次

书号　ISBN 978-7-5643-6596-7
定价　68.00 元

前 言

国运兴衰，系于教育；教育振兴，源于基础。学前教育是我国学校教育和终身教育的奠基阶段，是国民教育体系的重要组成部分，是重要的社会公益事业。2010 年《国家中长期教育改革和发展规划纲要》将学前教育作为教育改革发展的八大任务之一，专章进行部署，提出到 2020 年基本普及学前教育的目标。2016 年《关于当前发展学前教育的若干意见》提出了十条强有力的政策措施，将学前教育作为推动教育事业科学发展的重要任务，作为建设社会主义和谐社会的重大民生工程。

近五年来，我国学前教育事业发展迅速，2016 年全国学前三年毛入园率已从纲要发布前的 50.9%提高到 77.4%。但由于底子薄、欠账多，学前教育依然是教育体系的薄弱环节，“入园难”“入园贵”问题尚未根本解决。全面二孩政策的实施和城镇化进程的加快，对学前教育改革发展提出了新的要求和挑战。

要全面实现教育现代化，稳步推进全民教育和终身学习，发展公平而有质量的教育，就目前我国教育发展整体而言，必须着重提升民族地区教育水平，特别是民族地区学前教育发展这个短板。关注和研究民族地区学前教育，促进民族地区学前教育科学健康发展，是当前教育研究和实践探索的重要内容。

本书基于上述理念和背景应运而生，围绕民族地区学前教育改革与发展，对幼儿健康教育、幼儿语言与社会教育、幼儿科学与艺术教育、幼儿课程与活动、幼儿教师教育等专题进行了理论与实践探讨，系黔南民族师范学院学前教育专业本科生论文集，以期对民族地区学前教育改革发展提供一定的理论指导和实践参考。

本书体现了“民族性、理论性、应用性”三大特点。以民族性贯穿全书，在一定理论研究基础上，通过调查研究、专题探讨，呈现了民族地区学前教育改革与发展的实况，让广大读者学习和了解民族地区学前教育事业发展情况。力求以《国家教育事业“十三五”规划》《幼儿园教育指导纲要（试行）2016》《3—6 岁儿童学习与发展指南》等国家文件为依据，结合民族地区学前教育发展实际进行研究，从理论与实践两个视角较为系统地探究民族地区学前教育的改革与发展。

编 者

2018 年 10 月

目 录

专题一 幼儿健康教育

专题二 幼儿语言与社会教育

专题三 幼儿科学与艺术教育

专题四　幼儿园课程与活动

专题五　幼儿教师教育

专题一

幼儿健康教育

学前儿童对死亡的认知研究

韦大然

摘　要：大多数学前儿童对死亡没有形成正确的认知观念，导致出现他们对死亡认识不够和错误地使用死亡词汇来和他人进行交流等一系列问题。要解决这一问题就要从学前儿童对死亡的认知观念上着手，研究学前儿童对死亡的认知情况，并帮助学前儿童正确认识死亡，学会尊重生命以及维护自己及他人的生命安全。

关键词：学前儿童；死亡；认知研究

人是世界上具有高等智慧的生命体，研究人的生老病死是人类的一大课题。死亡对于成人是生命的逝去，但是在学前儿童的认知里，并不清楚地知道死亡是怎么一回事，但又常常会听到孩子说出一些关于死亡的词语。因为死亡这一课题的特殊性，在学前儿童的教育中，涉及这一知识的课题也不常见。因此，学前儿童对死亡的认知自然就得不到系统化的训练，从而导致学前儿童对死亡缺乏正确的认识。为此，本文研究关于学前儿童对死亡的认知是具有一定意义的，对这一课题的研究有助于成人更好地了解学前儿童的内心世界，有助于教师在执教过程中遇到类似的问题有一定的心理准备。

一、学前儿童对死亡的认知现状

（一）学前儿童对死亡没有形成正确的认知观念

学前儿童发展心理学指出："学前儿童思维的内容是具体的，同时学前儿童最初掌握的概念大多是日常生活中经常接触的各类事物的名称。"[1]。学前儿童因为受到成人的保护，不会轻易看到死亡的残忍。大多数父母在接触死亡时，都不会让孩子目睹死亡，或是不直接告诉孩子死亡的意义，大多数父母总是愿意为孩子编造美丽的童话。活在童话里的孩子当然不能理解死亡是一种多么无奈的事情，因而在他们的认知范畴里死亡就不是真正意义上的死亡。所以死亡对于学前儿童仅仅只是一句话或是一种情绪，学前儿童并不能理解死亡是一种不可逆转的状态。

【案例一】　小轩是一名三岁半的小男孩，是某幼儿园小班的孩子；思思是一个四岁零八个月的小女孩，在读中班；阳阳是一名六岁零三个月的男孩子，在读大班。在回答"什么是死亡"这一问题时，三个小朋友给出的答案各不一样。小轩说："我知道死了就是睡着了"；思思的回答是："妈妈说死了就是去天上了"；阳阳面带自信地告诉我："老师，我知道死了就是去一个很远的地方，要很久才能回来"。

虽然三个小朋友的回答各不相同，但是也不能说谁对谁错，在孩子的认知里，他们所认为的就是正确的。每个孩子对于死亡的认知或多或少都是从父母或是别人处听来的，而大多数父母对于死亡的解释也各不相同，所以在调查学前儿童对死亡的认知时会发现每个孩子对于死亡都有自己的理解，而对死亡概念并不是完全掌握，对死亡的认知也就停留在一个浅显的层面。

（二）学前儿童对死亡的理解和运用不够恰当

由于学前儿童对死亡的认知不够正确，所以常常会出现学前儿童使用一些关于死亡的字眼，当孩子再说出“你去死”“我要杀死你”的时候，他们要表达的通常是一种愤怒的情绪。

在某幼儿园见习时遇到这样一个真实的案例：

【案例二】 周五这一天，大一班的老师要求每个幼儿带一个自己喜欢的玩具来幼儿园和别的小朋友分享。刚吃完早餐不久准备开始集体教学活动时，笔者发现有个小朋友情绪很低落地待在角落里，我过去低声问他。

我：小朋友，你怎么了？怎么待在这里呢？老师都叫进教室了。

孩：我带的玩具被大二班的玩坏了，我恨死他了，我想一刀把他杀了。

我：玩具玩坏了我们叫大二班的孩子给你道歉就好了，好不好？不可以生气了。

孩：可是我把玩具弄坏了回家爸爸要骂我的，如果爸爸妈妈老师都不相信我，认为是我弄坏的呢？

当我正准备跟他说点什么的时候，老师走过来把他带走了。当时我并不知道对于一个说出死亡的孩子应该给予什么反应，所以一定程度上我觉得老师缓解了我的窘态。但是后来看过一系列的资料，也问过那个闹情绪的小孩关于他对死亡的理解，得到的回答是：“不知道。”

其实，在学前儿童有限的认知范围内，是没有办法正确认识死亡这回事的，所以，尽管学前儿童常常会使用关于死亡的字眼，但这并不能代表他们心里的真实想法。也就是说，当学前儿童说出想让某某人去死的时候，在他们的大脑里并不知道死亡是一种怎样的后果。

学前儿童在使用死亡一词时并不理解真正的含义，那促使学前儿童说出让对方去死的原因又是什么呢？在询问中发现，大多数使用死亡词汇去攻击别人的学前儿童都是因为模仿别人。美国当代著名心理学家阿尔伯特·班杜拉的社会学习理论中把观察学习过程分为注意、保持、动作复现、动机四个阶段，简单地说就是观察学习须先注意榜样的行为，然后将其记在脑子里，经过练习，最后在适当的动机出现的时候再一次表现出来。模仿是学前儿童学习的一种主要方式，他们模仿的对象有影视作品中的人物，也有现实生活中使用语言暴力的人。虽然说模仿可以使孩子获得新的知识经验，但是这种不健康的模仿反而会使学前儿童错误的认识死亡，不能正确理解死亡。所以成人对死亡这一词汇的运用要恰当，如果一个孩子生活在充满暴力语言的环境里，自然就潜移默化地模仿暴力语言。

（三）学前儿童认为死亡可以逆转

在成人的认知里，死亡是生命的终结，但于学前儿童而言，他们并不能知道死亡就是生命的尽头。在询问学前儿童对死亡的理解时，得到的答案是“睡着了”“离开了”“休息”等等。学前儿童总是认为死亡是一种可以逆转的状态，并不是无可挽回的生命消逝。

【案例三】 中二班的小明今年四岁半，有一天他爬到很高的栏杆上，站在他下面的小华对他说："你快下来，我妈妈说爬高高会摔死的。"小明笑嘻嘻地回答小华："我才不怕，我知道死了可以睡觉，醒来就好了。"老师看到这一幕后立即制止了小明，并叫他下来跟他解释了什么是死亡。下午老师以此为契机开展了一次以生命安全教育、认识死亡为主题的集体教学活动，引导孩子正确认识死亡并学会保护自己。

学前儿童对于死亡的错误认知会影响学前儿童对待生命的态度，所以让学前儿童对死亡形成一种正确的认知有利于对学前儿童进行生命安全教育的，也有利于培养学前儿童珍爱生命的意识。基于学前儿童对死亡的错误认知，对学前儿童进行死亡认知研究，并根据研究开展适合学前儿童心理发展特点的死亡认知课程是非常有必要的。

二、学前儿童在面对死亡时产生的心理变化

在成人的世界里提到死亡大多是说某一个人的逝去，而对于孩子而言，他们当然不能理解一个人不存在的意义。对于他们来说，不存在或是消失都是离开的一种状态，在研究学前儿童对死亡的反应这一问题上，我们可以从学前儿童最喜欢的宠物来试探学前儿童对于死亡的感受。

【案例四】 在幼儿园里，学前儿童对自然角饲养的小动物都很喜爱，也都愿意把小动物当成自己的朋友。大一班的自然角区域养了三只小金鱼，值日的小朋友每天都会给小金鱼换水、喂食，小朋友都很喜欢这三只小金鱼。周五的早上，值日的小朋友正准备给小金鱼喂食时突然发现一只小金鱼不动了。值日的小朋友心里很着急，不知道怎么办，垂着小手不安地站在鱼缸前，直到老师注意到走过去问他时，这位小朋友才支支吾吾地告诉老师小金鱼死掉了。在老师的安慰下，过了好久之后这位小朋友才慢慢地恢复过来，可是这位小朋友一整天都闷闷不乐地待在自己的座位上。

这一案例表明了学前儿童在面对死亡时的一种焦虑状态，案例中的值日生因为发现小金鱼的死而情绪突变，甚至不知道自己应该怎么办。直至老师发现这位小朋友并安慰他后，这位小朋友焦虑不安的情绪才得以平复。当死亡被赤裸裸地摆在小朋友的面前时，抽象的死亡瞬间被具体化，一时难以接受的孩子才会表现出这样一种焦虑的状态。

当学前儿童在接触死亡时也会像成人一样出现情绪的波动。如果我们的亲人去世了，悲伤的氛围就会笼罩整个家庭，而学前儿童在听到死亡这一消息时也会表现出不同程度的难过。虽然学前儿童对死亡没有形成正确的认知，但是死亡这一不可抗拒不可改变的事实也确实能影响到学前儿童的情绪。上文中提到的小金鱼的例子就是最好的证明，小朋友在最初的焦虑得以缓解后仍然会保持一段时间的低落情绪，而这样的情绪就是学前儿童对死亡的感受和理解的表露。

成人在安慰面对死亡而感到难过的学前儿童时，应正确解释死亡的不可抗性，让学前儿童了解死亡是伴随生命而来的，有生命的物体都终将会面临死亡。并让学前儿童从别的生命消逝过程中认识到生命的美丽，适时开展学前儿童生命安全教育工作，让学前儿童从小养成珍爱生命、尊重生命的意识。

三、学前儿童对死亡的认知受外界影响并不断发展

学前儿童对死亡的认知并不是一次性完成的，而是不断受外界对其潜移默化的过程，是在一次次地面对死亡、感受死亡后不断发展建立起来的认知系统。

（一）学前儿童对死亡的认知受外界影响

学前儿童是生活在社会中的个体，学前儿童对世界的认知都会受其生活的因素影响。而影响学前儿童对死亡认知的因素很多，在研究学前儿童对死亡的认知时，每一个因素都不能忽略。浙江省立同德医院临床心理科主任徐方忠曾说过："少年儿童对死亡的认知，根据年龄，家庭教育的不同和外界因素的影响，表现也完全不同。"①

第一，受影视作品、游戏的影响。随着时代的不断进步，各种各样的影视作品层出不穷，学前儿童接触的影视作品也越来越多样化。在影视和网络时代发达的今天，学前儿童必然会受到影响。有些小孩甚至会受到游戏里打打杀杀的情节影响，对死亡这一词汇做出错误的理解。在某些影视作品中，对死亡的描写过于夸张，从而错误地引导学前儿童对死亡的理解。当然，这也不是全盘否定影视作品，大多数影视作品是有教育意义的，这就需要家长在允许孩子观看视频时选择符合学前儿童认知发展观的，选择有正面教育意义的。除此之外，现在的一些游戏也会对学前儿童有影响，游戏中的角色死亡之后的复活是轻而易见的，这会给学前儿童造成一些错误的认知，所以在学前儿童游戏过程当中要适时对学前儿童实施正确的死亡教育。

在关注时代进步可能带来的一些负面影响时，也要注意结合现代社会的发展对学前儿童进行正确的死亡教育，学前儿童教师更应抓住各种对学前儿童实施死亡教育的机会。

第二，受家庭的影响。家庭是学前儿童接触世界的开始，父母的启蒙教育也是每个学前儿童发展的奠基石，家庭教育伴随孩子的一生。家庭给予孩子的除了教育之外，父母的一言一行都是学前儿童模仿和学习的对象，也许父母不是直接地教给学前儿童知识，但是潜移默化恰恰也是一种教育的方式。所以，父母对死亡持什么态度对学前儿童来说是一种最直接的影响，有的父母出于保护孩子的心理，不愿意孩子在小小年纪就知道死亡这一概念，更不愿意让孩子去讨论死亡这样的禁忌话题。但也有些父母乐于教给孩子死亡的一些相关知识，并让孩子从小认识到死亡是生命不可逃避的一种终结方式。显然，对于心理认知还处在不成熟阶段的孩子们，死亡教育是一个严肃而又不可回避的话题。

成人在给学前儿童进行死亡教育时，一定要实事求是，本着科学的态度让孩子知道生命的特征和死亡是不可逃避的。在孩子的理解范围内进行必要的死亡教育或是生命安全教育都是必要的，消除孩子对死亡的恐惧心理，同时又要让孩子学会保护自己。

第三，受教育机构的直接影响。幼儿园和幼教机构对孩子的影响是最直接的，学前儿童处于对外界充满好奇心的年龄，教育机构对学前儿童实施什么样的教育直接影响学前儿童对世界的认知。学前儿童还处在没有自我探究能力的年龄段，老师的言行就是学前儿童认识世界的标准，甚至老师的话就是权威，基于这一点，学前儿童教师在孩子认识未知事物方面起着很重要的桥梁作用。所以，学前儿童教师对学前儿童的教育一定要符合实际，应当善于把

① 引自2012年7月4日浙江新闻《孩子想不通 家长解释不通 你会怎么向孩子说"死亡"》。

科学的理论转化为易于学前儿童接受的简单道理，在进行死亡这一话题的教育上也不例外。

学前儿童不仅仅是因为要认识死亡而接受死亡教育，更多的是从接受死亡教育的过程中认识到生命的伟大，在学前儿童认识死亡这一漫长的过程中，教育者要有很好的耐心，允许孩子犯错，也要允许孩子说出自己心里的想法。学前儿童是幼教机构的主体，所有的资源都是为这一主体服务的。关注学前儿童的健康包括学前儿童的心理、生理健康，而正确的死亡教育可以让学前儿童认识生命、敬畏生命。孩子都有一种与生俱来的自我保护的能力，而如何发展这一能力就是每一个学前儿童教师都需要思考的问题。

（二）小、中、大班学前儿童对死亡认知的发展过程

学前儿童对死亡的认知不是一个短暂的过程，而是一个漫长的过程，而这一过程的发展是随学前儿童年龄的发展而发展的。在人的一生中，3～6 岁是发展最快速的时期，也是各种个性养成的关键时期，在这时期让学前儿童正确地认识死亡这一必经的生命过程是对学前儿童生命观的保障。在幼儿园里，大中小班的学前儿童因为自身年龄特点不同，对死亡的认知程度也存在一定的差距。但是这样的差距存在是合理的，每个年龄段的学前儿童能掌握的知识概念的程度是不一样的，但总体来看，学前儿童对死亡的认知是随着年龄的增大而趋向成熟的。

第一，小班学前儿童对死亡的认知。早期研究表明，2～3 岁的学前儿童对死亡这一概念已有模糊的认识，而幼儿园小班的学前儿童大多都是 3～4 岁这一阶段，死亡对他们来说已经不是一个陌生的话题。小班的学前儿童对死亡的认知还停留在认识的初期，他们知道有死亡这一概念的存在，但是不能理解死亡的具体特征。比如，小班学前儿童在听到死亡这一词语时，没有对死亡这个话题表示惊讶，但是当问及他们什么是死亡时，他们并不能正确回答老师的这个问题，少数孩子甚至不愿意回答。因为小班的学前儿童在这一时期的心理、语言各方面等都没有得到很好的发展，对这一概念不能进行一个整合。

第二，中班学前儿童对死亡的认知、感受。在中班对学前儿童提出同样的问题，得到的答案就是不一样的。大多数孩子对这一问题的反应很积极，愿意表达自己对死亡的感受，也知道死亡会产生怎么样的结果。这一年龄段的学前儿童经过小班的锻炼，各方面都有明显的进步，他们愿意说出自己的想法，对概念也有自己初步的解释。当中班学前儿童在面对小宠物的死亡时，能告诉老师或者小朋友自己心里不舒服，知道死亡伴随的是一种悲伤的情绪。也愿意让老师和小伙伴知道自己心里的难过，愿意接受老师的安慰，这一年龄段的学前儿童也具备与人交往的基本能力了。

在这一年龄段的学前儿童对自己的亲人离世会感到悲伤，大多数孩子在面对亲人的死亡时能明白地表达对亲人的不舍和对死亡的无奈。例如，中班的孩子在得知父母生病的时，就会明确地表达出“我不要你死”，这句话表明了中班孩子知道疾病会导致死亡，担心父母会离开自己。说明孩子不光知道死亡，还知道伴随死亡的一系列后果。

第三，大班学前儿童对死亡的认知、理解。幼儿园大班的孩子在小班和中班的基础上，对死亡有了新的认识，他们在面对死亡时会更清楚地表达自己的感受。大班的孩子由于对世界的好奇心和具有一定的探究能力，对死亡这一问题不仅仅有了自己的感受，还会提出一些关于死亡的问题。比如他们会问：“死了以后会去哪里？会不会像现在一样？死是怎么样的感

受？”等等。这些问题的提出表明了这一年龄段的学前儿童对死亡已经不仅仅满足于老师或是父母教给的知识经验，学前儿童会有探究的欲望，想要知道更多自己不知道的关于死亡的事情，这是大班学前儿童最显著的特点。这一特点有利于开展学前儿童对死亡认知的教育活动，在大班开展这样的活动也比较容易被接受，大班孩子对死亡的探究欲望也更有利于活动的开展。

大班学前儿童能理解死亡是生命的一种状态，对死亡概念的掌握较之小班、中班要高得多，大多数大班学前儿童都能说出死亡的意思。他们知道死亡是一种长久的离开，也知道死了以后就见不到摸不到了，明白死亡是让人们感到难过和痛苦的。虽然，大班学前儿童对死亡的认知有了很大发展，但并不表示大班学前儿童对死亡的所有特征都掌握了。有研究表明3-6 岁的学前儿童均不能认识到死亡的不可逆性，即不明白人死不能复生的道理，即使大班的孩子对死亡有了更深层次的理解，但还是不能理解“为什么死了就回不来了”这一深奥的问题。

因此，对于学前儿童这一特殊的群体，我们要根据学前儿童的身心发展特点给与学前儿童正确的教育方式是非常重要的。因为死亡本身是一个很特殊的话题，也是一种抽象的概念，这一点并不符合学前儿童掌握概念的特点，所以让学前儿童了解死亡并不是一个简单的过程。学前儿童教师在给学前儿童灌输这一知识的时候尤其要注意学前儿童能接受的程度，不能操之过急。当然，这一过程并不只是在幼儿园就能完成的，父母是孩子的第一任老师，在家庭教育方面，父母需要配合学前儿童教师的教学方式。

四、结论及建议

（一）关于学前儿童对死亡认知研究的结论

第一，大多数学前儿童在学前期并没有形成正确的死亡认知观念。这一结论对于开展学前儿童死亡认知教育具有一定的指导意义，只有在清楚学前儿童对于当前知识的需求以及掌握程度后才能有效地制定出针对学前儿童对死亡认知的教育方案。

第二，大多数学前儿童认为死亡是一种可以逆转的状态。对于这一结论首先是要改变学前儿童的错误认知，并逐步帮助学前儿童建立正确的死亡认知观念。

第三，学前儿童对死亡的认知受外界和自身生活经验影响。

第四，学前儿童对死亡的认知发展过程与其认知发展特点相适应，并随认知发展而发展。

（二）关于学前儿童对死亡认知教育的几点建议

第一，对学前儿童实施正确的死亡认知教育。在幼儿园的工作当中，教师对学前儿童起着非常重要作用，死亡是一个不可避免的话题，那么死亡教育当然也是不容忽视的。知识的科学性要求教给学前儿童的知识一定是准确无误的，不能因为保护学前儿童而改变死亡的本质，只有让学前儿童接受正确的死亡知识，他们才会认识到死亡的重要意义。在学前期，学前儿童还没有阅读文字的能力，但是多数学前儿童对绘本很感兴趣，绘本教学在幼儿园教育活动中也是常见的。简单有趣的绘本故事符合学前儿童的心理认知特点，选择绘本故事给学前儿童讲解死亡是一种常见的教学手段。在选择绘本进行教育活动时，要根据各年龄班的认知特点选择适合的绘本，教师在根据绘本开展教学活动时也要注意学前儿童的接受能力。

在众多绘本故事中，描述关于死亡的绘本并不多，这里有些比较符合此主题的绘本可供参考。例如，绘本《爷爷变成了幽灵》中以平淡的语气表达浓浓的祖孙之情。书中朴实、淡彩的图画，让人感受不到死亡的可怕。[2]绘本《我永远爱你》是一本关于学前儿童喜爱的小狗死去的绘本故事，这本绘本涉及老、病、死这几个主题，让学前儿童在认识死亡的同时也提及学前儿童应该怎样面对死亡带来的伤痛，是一本可以作为教育资源的绘本。[3]还有一本名为《一片叶子落下来》的绘本，这是一本关于生命的童话，作者以一片叶子经历四季的故事讲述生与死的平衡，这本绘本自 1982 年出版以来，帮助了很多人认识生死问题，也是对学前儿童进行生命教育的不错选择。[4]

第二，为学前儿童创设对死亡认知的健康环境。良好的环境是学前儿童学习的有力保障，而学前儿童接受死亡认知的环境主要是幼儿园和家庭，家园合作要创设有利于学前儿童认识死亡的健康环境。不夸张死亡带来的一系列后果，也不回避死亡这一被人们视为禁忌的话题。幼儿园对死亡这一话题要正确引导学前儿童或幼儿去认识，对学前儿童提出的问题要耐心解释，应该组织学前儿童探究这一问题。

在家庭方面，父母不用为了担心学前儿童不能接受死亡的残酷而刻意去隐藏、掩饰死亡这一事件，而是应该借助一些契机教孩子认识死亡的特征和意义。从而让孩子认识生命的美好，以及一家人在一起的美好，教学前儿童珍爱自己和别人的生命，热爱生活中的点点滴滴。

第三，尊重学前儿童认知发展规律。因为学前儿童的心理认知和各方面的接受能力都还处于发展中，在给学前儿童进行死亡知识教育时要特别注意学前儿童的这一特点。学前儿童认识死亡这一抽象的概念是需要时间和不断经历的生活累积的，不能操之过急地一下子把所有关于死亡的知识塞到学前儿童的大脑里。总之，学前儿童对死亡的认知是一个漫长的过程，这个过程是教师的教和学前儿童的接受、理解相结合的，教师在执教时应当符合各个年龄阶段的认知发展规律。

参考文献

[1] 魏勇刚. 学前儿童发展心理学[M]. 北京：教育科学出版社，2012.

[2] [丹麦]金·弗珀兹·艾克松，[瑞典]爱娃·艾瑞克松. 爷爷变成了幽灵[M]. 武汉：湖北美术出版社，2007.

[3] [美]汉思·威尔罕. 我永远爱你[M]. 赵映雪，译. 济南：明天出版社，2010.

[4] [美]利奥·巴斯卡利亚. 一片叶子落下来[M]. 任溶溶，译. 海口：南海出版公司，2006.

幼儿心理健康现状调查及研究
——以都匀地区为例

吕忠敏

摘　要：为了了解都匀市幼儿心理健康现状，本研究对此做了调查，并发现幼儿心理健康存在的问题，由此从幼儿园教育、家庭教育及亲子关系中提出积极有效的措施，保持幼儿心理健康和预防幼儿心理问题，创设一个有利于幼儿身心健康全面发展的良好环境。

关键词：幼儿心理健康；现状；对策

心理健康作为健康的重要组成部分，对于幼儿全面健康的发展具有重要意义。健全完善的人格是幼儿成才的第一步，而心理健康是健全人格必不可少的条件，由于传统观念的限制和教育思想的落后，幼儿教育中心理健康教育尚未得到重视，导致幼儿产生一系列心理问题，严重的还会形成心理卫生障碍。本次研究将根植于都匀市一线幼儿教育环境，针对现实生活环境中幼儿存在的心理卫生问题进行研究，力图发现其产生的原因，并为以后的教育提供有效的策略。

一、幼儿心理健康概述

幼儿心理健康是指幼儿在一定的年龄阶段内心理发展应达到的一定水平，情绪积极，性格开朗，无心理障碍，对环境有较快的适应能力。幼儿心理健康有以下六个标志：

其一，动作发展正常。幼儿的动作发展和大脑的发育密切相关，不论是身体躯干的大动作还是手指精细动作的发展都应处于一定的正常范围内，这是幼儿心理健康的基础。

其二，认识、思维或知觉的发展正常。认识、思维或知觉的发展是幼儿健康成长首要条件，幼儿的认识、思维或知觉发展存在个体差别，但其又有一定的正常范围，如果某幼儿的水平不在这一范围内，那么该幼儿即可认为认识、思维或知觉的发展不正常，心理不健康。

其三，心理状态良好。积极的心理状态一方面是身体机能发展良好的表现，另一方面体现了个体身心状态的良好。幼儿的心理状态不稳定，但是，随着时间的推移，幼儿会学习自我控制、自我疏解和发泄，之后心理状态不断趋于稳定，如果幼儿经常处于消极的情绪状态中，或异常冲动，那么即可认为其心理不健康。

其四，与人相处和谐。人与人之间的相处是心理健康发展的重要因素，幼儿通过和人相处来维持自身的心理健康，如果幼儿不能与人和平相处，不合群，孤僻或者不受欢迎，则可以判定该幼儿心理可能存在问题。

其五，自我意识良好。个性中最核心最本质的即为自我意识，主要包括幼儿对自己的评价、幼儿对自己的控制和自己对自身和外部世界的体验，心理健康的幼儿一般表现为相信自己，能够按照自己的意图进行活动、合作等特征。而冷漠、被动、自卑等则是心理不健康的表现。

其六，没有严重的心理卫生问题。吮吸手指、遗尿、口吃、多动等都是心理不健康的表现。

二、调查设计

（一）调查内容

通过学校的集体实习，本研究对幼儿的具体情况有一定的直接接触。通过在实习期间的观察和体验，了解到某些幼儿的心理健康的信息和现状的情况，发现了一些幼儿心理健康的问题。例如，有些幼儿在幼儿园中比较任性、霸道、自私自利；有些幼儿不与人进行交往，经常独来独往、孤僻、沉默；有些幼儿生长发育迟缓，达不到同年龄段幼儿的正常发展水平等等。为了解都匀市幼儿心理现状，特制作了关于“幼儿心理现状”调查表。调查是从幼儿心理健康的六个标准来判断幼儿的心理状态，然后根据监护人的回答来判断幼儿心理是否健康。

（二）调查对象

此次调查以问卷的形式，以幼儿监护人为对象，对 5 所幼儿园的幼儿监护人发放问卷。调查的监护人对象主要以黔南州机关幼儿园北园为主，以其他幼儿园为参考，包括黔南州机关幼儿园（南园）、都习市第一幼儿园、都习市第四幼儿园、都匀市智慧星幼儿园。其中示范性幼儿园三所、普通幼儿园两所。具体调查情况如表 1、2 所示：

表 1　5 所被调查幼儿园的基本情况

幼儿园等级及占比		幼儿人数及占比		幼儿园性质及占比	
市/县	乡/镇	100～400 人	400 人以上	公立	非公立
3 所	2 所	1 所	4 所	4 所	1 所
60%	40%	20%	80%	80%	20%

表 2　5 所被调查幼儿监护人的基本情况

合计	黔南州机关幼儿园（北园）幼儿人数	黔南州机关幼儿园（南园）幼儿人数	都匀市第一幼儿园幼儿人数	都匀市第四幼儿园幼儿人数	都匀市智慧星幼儿园幼儿人数
350 人	150 人	50 人	50 人	50 人	50 人

（三）调查方法

调查方法以问卷和访谈为主，将都匀市 5 所幼儿园中幼儿心理健康问题所占的百分比进行分析。其中问卷以到幼儿园实地发放为主要发放形式，之后再对数据行整理、统计。访谈是通过与都匀市各个幼儿园的幼儿施教者进行交流访问和谈话从而收集有效资料。除了以上两种主要调查方式以外，还利用观察法、文献法等进行观察与记录。

三、调查结果

本次调查表的发放基本情况如表 3 所示：黔南州机关幼儿园（北园）发放调查表 155 份，收回有效 133 份；黔南州机关幼儿园（南园）发放调查表 50 份，收回有效 45 份；都匀市第一幼儿园发放调查表 50 份，收回有效 48 份；都匀市第四幼儿园发放调查表 50 份，收回有效 50 份；都匀市智慧星幼儿园发放调查表 50 份，收回有效 35 份。

表 3　调查表发放与收回具体情况

项目	黔南州机关幼儿园（北园）	黔南州机关幼儿园（南园）	都匀市第一幼儿园	都匀市第四幼儿园	都匀市智慧星幼儿园
发放/份	150	50	50	50	50
收回/份	133	45	48	50	35
回收率/%	89	90	98	100	70

《3—6 岁儿童学习与发展指南》中明确指出：“发育良好的身体，愉快的情绪、强健的体质、协调的动作，良好的生活习惯和基本生活能力是幼儿身心健康的重要标志，也是其他领域学习与发展的基础”，“幼儿心理健康是幼儿社会领域的重要内容，幼儿社会领域的学习发展过程是其社会性不断完善并奠定健全人格的基础”。然而通过本研究调查发现幼儿的心理健康存在一定的问题，有的幼儿表面上看似个性独特，教师和家长就任其自由发展；有的幼儿暴躁、易怒，家长就只追求表面的安抚而不追究其深层次的原因；有的幼儿表现出异常的反映，家长和教师没有及时发现或发现了没有采取应对措施和有效策略，教师在教育过程中忽略了心理健康教育，幼儿家长不关注幼儿心理健康等。幼儿心理健康存在的主要问题，具体调查结果如表 4 所示：

表 4　幼儿心理健康存在的主要问题

项目	情绪情感	社会行为	习惯	学习	发展	精神
人数/人	63	32	47	110	50	53
百分比/%	20	10	15	35	16	16

统计显示，都匀市幼儿心理健康存在六方面的问题，具体每一方面的情况如表 5 ~ 10 所示：

（一）情绪情感

表 5　幼儿情绪情感各方面具体情况

项目	回避目光接触	面部表情冷漠	要求必须满足	情绪不稳定	合计
人数/人	13	12	28	10	63
百分比/%	4	4	9	3	20

由表5的数据可见，幼儿在情绪情感方面存在心理问题的有20%，具体为：4%的幼儿回避目光接触，4%的幼儿面部表情冷漠，9%的幼儿要求必须满足，3%的幼儿情绪不稳定。在情绪情感方面，幼儿主要表现出来的问题是交流障碍。具体表现在幼儿与人交流过程中会回避目光接触、面部表情冷漠、不会与人沟通、所提的要求必须满足、好动、好哭闹、情绪起伏不稳定等。

（二）社会行为

表6　幼儿社会行为各方面具体情况

项目	攻击性行为	动作发展迟缓	干扰他人活动	合计
人数/人	17	7	8	32
百分比/%	5	2	3	10

由表6的数据可见，幼儿在社会行为方面存在心理问题的有10%，具体为：5%的幼儿具有攻击性行为，2%的幼儿动作发展缓慢，3%的幼儿会干扰他人活动。在社会行为方面，幼儿主要表现出来的问题有易激动易怒、有攻击性行为、不爱惜物品、经常弄坏东西、动作笨拙、发育迟缓、动作发展不协调、经常惹人或干扰他人活动等。

（三）习　惯

表7　幼儿习惯各方面具体情况

项目	问题行为	挑食、偏食	合计
人数/人	20	27	47
合计/%	6	9	15

由表7的数据可见，幼儿在习惯方面存在心理问题的有15%，具体为：6%的幼儿存在问题行为，9%的幼儿挑食、偏食。在习惯方面幼儿主要表现出来的问题是吸吮手指、咬指甲、习惯性摇头晃脑、玩弄自己的生殖器官、挑食、偏食等。

（四）学　习

表8　幼儿学习各方面具体情况

项目	注意力很难集中	认知困难	合计
人数/人	87	23	110
百分比/%	28	7	35

由表8的数据可见，幼儿在学习方面存在心理问题的有35%，具体为：28%的幼儿注意力很难集中，7%的幼儿存在认知困难。在学习方面，幼儿主要表现出来的问题是注意力很难集中边做边玩，上课小动作多，认知困难、对家长和教师的提问表现迟缓。

（五）发　展

表 9　幼儿发展各方面具体情况

项目	难以入睡、尿床	语言表达迟缓	合计
人数/人	28	22	50
百分比/%	9	7	16

由表 9 的数据可见，幼儿在发展方面存在心理问题的有 16%，具体为：9%的幼儿难以入睡、尿床，7%的幼儿语言表达迟缓。在发展方面，幼儿表现出来的主要问题为不愿入睡、遗尿、描述困难、词不达意等。

（六）精　神

表 10　幼儿精神各方面具体情况

项目	不适应环境	孤僻、情绪低落、胆小	合计
人数/人	33	20	53
百分比/%	10	6	16

由表 10 的数据可见，幼儿在精神方面存在心理问题的有 16%，具体为：10%的幼儿不适应环境，6%的幼儿胆小、孤僻、情绪低落。在精神方面，幼儿表现出来的主要问题为不适应新环境、过分恐惧、情绪低落、寡言少语、孤僻胆小、孤独离群等。

四、调查结果成因分析

以上调查结果显示，一定比例的幼儿存在一定的心理问题。比如幼儿在幼儿园比较沉默寡言、内向、孤僻，在家庭生活中又比较任性、自私、霸道。有的幼儿情绪起伏过大，易怒、暴躁对他人有攻击性行为，成为群体当中的不受欢迎者，有的幼儿人际交往不和谐，不能和同伴、教师友好交流、相处。有的幼儿动作发展不协调，生长发育迟缓。这些现象形成的原因，本研究认为主要有以下三个方面：

（一）幼儿施教者对幼儿心理健康的偏狭认知

根据调查显示，多数幼儿教师对幼儿心理健康的理解为：幼儿只要不哭不闹、听话就是心理健康的表现，而那些发展迟缓、情绪异常、个性怪异的幼儿，教师则认为那是家庭教育的责任或者是幼儿个性使然。教师一般会采取家园沟通的方式就幼儿的情况向家长反映，或者针对尤为突出的表现进行批评或表扬。

幼儿在幼儿园中所表现出来的行为举止及语言态度往往就是判断幼儿心理健康与否的关键，但是由于幼儿教师工作的特殊性，他们会忽略幼儿的一些行为表现，导致错失了及时发现问题的机会。或者由于缺乏心理健康相关的专业知识，幼儿教师在发现幼儿某些行为异常之后却没有引起足够的重视或未能采取积极有效的方法和策略给予幼儿正确的帮助和指导，从而让幼儿的心理问题越来越严重。

（二）心理健康教育活动的缺乏

调查显示，多数幼儿园在进行健康教育和社会教育活动的时候心理健康这一课题常被忽略，其一是因为此类健康教育活动难以组织和实施，只能在平时的活动和家庭教育中进行；其二是从事幼儿教育的教师缺乏此类教育活动的经验。

幼儿园对这一课程的忽视，以及这一教育活动的难以组织和施行也是导致幼儿心理问题产生的重要原因。

幼儿心理是一个长期的循序渐进的过程，它很难经过简单的教育活动得到很好的效果。幼儿园在家长的心中就是一个托管幼儿、满足幼儿基本生理需求的地方。幼儿园为了达成幼儿家长的这一需求，所以更多的是追求幼儿身体上的健康，心理上的健康就被忽视了。

（三）家庭教育的不利因素

调查显示，幼儿监护人对幼儿健康的理解仅停留在幼儿生理上的健康，对于幼儿的心理上的健康，幼儿监护人知之甚少，且幼儿生理上的变化易于发现，家长可以求助医生或者专业的医疗设施，而心理上的问题家长难以察觉和发现，等到幼儿心理问题越来越严重之时家长才会注意幼儿的异样，然而由于缺乏专业的知识和指导，家长针对幼儿心理上的问题束手无策，只能任其发展。且在多数幼儿家长心目中，由于受传统观念的影响，心理问题常常使得家长讳疾忌医，幼儿只要没有发展到严重影响生活和生理的地步，家长都会隐瞒或者忽视幼儿存在的心理问题。

此外，原生家庭所采取的教育模式，监护人对孩子的态度，监护人与孩子之间的相处模式，幼儿监护人对心理健康与幼儿关系的理解，也是影响孩子心理是否健康的主要因素。

原生家庭所采取的教育模式，是监护人（首先是父亲或者母亲）有目的地通过自己的一言一行和平时生活实践，对子女进行有意义的具有值得学习和借鉴的活动，它是孩子接下来进行学校教育与社会教育的基础。幼儿从生下来那一刻就受到了原生家庭的影响，它对幼儿的终身起着最基础最根本的作用，原生家庭的教育模式对幼儿有着不可磨灭的影响。幼儿的成长和发展，身心健康与否都与原生家庭所采取的教育模式息息相关。幼儿心理存在问题很大原因就是在于原生家庭所采取的教育模式不适用于幼儿本身。父母的言行举止影响着幼儿的身心，有的家长对孩子的态度冷漠，缺少关爱，造成了幼儿心理上缺乏安全感，从而也变得冷漠、自私、缺乏爱心、同情心；有的家长对孩子宠溺、娇惯，造成了幼儿缺乏合作精神，任性、脆弱、霸道无理；更有甚者衣来伸手饭来张口，没有基本的生活自理能力。家长与孩子的相处模式是决定幼儿心理是否健康的最重要因素，就目前而言，与孩子的相处模式民主型是比较好的一种方式，在这一种模式中幼儿的身心都能都得到很好的发展。幼儿监护人对幼儿心理的认识是决定幼儿心理是否健康的基础。幼儿监护人对幼儿心理有足够的认识和了解，就能够从幼儿平时的活动中发现幼儿的异常，也能及时给予幼儿积极的指导。在家庭教育这一环节提供给幼儿一个平稳、温馨、民主、自由的氛围，让幼儿身心愉悦。言传身教的过程中也会注意规范自己的言行和举止，尽量不要给幼儿造成不好的影响。然而正由于幼儿家长缺乏对幼儿心理健康的认识，在对待幼儿时采取了消极的态度和不利的相处模式导致幼儿心理问题愈来愈严重。

五、思考与建议

在幼儿心理健康方面，原生家庭所采取的教育模式具有重要的决定意义，幼儿施教者的专业知识、技能以及施教者本身的素质和心理是影响幼儿心理的重要因素，幼儿园对幼儿心理健康教育的态度决定了幼儿在面对心理问题时能否获得有效的帮助从而解决困扰。针对都匀地区部分幼儿园的调查得到的调查结果，本研究总结一下建议与思考。

（一）幼儿教师方面

1．幼儿教师应具备专业知识

幼儿心理健康是幼儿教育活动中社会领域和健康领域的内容，幼儿教师只有拥有扎实的专业知识，才能在幼儿的日常活动和集体教育活动中观察、记录和发现幼儿的心理问题，并且运用所学的理论知识来分析和指导幼儿的困惑和难题，对幼儿存在的问题早发现早解决，可以就幼儿存在问题的原因深入剖析，从根本上找出问题的根源所在，根据幼儿的情况就问题展开详细的剖析，探索适合解决问题的方法和策略。

幼儿教师只有在具备扎实的专业知识的基础上，才能采取恰当的方式教育幼儿，知道如何规范自己的言行举止，如何在发现幼儿的特殊情况时与幼儿家长沟通，了解幼儿的情况从而给予幼儿家长更专业的指导。

2．幼儿教师应具备良好的专业素质

孩子在进入幼儿园之后和幼儿教师相处的时间最长，教师在孩子的心里是神圣而威严的，所以幼儿施教者的一言一行与幼儿的健康成长都有着密不可分的关系，幼儿施教者具备专业的素质对幼儿心理健康具有重要意义。

幼儿教师只有尊重幼儿、爱护幼儿，在教育过程中充满爱心和耐心，才能给予幼儿更好的教育，幼儿教师的言行对幼儿影响至深，所以幼儿教师应该充满信心，自尊自重，积极向上，自我形象良好，个人性格完善才能够给幼儿起到一个好的模范作用，给幼儿以良好的心理影响。

3．幼儿教师应注意维护自己的心理健康

幼儿施教者具有良好的心理素质是幼儿心理健康发展的重要保障，教师的心理健康是幼儿心理健康的基础，教师的心理健康与幼儿的心理健康是具有直接关系的。

幼儿施教者作为一个相对特别的群体，不仅工作任务繁重，面对数量繁多的孩子、家长和社会期望都有很大的压迫感，为了给幼儿一个更好的教育环境和氛围，幼儿施教者心理健康的培养也是必不可少的。

教师的人生态度要豁达、乐观，在日常生活及工作中要学会不断完善自己的人格，遇见心理上的难题或困惑时要学会用适当的方法宣泄和调节，和幼儿及幼儿监护人建立良好的关系，专研自己的业务，提高自己的工作胜任能力。

（二）幼儿园应加大对心理健康教育的关注力度

幼儿园作为幼儿基础教育过程中最基础的环节，除了要保障幼儿的人身安全，让幼儿在此过程中习得最基本、最简单的知识外，心理健康也是幼儿园教育的一大重任。俗话说："想做事要先做人。"做人是幼儿园最应该交给孩子的一个课题，随着时代的发展，世事变迁，生活压力越来越大，竞争、挫折、失败、成功这些人生中必经的过程，往往更能考验一个人的心理素质。

幼儿园作为孩子一生中第一次接受教育的地方，不仅要保障孩子的安全、健康不受侵害，更应该教孩子如何做一个具有健全人格的人，心理健康是健全人格的重要组成部分，幼儿园应组织和实施更多有利于幼儿心理健康的活动，给幼儿创造一个轻松愉快的氛围；有意地培养幼儿坚强、勇敢、积极活泼的品格。成立心理辅导室，对行为异常的幼儿应加以重视，提供给幼儿更专业、有效的指导。

（三）改善家庭教育方式，建立良好亲子关系

原生家庭所采取的教育模式对人的影响最深，人终生都在受其原生家庭的影响。父母是子女的第一任感情教师，父母的言行举止铭刻在子女的骨血里，所以原生家庭所采取的教育模式是积极、正确的，那么就会对幼儿的心理造就正面的、良好的影响。良好的家庭环境因素对幼儿的成才、品德培养、体、智、美的发展都是有积极意义的。一个正常的生活作息、制度和言行常规，浓郁的文化氛围、良好的家风，是幼儿健康成长，成人、成才必备的条件。

父母与子女之间良好的关系也是孩子心理健康发展的因素，孩子的心理是否健康与父母与子女的关系息息相关。在很多的研究文献中，各个学者和教育者都发现了一个问题，即亲子关系影响着幼儿的身心发展，决定了一个人未来的发展程度和发展潜能。良好的亲子关系让幼儿充满安全感，产生信任、合作和利他等亲社会的行为，也让幼儿在面对选择的时候能积极勇敢地去接受挑战，能自主地解决人生各个阶段的困难，有同情心和爱心、乐观、开朗、上进、坚强。

除了家庭采取积极的教育措施和父母与子女之间建立良好的关系以外，对心理知识的了解也是幼儿监护人帮助幼儿建立良好的心理环境的重要条件，幼儿家长在教育幼儿、启蒙幼儿的过程中应该了解幼儿心理年龄各阶段特有的规律和表现，然后再根据幼儿的自身特点提供给幼儿良好的教育建议，采取积极有效的策略。在幼儿面对心理问题的困难时，能给予幼儿良好的指导，帮助幼儿渡过难关、解决问题，让幼儿在成长的过程中更健康更顺利。

（四）社区、幼儿园、家庭相互合作，共同关注幼儿心理健康发展

除了给幼儿提供教育的教育场所，要加大力度保障幼儿心理能够得到有效教育，幼儿施教者还要拓宽知识面，具备专门的职业素养和保持自身良好的内在状态、心理健康，家庭要采取积极、正确的教育模式、父母与子女之间形成良好的关系，幼儿监护人要对孩子的心理知识有一定的认识外。社会公共区域这一广阔的范围更应该运用自身的优势，加强与给幼儿提供教育的教育场所、孩子的家庭之间的联系，团结起来，为幼儿心理的健康发展提供一个积极有力的氛围。

社区可以加强与幼儿园合作将与幼儿心理健康有关的知识或者资料进行宣传，社区应注重有关幼儿心理健康的资料，加强与家庭合作，共同维护幼儿的身心健康发展。

参考文献

[1] 中华人民共和国教育部. 幼儿园教育指导纲要（试行）[M]. 北京：北京师范大学出版社，2001.
[2] 蔡李曼. 新编幼儿卫生学[M]. 广州：广东高等教育出版社，2007.
[3] 魏勇刚. 学前儿童发展心理学[M]. 北京：教育科学出版社，2012.
[4] 刘文. 幼儿心理健康教育[M]. 北京：中国轻工业出版社，2008.
[5] 刘晓红. 学前儿童社会教育学[M]. 郑州：郑州大学出版社，2014.

精神虐待对幼儿心理发展影响研究

杨远桐

摘　要：随着人们的教育思想不断提升，家长与教师已很少使用体罚的方式教育幼儿，因此平常幼儿遭受的并不是肉体虐待，而是隐性的精神虐待。精神虐待没有明显的外部伤痕，对幼儿的精神伤害不会立即显现出来。精神虐待对幼儿的心理发展具有广泛、持久的不良影响，主要表现为负面的生活经历，伤及心灵，扼杀个性，可能会导致其在成长过程产生抑郁、自闭、孤僻、交往能力不良等问题，影响其成年生活的各个方面。本文整理有关精神虐待幼儿文献，阐述精神虐待对幼儿各方面能力的负面作用及原因，并提出对策。

关键词：幼儿；心理健康；精神虐待；心理影响

一、前　言

（一）精神虐待的定义及分类

精神虐待又称为心理虐待、心灵施暴或情感虐待。现在对精神虐待的定义尚未形成统一、整体的概念，而大部分学者根据自己的研究定义精神虐待。如潘辰将心理虐待定义为：心理虐待主要来源于对儿童有责任义务、关系密切的人，是持续、重复、不适当的行为，它大大损害了儿童的社会、认知和情感方面的发展[1]。邓云龙、唐秋萍于2005年编制了心理虐待与忽视的量表，在量表中，把心理虐待分为责骂、恐吓和干涉三个维度[2]。张文心、刘文认为精神虐待形式多样且没有明显特征，容易被忽略，特别是容易忽略家长高期望、严家教而引起的精神虐待行为[3]。许多学者试图分类和研究精神虐待的类型，然而没有能够完全总结幼儿精神虐待的全部内容。

经过对比与归纳，主要可分为如下两大类：

从对幼儿心理健康发展看，幼儿受到精神虐待的不良影响，主要有认知能力发展、情绪情感发展、性格特征发展、社会性发展以及精神状况和道德品质发展等方面受损，导致幼儿情绪障碍、行为障碍、排泄障碍、多动症、品行障碍、发育性障碍等心理卫生问题发生。

从幼儿受到家长和幼儿教师的影响看，家长和幼儿教师在日常生活中有一些不适宜的言行，而这些不当的言行一般是反复且持续长久的，致使幼儿身心健康长期受损。这些影响幼儿在幼儿期自我认同以及对社会性发展造成损伤的行为，包含：拒绝、隔离、恐吓、轻视和腐蚀（带坏）。

综上所述，学者们对精神虐待的定义见仁见智，本人通过对比和总结，对精神虐待对幼儿心理发展影响进行综合研究，精神虐待是幼儿在日常生活中受到的持久且反复的不恰当对待，导致幼儿认知能力发展、情绪情感发展、性格特征发展、社会性发展以及精神状况和道德品质发展等方面受损。而实施者正是与幼儿关系亲密的幼儿教师和家长或监护人，幼儿教师和家长有意或无意利用不恰当行为教育幼儿，这些行为包括拒绝、轻视、隔离、恐吓、腐蚀、言行不一等。

（二）研究目的及意义

因为精神虐待没有明显的特征且形式多样，隐藏在日常生活一言一行中，容易被人们忽略，且精神虐待对幼儿造成的后果甚至远超于身体虐待所带来的后果，在幼儿成长过程对其认知、性格、情绪产生长久深刻的负面影响。因此，本文研究目的是为了更加客观清晰地认识精神虐待如何影响幼儿心理健康及影响程度。然后提出措施，对今后家庭、学校、社会预防虐待教育有重要启示与教育意义。

（三）研究内容

本文主要研究目前社会上幼儿受到的精神虐待情况，通过文献阅读对幼儿受到精神虐待的情况进行全面的了解，并且对如何减少幼儿精神虐待的社会需求进行探讨。

（四）研究方法

1．文献研究法

通过阅读相关书籍、期刊等文献资料以及通过网络收集精神虐待幼儿的信息，然后整理并分析，进行理论研究综述。

2．调查访谈法

首先在实习期间与幼儿老师交谈，了解本班幼儿的心理状况。然后与个别幼儿的监护人进行沟通，了解幼儿家人与幼儿之间沟通情况，收集相关信息，进行归纳分析。

3．观察法

观察在幼儿园日常生活中幼儿与同伴之间、幼儿与教师之间、幼儿与监护人之间的交流互动，记录有关精神虐待幼儿的事件并分析原因、总结。

二、精神虐待幼儿的表现

（一）幼儿园中的精神虐待

幼儿教师通过家庭情况、幼儿性格特征，能够大致把握好幼儿心理健康状况，对大部分幼儿一视同仁，对个别幼儿有偏见，会鼓励所有幼儿，单独鼓励很少存在，对于幼儿一日生活中的事件问题，如幼儿跑闹、玩水等不良行为带有主观臆断，造成误判。经分析总结，精神虐待在幼儿园教育中的集中表现包括以下方面：

1．威胁、恐吓

这一行为在幼儿园普遍存在，幼儿教师在教育幼儿时，尤其是教育不听话、屡教不改的幼儿，习惯性用威胁、恐吓的方式。如中午没有睡好午觉的幼儿，会被警告“再不睡着，你就到隔壁班去看人家睡”。另有教师把幼儿拉到其他的班去罚站，在其他班的教师、幼儿面前数落幼儿。虽然教师是出于好意让幼儿改正，但经常用这种方式教育幼儿，易使幼儿出现心理阴影，使幼儿的性格扭曲，形成懦弱、内向、自卑的性格。

2．疏远、冷落

这有三种情况：第一种是幼儿个人能力、素质参差不齐，对领域课程的领悟、理解差距明显。能够跟上教师节奏、表现良好的幼儿深受教师喜爱，而表现较差的幼儿，教师在教育无果后，会无意或有意慢慢疏远这一类的幼儿。第二种是对于课堂上爱提意见和交头接耳的幼儿，教师通常会孤立、隔离他们，把他们拉一边罚站。课后的口头教育越来越少，更多的是教师故意疏远、冷落，试图利用冷暴力让幼儿改正，这会导致幼儿性格上孤僻、胆小，个人成长更慢，好动的幼儿会变本加厉来获得教师的关注。第三种是性格较为孤僻的幼儿，他们不愿参加游戏和课堂活动，教师在面对全班幼儿开展活动时，会无意疏远、冷落这类幼儿，忽视他们情绪的情感表达，使幼儿感觉不到幼儿园环境的温暖和老师的关心，造成心理伤害，使其不想来幼儿园，产生入园焦虑。

3．缺乏鼓励，恶语伤害

幼儿最明显的特点就是对陌生事物充满好奇，老师在闲暇时间写教案、做手工时，大部分幼儿都喜欢问老师在做什么、拿的是什么东西等问题，期望老师能够回答自己，多与老师交流玩耍。还有的幼儿拿自己喜欢的玩具和做的或画的东西拿给老师看，甚至是告其他小朋友的状，希望能够提升自身存在感，获得老师的关注和表扬。可是部分教师总是忽视幼儿的表现欲，取笑、奚落幼儿，不能及时对幼儿的作品做出准确正面的评价，不能觉察到幼儿们身上的亮点。

4．武断夸大，爱算旧账

老师与家长对大部分幼儿印象已经固定，当提到某个幼儿时，总会把幼儿跟某类事件相联系。如尿床、遗尿，老师总是先想到幼儿甲，在教育甲尿床问题时，总会提及他以前是如何尿床，这样不但没有减少幼儿的心理压力，解除幼儿的焦虑情绪，反而加深尿床的心理暗示，导致以后依然尿床。

再如提到幼儿乙，老师提到他的第一反应是他又调皮闹事了。有一次下午的日常活动中，乙说了比较恶劣的脏话，其他幼儿向笔者举报，笔者还没有把乙的事件了解清楚，带班老师根据以往经验已经判断是乙犯了错，以及来接送幼儿的家长也都是这个反应，以至于我在后来想要奖励、表扬乙时，带班老师跟家长都会有疑惑，我需要详细说明情况，才能使他们相信乙。这种情况也是司空见惯，极大挫伤了幼儿们的积极性和上进心。

（二）家庭中的精神虐待

家长的精神虐待主要包括对幼儿的忽视、语言上的诋毁或者侮辱以及对幼儿实行高压政策。

1. 忽　视

家长没有关注过幼儿的心理健康，他们可能以自己工作忙为借口，对于幼儿的很多心理感受采取忽视的态度。比如，幼儿今天可以自己穿衣服，自己回家，这些有的家长根本没有注意过。适当的表扬可以增加幼儿的自尊心和自信心，但是家长的忽视使孩子的自尊受到了比较严重的创伤，对于幼儿的心理健康发展是非常不利的。

2. 诋毁和侮辱

经过观察发现，部分家长不愿意花时间倾听幼儿讲述幼儿园发生的事，面对幼儿兴高采烈的脸庞，家长往往以工作忙很累了为借口，对幼儿表现出的才能和亮点不能及时发现，甚至嘲笑、讥讽，打击幼儿的热情，这可能养成幼儿自闭的性格。比如有的家长认为幼儿获得小红花或幼儿的作品获奖是没有多大意义的事情，贬低甚至是诋毁幼儿喜欢的人物、事物，觉得幼儿什么都不懂。这类家长对幼儿的轻视往往不加掩饰。还有的家长关注那些看起来更加聪明的幼儿，有的家长甚至经常以别人家的孩子为模本。

3. 高期望和高压

从当今教育形势和新闻资料分析来看，现在很少有家长会对幼儿进行身体上的虐待，而是进行言语上的伤害。望子成龙、望女成凤已成为我国家长的普遍心态，想让幼儿在幼儿园这个起跑线上赶超其他幼儿，如在双休时间给孩子报各种各样的特长班，幼儿在某次考试中成绩不好，家长就批评、辱骂孩子，完全没有意识到对幼儿过高的期望是对其的精神虐待。

（三）对幼儿观察

幼儿虽然不懂什么是精神虐待，但他们可以切身体会到自己在大人们营造的这个环境中生活得开不开心，有没有感受到自己很重要，大人们有没有关注自己，等等。这些都表示孩子们有没有生活在一个健康的环境中。

除此之外，表现优秀的幼儿往往被教师或家长寄予深切的厚望，他们被督促着学习新的知识，这对幼儿来说无疑是极大的压力，这同样是一种精神虐待，只是这种虐待相对于前两种不那么明显。人们潜意识觉得，他们经常得到奖励与肯定，并且有老师和家长的随时关切，一定是比较幸运的，然而，事实上，他们同样充满着压抑、痛苦与无奈。

三、精神虐待对幼儿心理健康发展的损害

（一）对幼儿认知方面的影响

最新研究表明，幼儿在受到精神虐待后，其认知发展能力会明显下降。在日常游戏活动和领域课程表现上不如其他幼儿，环境适应能力和与人沟通能力也有较大的差异，不能融入幼儿园的正常环境，形成懦弱、自卑的性格，使潜在的精神状况和创造力、想象力的发展等方面受损。肖长根、唐秋萍等人对受到精神虐待的幼儿进行自我意识方面的调查研究后发现

精神虐待对幼儿的自我意识有显著的负向预测作用，这也间接证明了精神虐待与成人后的抑郁症状相关[4]。持久、重复的精神虐待易使幼儿在其成长过程中形成认知偏差，在遭遇困难、阻碍时，主观臆断认为自身问题是主要原因，才会使自己陷入困境；在社会来往活动中处被动，不愿主动与人交谈，更不愿承担社交风险，避免尝试新事物，导致幼儿成人期拘谨怕事、自闭内向、急躁焦虑等问题。

（二）对幼儿行为方面的影响

精神虐待不会造成明显外部伤痕，但其行为后果的延迟性和隐蔽性导致幼儿在今后成长过程中出现行为问题。综合文献资料分析，幼儿受到精神虐待，在当时并不会造成明显不良的行为后果，但会在孩子今后成长过程逐渐突出，如青少年期抽烟、酗酒、沉迷网络等不良生活习惯成瘾，逃避现实；与人交往、沟通内向害羞、不敢大声说话、含糊其词，不能正确表达自己的意思，使人误解自己，对别人缺乏信任，缺乏安全感，造成人际圈很小，甚至没有朋友；为小事辱骂他人、争执打架引发治安事件，暴力倾向明显；严重的在其成年期，认为幼时遭到精神虐待是正常的，会同样采取这种精神虐待方式对待下一代子女，恶性循环。

（三）对幼儿人格方面的影响

幼儿期是人格的塑造期，而被精神虐待的幼儿易形成人格障碍，难与教师、家人或监护人形成依恋关系，对人缺乏信任。从气质上倾向于向抑郁消极方向发展，如孤僻、刻板、内倾、行动慢、敏感、多疑、怯懦和自卑等。从性格上缺乏独立，过于依赖他人；做事不能坚持、稳定、持久；自控能力差，易受诱惑成瘾；遇事优柔寡断，拿不定主意。以及自我意识出现偏差，自我评价过高或过低，缺少应有的自尊心、自信心。这种人格上的弱点会随幼儿的成长而放大，导致幼儿在其今后的学习、工作、人际交往中陷入困境。

四、预防精神虐待对策

（一）加大对家长的教育普及

三岁到六岁是对幼儿进行心理健康教育的关键阶段，精神虐待对这个年龄段的孩子危害极大，这个时候幼儿受到精神虐待，对其一生有着无法磨灭的伤害，幼儿的精神虐待大多数是来自家长的不恰当教养方式，无形中对幼儿造成很大的压力。幼儿不同于成人的想法和行为，作为幼儿最亲的家长，一定要对他们有足够的耐心和理解，不能用大人的思想去要求幼儿，要合理地引导、帮助他们建立健康的心理素质。

根据《幼儿园教育指导纲要（试行）》，家庭是幼儿园重要的合作伙伴，应本着尊重、平等、合作的原则，争取家长的理解、支持和主动参与，并积极支持、帮助家长提高教育水平[5]。幼儿园要跟家庭建立长期有效的联系机制，保持家园沟通、家园合作，想要求家长主动配合幼儿园身心保健教育，教师要及时告知幼儿在园的身心状况，取得家长的信任，从而使家长将幼儿在家中的情况反馈到幼儿园；主动邀请家长参与管理幼儿身心保健教育和教育活动，让家长切身体会到幼儿心理健康教育的重要性。

（二）推进幼儿园的心理健康教育

幼儿园是幼儿成长和发展的重要场所，而幼儿教师也日益成为除了家长外幼儿心理健康发展的重要影响者，幼儿更多地把老师作为模仿、认同的对象；教师的心理表现就是他们的参照系，教师的情绪、性格、人生态度以及为人处事的态度都直接影响着幼儿的心理和行为发展，甚至会影响幼儿的一生，这就要求幼儿教师们积极主动地维护自身的心理健康，避免成为精神虐待幼儿的实施者。及时发现幼儿的负面情绪反应，对幼儿的不良情绪及时疏导，通过积极乐观的生活态度引导幼儿。具体来说，教师应该培养自己乐观、豁达的人生态度，不断完善自己的人格，适当地宣泄自己的情绪，建立良好的人际关系，提升职业认同感，树立正确的儿童观和教育观。

环境是重要的教育资源，对幼儿具有潜移默化的影响。创设良好的物质环境和精神环境有助于幼儿的身心发展。首先，创设安全、丰富、科学的物质环境和充满生机、能陶冶心灵的自然环境，以及创设与教育目标相适应的学习、游戏环境等。其次，创设隐性的精神环境，需要在日常活动中渗透心理健康教育，老师与幼儿建立平等、互爱的师幼关系，幼儿与幼儿建立互助、友爱的伙伴关系，以及教师之间的真诚相待、友好合作，面向全体、重视个别差异，为幼儿提供一个健康的社会心理环境。

作为幼儿最喜欢的日常活动，游戏满足了幼儿社会交往的需要，能够缓解幼儿的紧张情绪并促进幼儿意志力的发展，并对幼儿的心理问题起到矫正作用。教师要观察、引导幼儿游戏活动的开展，纠正幼儿在游戏活动中的不当行为，在游戏活动中渗透心理健康教育。积极主动创设趣味性游戏活动，不能盲目创设，要运用专业的游戏手段，如亲子游戏能提升幼儿和父母的亲子关系，利用游戏疗法，如团体游戏、单独游戏、音乐游戏等，了解幼儿的心理状况，对幼儿的心理困境进行早期干预和解决，通过趣味性教学推进幼儿园心理健康教育。

（三）加强社会对幼儿心理健康的关注

保护幼儿免受精神虐待的一个重要条件之一是要有良好的社会支持系统。而当今社会对幼儿关注更多是物质方面，忽视其心理健康发展，由于经济发展、教育资源不均衡，认为幼儿受到的不恰当对待是不可避免甚至是合情合理的。幼儿教师其实就是“保姆”的思想，在绝大部分人思想里根深蒂固，幼儿教师得不到应当的尊重和对待，给幼儿教师造成巨大的压力，导致经常有意或无意把压力转换形式实施给幼儿，给幼儿造成精神虐待。家园关系、亲子关系、师幼关系是与幼儿接触的主要社会关系，三者互相影响、制约，幼儿遭受到的精神虐待与这三者关系不协调都有密不可分的联系，因此需要建立一个健康、三观正的社会大环境，勿让社会的负面影响到幼儿的身心健康。

另外，同伴关系也是幼儿获得安全感的重要来源，这种社会关系是幼儿在人际交往中减轻内心压力的主要途径，也是应对其他来源的精神虐待的一种方式。因此，对于受到精神虐待的幼儿来说，广泛、良好的人际关系也是他们得到内心安慰的一种自我保护方式。因此，家长或者幼儿教师应该注重培养幼儿与同伴交流的能力，帮助幼儿们主动结交好朋友。当我们从成人的眼光看待幼儿间的友谊的时候总是觉得很幼稚，但是儿童作为人生的一个重要时期，其有特定的心里区间，我们要以鼓励的心态去看待幼儿的友谊，让孩子走出去，不能单单局限于一个家庭，幼儿与幼儿之间的影响往往比大人的说教更加有影响力。我们不单单要鼓励他们去交朋友，还要把他们的友谊和我们的友谊放在同一个高度。

幼儿时期的经历对于幼儿一生都有着非常重要的影响，幼年时期如果孩子生长在一个轻松并且可以得到平等和尊重的环境中，孩子也会有健康的人格。反之，可能会导致孩子的自卑、不自信，形成错误的三观。所以保障孩子有一个健康快乐的童年，关注孩子的内心世界，也是家长和幼儿教师必须承担的一种责任。

参考文献

[1] 潘辰. 儿童心理虐待量表修订及流行病学调查[D]. 长沙：中南大学，2010.
[2] 邓云龙，潘辰，唐秋萍，等. 儿童心理虐待与忽视量表的初步编制[J]. 中华行为医学与脑科学杂志，2007，16（2）：175-177.
[3] 张文心，刘文. 心理虐待对儿童发展影响研究述评[J]. 社会心理科学，2014（1）：19-22.
[4] 中华人民共和国教育部. 幼儿园教育指导纲要（试行）[M]. 北京：北京师范大学出版社，2001.

幼儿不良饮食习惯的教育研究

骆吉丽

摘　要：本文从分析幼儿不良饮食习惯的危害和原因入手，提出了三个方面的对策，一是家庭教育。首先，家长要正确引导，以身作则；其次，家长要给幼儿创建一个轻松、愉快的进餐环境；再次，是家长要制定合理的食谱；最后，家长要对幼儿进行合理的危害教育，帮助幼儿建立正确的饮食观念。二是幼儿园教育。幼儿教师要正确引导幼儿饮食并及时纠正幼儿不好的饮食习惯，通过幼儿园教育帮助幼儿形成正确的饮食习惯。三是社会教育。有关部门应加强社会监督，尽量避免不健康的饮食宣传在生活及网络中传播。

关键词：幼儿饮食；不良习惯；成因分析；教育策略

幼儿不良饮食习惯是指婴儿在饮食方面形成的对自身身体健康不利的习惯。[1]现在的孩子对食物的选择很挑剔，常常是根据自己的喜好选择食物，对于那些自己不喜欢的食物一概拒绝，这就造成了孩子在营养方面出现诸多问题。人体生长发育所需的营养是从各种各样的食物中摄取的，单一的食物将无法满足人的需要，幼儿的这种不良行为将影响着自身的身体和心理的发展，所以家长和教师应该重视幼儿饮食习惯的培养。

一、幼儿不良饮食习惯分析

（一）幼儿不良饮食习惯的表现

1．挑　食

据调查发现，有51%的幼儿食欲不好，44%的幼儿存在偏食、厌食的现象。[2]挑食主要针对少年儿童，由于口味偏好或者身体原因只倾向于吃某几种食物。[3]幼儿受到本身身体特征限制，对食物有自己的偏好。如牙齿、味觉、食道方面的特点，导致有的幼儿只吃荤，不吃素；有的则只吃素，不吃荤。或者是这也不吃那也不吃，吃饭时挑三拣四，挑肥拣瘦，长期这样饮食就会造成营养缺乏，生长发育缓慢。另外，有些食物虽然它们的作用大体一致，但是长期仅食用某一种食物也是不利于身体生长的，如猪肉、鸭肉、鸡肉、鱼类等。

2．偏　食

偏食主要是指幼儿对于某一类（或者某一层）食物表现喜厌的不良习惯。[4]比如有的孩子只吃肉类，其他的水果、蔬菜、杂粮一概不吃，有的则相反。长期如此，身体方面就会出现问题。幼儿期是幼儿的关键期，最容易学习和形成某种技能，并很难忘记，幼儿期养成的饮食习惯对今后的生活有着潜移默化的影响，并会持续到终身。偏食现象在幼儿身上尤为突出，成人偏少。据调查，出现挑食、偏食的幼儿占 56.9%，其主要原因有食物的颜色、味道、家中食用频率以及父母的饮食习惯等。[5]

3．喂　食

喂食行为是指在孩子不愿进食或者孩子不能自己进食时，监护人选择帮助孩子进食的一种行为活动。[6]作为家长希望自己的孩子多吃点、多补充营养，能长快点、长壮点、长高点，便通过各种方法去强迫孩子吃某些食物。其中，喂食最为突出。如孩子在吃饭时间因为贪玩而不吃饭，家长不会把孩子叫回来坐着吃饭，而是选择端着碗追着孩子跑，喂孩子吃。还有的家长则是觉得孩子吃饭太慢或者是吃饭弄得衣服太脏，则选择动手喂孩子吃。但这些监护人却不知，喂食对幼儿的危害是很大的。据调查 38.0%的家长强迫幼儿吃食物，其幼儿肥胖率明显高于不被强迫的幼儿。[7]

4．贪吃零食

由于家长工作的原因，看管幼儿的时间很少，在家给幼儿做饭的机会就更少了，即便是周末休息也想自己好好休息两天，所以常常是买些零食、辅食来给幼儿填饱肚子、补充营养。马冠生①等曾对广州、上海、济南以及哈尔滨 4 个城市幼儿零食消费情况进行调查发现，学龄前儿童吃零食的比例在工作日为 81.2%，周末达到 93%。[8]幼儿在周末养成了这个习惯，就不愿意吃饭了。

5．贪喝饮料

现在很多孩子不喜欢喝水，而是偏爱喝碳酸饮料和一些奶制品，这些食物抓住了幼儿口味，以改变味道的方式博得孩子青睐，然而这些产品的营养物质大多都已经被破坏，幼儿吸收不到营养。少量的喝饮料是没有很大问题的，但是长期只喝饮料不喝水是有害的。许多孩子喜欢喝可乐，每天至少要喝两三瓶，而老师或家长叫喝水时从来不愿喝。这些孩子一天的饮水量少之又少，每当口渴都是以饮料代替水。

6．边吃边玩

作为孩子贪玩、贪吃是常见的事，喜欢看动画片也很正常，但是一边吃饭一边玩、一边吃饭一边看电视就不好了。而很多家长认为只要孩子愿意吃饭，出现了这些行为都不重要，所以对孩子这种行为没有进行教育，孩子逐渐就养成了边吃边玩、边吃边看的这种不好的饮食习惯。

（二）幼儿不良饮食习惯的危害

1．导致肥胖

有调查显示，全国近 1/10 的学龄前儿童超重，其中有 1/4 是肥胖，近几年数据还在持续上升中。[9]肥胖症按照病因学分为两类：一类是单纯性肥胖，不是由某些先天遗传性疾病、代谢性疾病、神经和内分泌疾病引起的病理性肥胖，而是由于营养过剩、运动不足等原因造成的；另一类是继发性肥胖，由内分泌疾病造成的。儿童的不正当饮食及无节制的暴饮暴食

① 马冠生：研究员，博士生导师。1986 年毕业于山东医科大学卫生系，获医学学士学位．1989 年毕业于上海第二医科大学，获医学硕士学位。2007 年 1 月获得荷兰瓦赫尼根大学博士学位。

使得大部分幼儿体重明显增加，长期以这样的生活方式生活导致食物在体内堆积，逐渐造成身体某一部分或整体的肥胖及畸形，从而导致行动不便。

2．产生疾病

幼儿不健康的饮食习惯会导致幼儿在身体及心理方面出现一些问题。幼儿喜欢吃零食、油炸食品、膨化食品、生冷食品及喝碳酸饮料，这些食品不但营养价值不高，还容易在体内堆积，不易消化，各种防腐剂、添加剂、色素等容易造成各种身体疾病。如导致龋齿的形成，蛔虫病的提高，引起腹泻、腹痛，营养不良及肥胖等问题的出现。1999 年，世界卫生组织正式宣布肥胖是一种疾病，认为较高的体重指标（BMI）与 10 种常见癌症的发病风险增加有关。[10]然而，身体方面出现了问题就会间接地影响幼儿心理方面，如营养不良会造成体虚，体虚则会导致幼儿不自信，甚至使幼儿不愿意与同伴交流，逐渐形成自闭。一方面，由于挑食或偏食造成某些营养元素的缺乏，如钙、锌、铁、维生素等营养元素，缺乏这些元素都会使幼儿患上疾病，如佝偻病、软骨病、甲状腺疾病等。同时，有的幼儿有只喝饮料的习惯，这会造成身体缺水，从而引起血液循环减弱，心脏工作不正常。另一方面，幼儿偏食造成单一营养物质过度偏高，如果不加以控制将会造成严重肥胖，从而引发更多心脏、血管方面的疾病。

3．影响智力

据统计，超重肥胖儿童青少年智力水平和体能素质都显著低于非超重儿童青少年。[11]肥胖导致幼儿智力方面发育滞缓，造成个别幼儿在智力上与同龄幼儿之间存在明显的差异，这就使得肥胖幼儿学习效率降低，缺乏独立思考问题的能力，反应迟钝，在做事的时候处于盲目状态，不能按时完成任务，从而得不到家长、老师及同伴的肯定。造成幼儿超重的直接原因是饮食，家长强迫孩子努力进食，吃指定食物以及过度给孩子补充营养，家长的这种行为是造成孩子体重超标的源头。家长却不知孩子无论缺乏某一物质或某一物质偏高，都会导致幼儿身体存在缺陷，造成思维能力的减弱，严重者还会导致痴呆。

4．影响身高

营养是影响人体身高的因素之一。身高是骨骼生长发育的过程，而促使骨骼发育的主要营养物质是蛋白质，合成蛋白质和促进身高所需要的营养成分来自多方面，如肉类、鱼类、蛋类、牛奶及各种新鲜水果、蔬菜等，都有助于骨骼的生长发育。幼儿期孩子的身高差相对不是很明显，但还是会存在个别幼儿长得很高或很矮。对于饮食不健康的幼儿来说，他们在身高方面就偏矮小，因为不健康饮食的幼儿所食的食物种类是单一的、不丰富的，他们所食用的食物无法满足骨骼生长所需要的营养，这就导致幼儿生长缓慢，从而在身高上与其他孩子存在差别。

5．身体抵抗力降低

有的幼儿这也不吃、那也不吃，这样必定会出现营养的缺乏，使得身体抵抗力下降。如不吃蔬菜、水果的幼儿容易导致身体缺锌、缺乏维生素，造成肤色暗黄、头发泛黄、手指容易脱皮。长期不吃这类食物只吃肉类的幼儿身体抵抗力较低，少量运动容易出汗，易感冒且恢复的速度慢。不吃肉类的幼儿同样也会出现很多问题，如瘦弱、怕冷、少量运动就气喘、头晕等。

6．造成交往困难

每一个幼儿到一定时期都会有自己的小伙伴，幼儿在交友时往往会考虑性别、年龄，还有自己的感觉，这种感觉就是其他幼儿给自己的一种安全感和危机感。饮食不健康的幼儿一般有这几种外在特征：矮小、肥大、瘦高、瘦弱等，少数表现不明显，趋于正常。根据观察，饮食不健康的幼儿大多存在交往困难，主要原因是这类幼儿在与他人交往时常表现出不自信、胆怯、内向、被动等，没有给对方传达示好、交往的信息，导致相互排斥、远离。还有就是有的孩子挑食，身体瘦弱，在交友的过程中常常会找与自己各方面相似的幼儿，对于那些比自己高大、肥胖的幼儿就会躲避。瘦弱幼儿常常成为被欺负的对象，这使得他们在心理上产生了恐惧，导致在交往上比较被动、局限。

二、幼儿不良饮食习惯产生的原因

（一）家庭因素

1．家庭不良生活方式

父母给孩子的影响是其他人不能比的，家庭环境的影响也是不可轻视的。在幼儿期，家庭是幼儿一生生活时间最长的场所，约占其全部生活时间的2/3，父母对子女的行为起着潜移默化的作用。父母的行为、言语都是幼儿学习的对象。而很多家长并没有意识到这个问题，还是有很多不健康的饮食习惯。例如有的家庭不吃早餐或早餐过于随便，但晚餐又太丰富的饮食习惯。有的家庭菜品比较单一，常年都是那几样，家长自己不吃的食物从来不会购买，认为孩子也不喜欢吃。如果孩子是和老人一起生活，那么饭菜口味淡些、不吃辣、不吃酸、喜欢吃粗粮，那孩子在脂类物质上可能会跟不上身体发育要求。而年轻人喜欢吃味道重一些的、辛辣、肉类、生冷类食物，那么幼儿也会偏向这个方向的食物，自然就会出现挑食、偏食的现象。

2．家长缺乏正确的营养认识

对于男孩而言，家长会认为胖些、高些比较好，所以给男孩子吃的食物常常以肉类和高蛋白质类食物为主，而水果、蔬菜摄入很少。而对于女孩子而言，苗条就是美，所以女孩子一般被限制吃肉类、甜食，多以蔬菜、水果为主。有的家长怕孩子吃不饱，常常通过零食来诱惑、强迫孩子进食，甚至逼孩子进食。还有的家长给孩子吃很多营养品，常带孩子吃西餐给孩子加餐，这就造成孩子出现挑食、偏食及厌食现象，长期积累从而引起身体不适。

3．家长过分溺爱

现代社会独生子女所占比重非常大，孩子自然就成为家庭中的宝贝，对于孩子的任何要求家长都会尽可能地去满足。很多孩子因为贪玩而耽误吃饭，家长们就会拿着碗，跟着孩子四处跑，耐心地一口一口地喂食；有的孩子不愿吃饭，家长则选择零食奖励；有的吃饭速度慢，家长则直接喂养。由于一些原因，大多数孩子由老人教养，老人对孩子疼爱有加，所以溺爱现象就更严重了。家长对幼儿不良饮食习惯的态度可以从某幼儿园的调查来看，分别有以下几种态度：有55%的家长迁就、纵容，助长了幼儿不良饮食习惯；认为日常生活习惯的培养很重要的只有 5.5%的家长；有一半以上的家长顺从了孩子的需求，带孩子去快餐店就餐。[12]

（二）自身因素

1．身体因素

首先，幼儿喜欢色彩鲜艳、外观可爱的食物，食物本身的吸引程度直接决定了幼儿是否愿意吃该食物。其次，幼儿身体各组织发育尚未完善，无法像成人一样正常地使用餐具，进餐的速度也比较慢，这种进餐困难也会导致幼儿失去进餐兴趣，加上幼儿牙齿发育的程度对食物也有选择性，所以幼儿就会出现选择性饮食。最后，婴幼儿时期身体的缺陷与疾病，同样会造成食欲不振，如肝病、伤风感冒、先天器官缺失、小儿肠胃炎，都会使幼儿饮食不佳。随着疾病的好转，幼儿的饮食会慢慢恢复正常，但是，慢性疾病及先天缺陷很可能引起幼儿长期的偏食和厌食等行为。[13]

2．心理因素

情绪影响孩子的胃液分泌，直接影响孩子的食量和食速。愉快的心情能使孩子的食欲大大增加，孩子能主动要求进食，不需要家长督促、监督；反之，则拒绝进食。在幼儿园，幼儿吃饭时教师常常说要给孩子营造一个宽松、快乐的环境，强调了环境的作用。其实是强调让孩子保持愉快的情绪，能让孩子在没有任何压力的情况下进餐。孩子的情绪多变，存在许多突发性。为了让孩子能稳定自己的情绪，教师需要通过一些外部条件来帮助维持孩子的情绪。如在小班，一个孩子说："我妈妈说一会就来接我去外婆家了，所以我要快快地吃饭，等妈妈来。"所有小朋友都没有吃完饭的时候，他已经吃完了，还开心地告诉其他小朋友。相反，另一个孩子在哭，不想上幼儿园，说要妈妈。无论老师怎么劝她，她都不愿意吃饭，就在一旁哭，最后还吐了一地。有的孩子看到她哭结果也跟着哭了起来，说要妈妈，要妈妈喂，整个吃饭的氛围都变沉闷了，孩子吃饭的积极性也受到了严重的影响。

（三）社会因素

1．广告宣传

随着网络技术的发展，互联网宣传在人类的生活中频频出现。商家就是通过这些广告宣传来影响家长和幼儿的选择，广告宣传内容紧紧抓住了家长对孩子的关心来展开。常常会看到一些广告，如某某牛奶的广告，吃了长高了，裤子又短了一截；某某奶粉，吃了可以使脑思维加速，让孩子变聪明；某某零食，吃了可以"飞"。这些都勾起了孩子的好奇心，抓住了家长的心理。而且这些产品的口味适合孩子的味觉，颜色和形状吸引孩子的视觉，受到家长和孩子的青睐。家长就会拿这些所谓的营养品给幼儿食用，而忽视了主食，这也间接地导致幼儿养成不良的饮食习惯。

2．社会风气造成的从众心理

随大流是从众心理的重要表现，家长常常会不经意地跟随大多数人的做法，在幼儿的生活安排中也如此。一些家长在周末常常就会带着自己的孩子去吃那些所谓的高级食品，可是有些食品并不健康，很多营养都已经流失了且不利于消化。在购买食材时，有的家长也会盲目地选择那些大家常常谈及的食物，心理认定那就是对的，大家都说好的肯定就是好的。

三、解决幼儿不良饮食习惯的相关对策

（一）家庭教育

1．重视家庭教育，家长应以身作则

家庭教育在学校教育和社会教育中具有重要的作用，家庭是孩子的第一所学校，父母是孩子的第一位教师。每一位家长都是孩子的教育者，家长的教育观念、教育态度、教育方式，都会在每一个孩子身上留下深刻的烙印。家长在家庭中的生活方式及对孩子不良饮食习惯的态度，都将决定孩子是否会延续这种行为。家长要意识到自己的重要性，严于律己，以身作则，改变自己的生活方式，规律进餐，合理安排一日三餐的比例。严格要求自己不吃垃圾食品，不暴饮暴食，给幼儿树立健康饮食的榜样，同时也要严格要求孩子。

2．营造良好、轻松的进食环境

“食育”，顾名思义，即饮食教育，是指人们通过各种各样的活动学习与食物相关的知识，获得有关饮食的正确知识，养成健康的饮食习惯，从而达到健康养生的目的。[14]家长应通过食育来改变幼儿不良的饮食行为。首先，要给孩子营造一个轻松的进餐环境，在进餐时家长要保持安静，尽量避免在饭桌上说话、挑逗孩子，以免孩子失去进食兴趣和食物误入食道；其次，要保持桌面清洁、整齐，餐桌设计符合幼儿的身高，不给幼儿进餐带来困难；最后，家长要与幼儿共同进餐，增加爱的气氛，能够让幼儿增加食量。

3．加强饮食教育，制定健康食谱

家长的营养知识对儿童饮食行为、认知具有很强的相关性，向家长传授营养及饮食方面的知识，对改善幼儿饮食行为有很大的帮助。合理的膳食首先要保证一定量的肉、蛋、奶和豆类的摄入，其次是充足的蔬菜、水果，主食主要以米饭或面食为主，可适当配搭粗粮。此外，膳食还应该因气候的变化而有所变化，春、夏敏感，应以清淡的食物为主，秋、冬湿气重则以温补的食物为主；另外，早餐、午餐、晚餐的热量分配要合理：早餐为 25%～30%，午餐为 35%～40%，午点为 10%，晚餐为 25%～30%。[15]家庭食谱要多样化，以便不同营养的均衡吸收。有了合理膳食，还应该制定严格的饮食要求。首先，要严格要求孩子饮食，家长不要给孩子买过多的零食，尤其是糖类与油炸类食品要少买，也不宜经常带孩子出去吃西式快餐；其次，制定合理的进餐时间和规则，并严格执行，强调进餐速度、时间、方式等，好的饮食习惯对孩子养成良好饮食习惯至关重要。

4．培养进食兴趣

幼儿期思维简单，孩子通常是看食物的颜色和外观来选择食物。幼儿常会选择色彩鲜艳、外观好看的食物，所以在培养孩子的进食兴趣时不妨利用幼儿天生的好奇心来进行，如带孩子去菜市场了解日常生活中所食用的食材，接触这些食材，知道这些是安全的，告诉幼儿各

种食材的不同作用；家长也可以创意菜品的外形，吸引孩子注意，改进烹调方法，调动孩子的味觉；家长还可以通过激趣、讲故事的方法，提高孩子对食物的接受度。

5．不良饮食习惯危害教育

幼儿在中班就已经有了一定的评判意识，他们知道什么是错的、什么是对的，什么该做、什么不该做，家长和教师要抓住这个时机，运用恰当的方法来对幼儿进行相关教育。在家中父母要监督好孩子的饮食习惯，对幼儿的不良饮食习惯进行正面教育，不要打骂幼儿，要想办法让幼儿明白这样做的危害。如家长可以在睡前给幼儿讲有关饮食方面的故事，简述不良饮食的危害。如某某爱吃糖，结果牙齿被虫吃掉了，变成了没有牙齿的丑八怪。也可以拿不挑食的小朋友与挑食的小朋友作对比，让他们明白他们之间的差别，从而愿意改正自己的一些不良行为。还可以拿周围的小朋友作比较，如身高、学习及健康状态上的差别，这样孩子便会主动地去改正那些不正确的行为。

（二）幼儿园教育

1．幼儿教师的正确引导

幼儿出生后，除了在家庭中与父母待的时间最长之外，其他时间大多就是在幼儿园与幼儿教师一起相处。老师的一言一行都是孩子效仿的对象，所以幼儿教师要端正自己的言行，给孩子树立一个好的形象。首先，幼儿教师要端正自己的饮食行为，不出现或不在幼儿面前出现不健康的饮食行为；其次，幼儿教师要正视幼儿饮食差异，正确对待每一位幼儿，不要以某方面的原因接近或远离某一幼儿，让幼儿能在充满爱的环境下进食；最后，幼儿教师要严格要求孩子进餐，给幼儿讲述一些饮食知识，讲一些关于不健康饮食的危害，播放有关视频或动画片，让幼儿知道怎样的饮食方式是正确的，从而养成不挑食、不偏食的好习惯，慢慢培养孩子健康的饮食习惯。

2．幼儿园健康饮食课程开设

开设有关健康饮食课程是很有必要的，这样可以很直观地教育孩子。幼儿园应该聘请专门的营养专家和有关医护人员定期地来幼儿园进行授课，向每一个幼儿教师传授饮食方面的经验。作为幼儿教师也要适时地对幼儿进行教育，幼儿教师可以以主题活动的形式开展教学，让幼儿在课堂上交流、讨论，认识不良饮食的危害与作用；也可以在活动区进行教育，在自然角中认识各种蔬菜，知道它们的功能，培养幼儿爱吃蔬菜的好习惯；还可以在晚餐后播放有关视频，如“牙齿生病了”“小猪为什么跑不动”“多样的蔬菜”等对幼儿进行教育，增强幼儿的健康意识，这些都需要教师慢慢引导。幼儿很难会关注到这些本质的东西，如蔬菜的作用，是需要家长及教师的引导、讲解，幼儿才能够明白的知识，所以家长及教师要相互配合。

3．加强家园合作

随着社会对幼儿的重视，对学前教育的重视，家园衔接与合作越来越成为人们的关注的焦点。教育不单是家庭一方面能胜任的，必须要两方面合作才能充分发挥功效，才能更有效地促进幼儿身心健康。家园要多交流、联系，要保持教育的一致性，共同制定饮食规定来制约孩子的不正当行为，方可取得较好的效果。在发现幼儿存在某些行为时，家长要及时把情况告诉幼儿教师，让幼儿教师了解情况并采取一定的行为来纠正。幼儿园也应该定期开家长交流会，让家长了解孩子在幼儿园的情况，具体分析原因，与幼儿教师交流、讨论并得出解决办法。家长要积极配合幼儿教师的工作，积极参加幼儿园活动，如家长会、亲子活动、家庭活动、家长学校等，家长要主动帮助幼儿完成教师布置的课后任务，但幼儿园也要考虑家长的情况，不随意占用家长的时间。二者要保持教育的一致性，家长还应该协调好家庭成员的态度，不要一方教育、一方唱反调，这样不利于幼儿园教育工作的实施与开展，也不利于孩子的成长。

（三）社会教育

1．加强社会食品安全和卫生监督

首先，有关部门应该严格要求营业资格，对于一些非法营业的店铺，要求其及时办理合格营业证及安全卫生证，只有通过有关国家营业要求方可进行营业；其次，有关部门要严格对食品卫生安全进行检查，严格检查每一类食品，按照有关步骤严格执行，不能徇私枉法；最后，还要不定时地抽查一些店铺，以避免有些店铺为了应付检查而做表面工作，没有按照国家卫生安全要求进行经营。

2．加大社会饮食安全知识宣传

要提高家长饮食知识，进行饮食健康教育是有必要的。幼儿园可以开设课程让学生学习，让学生带动家长及周围的人共同学习，把学到的东西运用于生活之中，不断地加强、巩固。学校还可以利用校园之声，在每天中午及下午带领大家共同学习相关常识，加强自我饮食安全意识。除学校外，还可以在社区定期做一些海报宣传，让家长了解如何教育孩子，如何处理孩子要求常常买零食的现象，如何选择新鲜健康的食品；也可以利用广播宣传饮食教育知识，无论是在公交车、公路、社区还是超市都可以进行广播饮食安全教育；还可以通过互联网进行饮食安全知识传授，通过 QQ、微信、微博、电视节目等方式呈现在家长的面前，让家长学会如何选购健康的食品，学会合理安排一日三餐并逐渐使幼儿及自己养成健康的生活习惯。

参考文献

[1]　李飞飞．关于幼儿不良饮食习惯的教育研究[J]．中华少年，2016（10）．

[2][6][12][13]　赵丹阳．幼儿不良饮食习惯背后的思考[J]．科教导刊，2014（2）．

[3][4]　佚名．幼儿常见的一种不良习惯[EB/OL]．http：//baike.so.com/doc/6251136-6464547.html．

[5]　敖春美．3～6 岁幼儿饮食习惯调查研究[J]．延安职业技术学报，2010（4）．

[7]　张春华，冯连贵，焦艳，等．家庭喂养方式与饮食习惯对儿童肥胖的影响[J]．中国学校卫生，2013（9）．

[8] 马冠生，胡小琪，吴瑾，等. 我国 4 城市儿童少年零食行为的现状调查[J]. 营养学报，2001（2）.
[9] 杨显军，张玉海，尚磊，等. 学龄前儿童饮食行为与超重/肥胖的相关性研究[J]. 中国儿童保健杂志，2013（3）.
[10] 蔡黎曼. 新编幼儿园卫生学[M]. 北京：高等教育出版社，2007.
[11] 陈玉霞，麦锦城，吴汉荣. 超重肥胖对儿童青少年生活质量的影响[J]. 中国卫生学校，2010，31（5）.
[14] 周波. 浅谈食育教育的重要性[J]. 中国保健营养，1994（7）.
[15] 张富洪，麦彩屏. 幼儿良好饮食习惯的家庭养成教育[J]. 教育导刊，2008（5）.

幼儿园安全教育实施现状分析

罗燕梅

摘　要：《幼儿园教育指导纲要（试行）》中明确指出：“幼儿园必须把保护幼儿的生命和促进幼儿的健康放在工作的首位。”幼儿的健康成长是祖国未来发展的需要，可见，安全教育在幼儿教育中的重要性。本文对某幼儿园安全教育的实施现状做了调查，分析了成因，并提出了相应的解决对策。

关键词：幼儿园；安全教育；成因；对策

一、研究背景

时代在变迁，社会在发展，当越来越多的物质与精神层面的东西占据了人们生活之后，某些影响着人类安全生活的不利因素在渐渐增多，而最容易受伤害的则是最弱最小的幼儿。如今幼儿事故频发，逐渐引起家长、幼儿园、社会以及各界人士的关注，必须做好幼儿的安全教育工作。根据《幼儿园教育指导纲要（试行）》中健康的目标“知道必要的安全保健常识，学习保护自己”来看，帮助三到六岁的幼儿树立安全意识是非常有必要的。因此，社会、家长等方面应积极地配合幼儿教师开展安全教育活动，以此增强幼儿的自我保护能力。

二、幼儿园安全教育概述

幼儿园安全教育是指通过有目的、有计划的教育活动，培养幼儿的安全意识，使幼儿掌握必要的安全知识和技能，养成在日常生活和突发安全事件中正确应对的能力，并尽自己最大能力预防安全事故的发生和减少安全事件对幼儿构成的伤害，保障幼儿的健康成长。

（一）幼儿园安全教育的内容

通过查阅文献，幼儿园安全教育内容包括以下几点：① 交通安全教育；② 消防安全教育；③ 玩具安全教育；④ 防触电、溺水教育；⑤ 生活安全教育；⑥ 食品安全教育；⑦ 应对自然灾害教育。

（二）幼儿园安全教育的重要性

安全是实施各项工作最根本的保障，如今幼儿园是幼儿活动的主要生活场地，越是幼儿爱玩的游戏设施和游戏场地，幼儿发生安全事故的系数就越大。爱玩、好动是幼儿的天性，我们无法抑制也无权抑制，所以只能通过有效的方式来保护幼儿的安全。这些活动中有一些不安全的因素，幼儿在其中是无法体会未知的危险的，作为一名幼儿教师，要做的不仅是把安全知识教给幼儿，也要让幼儿了解生活中会发生的危险，学会怎样预防和克服这些危险。如果幼儿有了自我保护的意识和一些能力，那便为其今后的健康成长打下了良好的基础。

三、幼儿园安全教育实施现状

本文主要采用问卷调查法，向幼儿园教师发放 59 份问卷，回收有效问卷 50 份。对回收问卷进行数据整理和分析，以期了解幼儿园安全教育实施现状及存在的问题。幼儿园安全教育实施现状如下：

（一）安全制度的缺失和教职工的随意性

大多数幼儿园虽然制定安全制度，安全教育内容繁杂多样，但是覆盖面比较少，而且内容尚有缺失，不可能面面俱到，这样让幼儿园无形中存在某些安全隐患。且部分幼儿园的安全制度都偏陈旧，不是完全符合新时代的特性。

部分幼儿园内的工作人员包括教师、保育老师以及守卫人员，虽然看起来是很重视幼儿的安全教育，但是并没有明确的职责划分。

（二）资源较少，内容不全面，各类安全教育开展不平衡

相对于教学资源来讲，大多数幼儿教师利用最多的资源是教材和宣传手册、电视短片或者网络资源。基于教育的新颖，时代的进步，信息的飞速发展，幼儿教师的教育资源其实还可从多方面获得。

幼儿安全教育的内容很丰富，经常实施的是防摔伤烫伤、防走失、饮食安全等内容，其他的都实施得较少。

1．交通安全教育开展不到位

在上幼儿园途中或者平时生活，幼儿避免不了要过马路，街上车如流水，人来人往，为了让幼儿提高自我保护意识，要教给他们一些基本的道路交通安全知识和常见的交通标志。据调查，多数幼儿园能够经常开展交通安全教育学习课程，但仍有部分幼儿园只是偶尔甚至未开展此类学习课程。近年来，幼儿发生交通事故的数量越来越多。

2．食品安全教育不得当

笔者在相似教育实践中细心观察，并结合幼儿园教师的教学历程和经验，发现幼儿园虽然对幼儿的饮食要求很严格，但是这也只是针对幼儿园的食品安全管理进行的，而实际针对幼儿开展的食品安全教育少之又少。饮食和幼儿的生活息息相关，教师极少教孩子们怎样认识食品包装上面的日期，避免吃到过期的食物，也很少教育幼儿什么能吃、什么不能吃。幼儿教师平时也会有不当的行为举止，比如在幼儿面前吃一些东西或者喝一些饮料，幼儿出于

好奇会不断地追问老师关于那些食物的来源，老师的这种行为会对幼儿造成很大的误解，幼儿会认为那些东西老师可以吃，那自己也是可以吃的。

3．自然灾害和消防安全教育开展次数少

据调查，每学期进行火灾、地震等自然灾害逃生演习的幼儿园只有 36%，而有 54%的幼儿园只是偶尔开展，有 10%的幼儿园没有开展过。再者，幼儿教师在教学活动中经常告知孩子火的危险以及遇到火灾该怎样做的只有 58%，偶尔教授的有 38%，仍有 4%的幼儿教师不会讲。关于自然灾害降临时应该怎样做，只有 42%的教师经常开展教育。幼儿园的消防安全教育和自然灾害的预防如果有周边的消防官兵或者民警配合的话，这些教育工作将会进行得更好。然而只有 26%的幼儿园会时时联系临近的消防部门或民警来指导幼儿园开展安全教育工作，58%的幼儿园只是有时才会开展类似教育，有 16%的幼儿园并不会联系这些消防官兵来配合工作。

（三）安全教育培训课程少

据调查，就安全教育培训课程来看，只有 32%的幼儿教师时常参加，60%的时有参加，8%的未参加过。偶尔参加或是没有参加过的教师就难以有整体的安全教育意识和知识，就算幼儿教师参加了安全教育培训课程，如果没有极强的安全教育意识和丰富的安全教育知识，幼儿教师也无法有效地进行安全教育，如此，要对幼儿进行更科学的安全教育是很难的。

（四）园内设施设备管理不到位

调查发现，有 88%的幼儿园有对园内的基础设施进行定期检查，但是有 12%的幼儿园并没有定期检验这些设施，可想而知这些设施设备所存在的危险系数相应就增大。调查显示，有 8%的幼儿园房屋建筑存在一定的安全隐患，有 29%的幼儿园有电器设备老化的情况，有 15%的幼儿园中的一些门和窗户或是栏杆不稳固，而有 22%的幼儿园户外玩具多年都没有修整过，危险甚大。

（五）家园共育开展情况不乐观

现今幼儿园都提倡家园共育，成效也日益显著，可见其在幼儿园安全教育中带来的成效。若想要做好家园共育，首先要足够利用家长资源，向家长传达安全教育理念，让其一起参与到幼儿的安全教育活动中。调查数据显示，只有 42%的幼儿园经常开展家园共育的工作，34%的幼儿园偶尔让家长共同参与到幼儿安全教育工作中，然而却有 24%的幼儿园没有开展这类工作。小数据看大现象，如果幼儿园不开展或者是极少开展家园共育的话，此类现象会导致幼儿园对幼儿的安全教育出现“失衡”，幼儿只知在幼儿园注意安全，时刻都会注意与安全有关的东西，但是离开幼儿园，回到家或者在街上，幼儿的安全意识是怎样的，显而易见。

四、幼儿园安全教育实施现状成因分析

本文主要从社会、幼儿园、家庭三个方面分析幼儿园安全教育实施现状的成因。

（一）社会存在不安定因素及政府的支持力度不够

访谈了解到，很多孩子出了幼儿园之后，会央求父母在街边小摊买零食吃，而父母也会满足孩子的要求。我们从很多新闻报道中得知，现在的一些商家和街边小贩为了赚取更大的利润，会违背良心用一些地沟油等成本较低的垃圾原料来制作卖品，并且在制作和销售的过程中没有严格遵守卫生标准，这样的食物对幼儿的身体来说无疑是有害的。

政府对中小学生的安全教育是极为关注和重视的，而对幼儿园的安全教育和管理的关注度不高，而且在财力和物力方面的投入尚未满足有些幼儿园安全教育的需求。除了在物资方面投入较少以外，还有人力方面，比如有的幼儿园聘请的保卫人员不够，或者有些是知识文化水平较低的，在看管方面的安全知识浅薄。且部分幼儿园位于人多嘈杂的地方，车来人往的，在这样的环境下，一些不安定的社会因素也会引发诸多的安全问题。

（二）幼儿园

1．缺乏完整的安全教育制度和有效的监督机制

幼儿园安全教育需要制定一项完整的安全教育制度，幼儿园在遵循这项制度的前提下实施安全教育的效果肯定会大大提高。除此之外，幼儿园还要建立有效的监督机制，在众多的幼儿园当中，虽然大多数幼儿教师都按照《幼儿园工作规程》工作，但是幼儿园缺少对幼儿教师的行为监督，缺少这样的监督，幼儿教师不免会出现懒散随意的教学和生活状态，这样不利于安全教育的全面实施。

2．缺乏相应的安全教育资源及教师的懈怠

许多幼儿园在建园的时候因为资金不足导致教育资源的匮乏，尤其是安全教育这块，往往只能在健康或是社会教育中看到少许内容而已，这种情形根本不能满足安全教育实际的需求。现在一些幼儿园并没有比较广泛的安全教育书籍，这样就减少了安全教育的内容，视频资料和教学教具的不足导致安全教育开展的形式比较单一，社会资源少之又少，幼儿没办法通过教学信息了解外界的一些社会现象，幼儿园的安全教育就和生活实际脱离了轨道。

随着社会、家长、幼儿园给幼儿教师带来的压力逐渐增加，部分幼儿教师不免会出现职业倦怠感，对任何事情都报以随意、懒散的态度，不会把精力投入到更多的生活细节中，觉得幼儿一般不会发生大的安全问题，这种熟视无睹的心态会导致幼儿在发生安全事故时来不及阻止或是得不到最好的解决。还有如今的父母大都是望子成龙，都不希望自己孩子的起点低于别人家孩子的起点，所以他们都觉得幼儿园应该把重点放在幼儿的智力培养上。幼儿园安全教育对幼儿来说是很重要的，但是，目前部分幼儿教师，相比较安全教育而言，更加看重对幼儿的智力培养，当幼儿不慎发生危险时，幼儿教师会出现措手不及的情况。

3．幼儿教师对家园共育的认识不充分，家长的不配合

家园共育难以开展的原因主要是幼儿教师在建议实施这种教育方法的时候，只是把家长当作一个倾听者、配合者，不会考虑到家长的一些想法和见解。幼儿教师并未真正了解到要开展家园共育，关键的就是家长的支持与配合。此外，还有一个很重要的原因就是一些家长

不理解这种教育形式，或是和幼儿教师在安全教育上的想法有一定的分歧，这些都致使家园共育难以开展。

（三）不正确的家庭教育方式

正确的家庭教育方式会在一定程度上促进幼儿园安全教育的开展，如果有了家长的理性参与，幼儿园安全教育的实施成效会大大提升。据调查和访问，大多数家长都很溺爱幼儿，把幼儿照顾得极为妥帖，恨不得把幼儿捧在手心里，这就促使家长对幼儿安全教育的疏忽。家长认为只要幼儿的活动在自己的视线范围内，保证其安全就好了。这种过度的保护会使孩子无法树立一定的安全意识。为了让幼儿园安全教育能顺利开展，幼儿园应让家长都参与到家园共育中。

五、幼儿园安全教育实施现状解决对策

针对幼儿园安全教育实施现状的成因，笔者提出以下对策建议：

（一）社　会

1．整顿社会风貌

政府部门应积极整顿、改善一个城市的文明风貌，严格检查饮食方面的卫生情况，杜绝不健康、不卫生的商家小贩出现在集市中。同时交通部门应该严格排查违规行驶的车辆，在交通规则的约束下规范行车习惯。

2．大力支持幼儿园的建设，增加物资投入

幼儿园的建设除了来自企业、社会的支持以外，政府部门的支持也很重要。应对园内的建筑建材、运动设施、安全防护等进行建设和修整；投入更多安全教育方面的书籍与教育器材；通过考试选拔等渠道，吸纳专业的幼儿教师。

3．宣传开展安全教育的必要性

广大群众对政府部门持有很高的信任，因此，政府部门如果加大幼儿园安全教育的宣传力度，利用多方面的渠道向大众宣传开展幼儿园安全教育的必要性，并向家长清晰地列出忽视幼儿园安全教育的后果，那么家长肯定会关注安全教育，并主动配合幼儿园进行安全教育。与此同时，幼儿园也会更加注重安全教育。

（二）幼儿园

1．完善安全教育制度，制定相应的安全监督机制

完整的安全教育制度能够促进幼儿园开展安全教育的正常化和优质化，是幼儿园安全工作有效开展的保证，是安全教育形成正常化、优质化的关键。因此幼儿园应根据幼儿园的实际情况来制定安全教育制度，使之具有可行性。特别要注意园内的安全教育制度，同时也要兼顾园外的，并且要细化到安全教育的每一项内容中，不让任何一个与安全有关联的问题被

遗忘。同时，安全教育制度要根据出现的新的安全问题进行适宜的更新，让幼儿园的安全教育制度做到与时俱进。

在遵循安全管理的制度下制定安全监督机制，这种机制是出于对幼儿教师的“行为”监督而制定的。因此，不管是在幼儿的生活活动中还是在教师对幼儿的教学活动中，教师要时刻谨记自己的责任，不能因为职业倦怠感而选择忽略幼儿的安全问题。

2．增设多方面的安全教育资源，提高教师自身素养

加大安全教育资源的投放，比如适合三到六岁幼儿的书本、视频、教学教具等内容。安全教育的内容涉及甚广，幼儿教师很容易忽略一些极为重要的安全教育内容，导致在实施安全教育时出现不平衡的情况。因此，幼儿教师应全方位地进行安全教育，同时要考虑到一些容易被忽略的内容，适时开展不常见的安全问题，不轻易漏掉一点。

教师的职责是教书育人，其一举一动，幼儿都会看在眼里。想要更好地从事这份职业，首先，幼儿教师要具备良好的职业道德；其次，就是要巩固、提高自身的专业综合技能；再次，幼儿教师不管是在室内还是室外的教学活动还是游戏活动，甚至是在就餐、如厕等生活活动中都可适当地加入一些安全教育内容；最后，要把安全教育内容有效地整合到五大领域中。

3．定期开展大型安全教育活动

定期开展各类大型安全教育活动是有必要的，如果幼儿园忽略了这一点，幼儿就无法了解生活中存在比较严重的危险状况。幼儿园可联系周边的相关消防部门来为幼儿园开展大型的安全教育活动，让幼儿真正了解生活中的危险，并让幼儿参与其中，学会保护自己。

4．为幼儿教师增加安全教育培训的机会

安全教育培训是集中开展的，这样的集中学习效果很大。为了降低幼儿园安全事故发生的几率并学习怎样应对安全问题，提高处理安全问题的能力，幼儿园或者教育部门应多开设安全教育的培训课程，这种集中培训的形式，受益者是幼儿教师。在培训课程中，幼儿教师只要认真地学习，就容易学到很多方面的内容，同时在这个过程中幼儿教师的安全意识也会随之提高。幼儿教师的安全意识提高便能使幼儿教师积极去吸取更多重要的安全教育知识，并努力提高解决安全问题的能力。如果幼儿教师的综合技能和素质都得到提高，那么幼儿发生危险的概率便会越来越低。

（三）家　庭

1．配合幼儿园开展家园共育工作

很多幼儿园都开展过家园共育的工作，但是效果并不是很好。为了幼儿，家长应该正确认识家园共育的重要性，并且运用幼儿能接受的方式和幼儿交流，让其知道安全的重要性，如果家长和教师都秉承同样的教育目的，那么就容易促进家园共育的开展。家长不只是幼儿园工作的支持者、合作者，也是参与者。因此，家长应积极配合幼儿园开展安全教育工作。

2．良好的家庭教养方式

家长在幼儿的生活中不仅仅是扮演父母这样一个角色，对幼儿来说，父母是他们的第一个老师，是幼儿的引导者。幼儿的模仿能力很强，父母的一言一行都可能会影响到幼儿。

从《3—6岁儿童学习与发展指南》中便知道，虽然幼儿的发育程度需要成人的照顾，但不应该太过保护，事事都要为幼儿安排得妥妥当当的，这样幼儿就没有了自主学习的机会，长期下去就会养成过于依赖的不良习惯，那幼儿的主动性和独立性很难得到发展。由于家长的过度保护，大多幼儿的安全意识很薄弱。家长对幼儿进行安全教育，除了以身作则，也要做到“现场”教育，比如幼儿对某些电器产生好奇而去触摸它的时候，家长应该立刻告知幼儿其危险性和会发生的安全事故。也可让幼儿自己去做他们可以完成的事情，家长不插手，当幼儿感受到其危险性之后，幼儿在独立完成某件事时自然会提高自身的安全意识。

六、结　语

从安全教育的实施现状来看，其情况并不是很乐观。幼儿园是教育的起始阶段，是社会不可缺少的一个集体，政府等相关部门应当把幼儿园的安全教育与中小学的安全教育放在同等重要的位置，做到不偏不倚。为了让幼儿身心得到更好的发展，幼儿园应给幼儿一个由内到外的、全身心的安全教育，做到全园都与“安全教育”融合在一起。家庭也是影响幼儿园安全教育实施成效的主要因素，幼儿除了在园内生活以外，其他都是与父母在一起，因此，父母正确的教养方式和对安全教育的正确认识能够促进安全教育的顺利实施。对幼儿进行安全教育如果有了幼儿园、家庭、社会的统一协助，相信幼儿园安全教育的实施在不久的将来会取得令人满意的成果。

参考文献

[1] 王悦. 国内幼儿园安全教育现状及改进策略[J]. 科教导刊，2015（9）.
[2] 辛洁. 幼儿园安全教育问题的原因及改进对策[J]. 科教导刊，2015（7）.
[3] 桂志英. 幼儿园安全教育的现状及改善对策[J]. 文教资料，2015（18）.
[4] 中华人民共和国教育部. 3—6岁儿童学习与发展指南[M]. 北京：首都师范大学出版社，2012.
[5] 毛菊. 幼儿园教师实施安全教育的现状及对策分析[J]. 教育导刊，2012（3）.

单亲家庭对幼儿心理成长的影响

熊　宇

摘　要： 单亲家庭幼儿的心理教育问题受到来自家庭、学校及社会的广泛关注。本文主要对单亲家庭会对幼儿心理产生哪些影响以及如何积极干预进行研究分析。家庭方面，要构建自信的家庭情感情绪背景，提高家庭成员素养，家长树立科学的教育意识并掌握正确教养方式；学校方面，教师要具备良好的职业道德，鼓励幼儿间团结友爱互帮互助，用足够的爱心塑造幼儿积极的心理；社会方面，要打破传统陈旧观念，政府各部门从中协助落实社会保障、社会福利，逐渐淡化社会偏见不制造舆论压力。

关键词： 单亲家庭；幼儿心理；成长影响；家庭对策；学校对策；社会对策

随着社会的发展，人们婚育观念开放，离婚率上升，加之其他各方面因素，出现了一种新的社会现象：单亲家庭日趋增加，单亲家庭幼儿数量不断上升。作为社会的特殊群体，单亲家庭幼儿的健康成长对家庭、社会和国家具有深远的意义。

一、单亲家庭的概述

1．单亲家庭的成因

《婚姻家庭大辞典》中对单亲家庭的定义是："指由父亲或母亲一方与未婚子女共同构成的家庭。"[1]单亲家庭的原因主要有：① 父母个性不合，感情破裂离婚。② 父母某一方因为自然死亡、疾病死亡、意外事故和自然灾害等一些客观原因离开人世。③ 父亲或母亲因不遵守社会道德，触碰社会道德底线，抛弃家庭。④ 家庭中出现家庭暴力或家庭战争，其中一方无法忍受而离婚。⑤ 家中父母因触碰法律，做出违法乱纪的事情被判刑。[2]这些原因导致了单亲家庭、单亲幼儿的存在。

2．单亲家庭的形式

单亲家庭一般分为离婚式、失踪式、丧偶式、未婚式、独身领养式和分居式几种。[3] ① 离婚式单亲家庭是父母双方感情破裂、性格不合，由法定程序解除婚约，只剩下一方和未成年孩子居住生活的家庭。② 失踪式，父母一方下落不明，家人联系不上，找不到人，导致孩子和另一方共同生活的家庭。③ 丧偶式，指家庭中配偶一方因天灾人祸，如自然死亡、疾病死亡、意外事故和自然灾害导致死亡，孩子与另一方共同生活的家庭形式。④ 未婚式，未婚男女没有经过法律程序共同生活，所生下的孩子和父母一方居住的家庭形式。⑤ 分居式，指父母双方依然保留夫妻名义，在一定程度上夫妻的义务、权利得以保留，但并不居住在一起的家庭。[4]不管因为什么原因造成单亲家庭，对幼儿心理成长都会造成严重的影响，而单亲家庭对孩子的学习、生活、成长造成的影响是不容小觑的。

二、单亲家庭幼儿的心理表现

1．自卑自闭

特殊环境造就了单亲家庭幼儿心理上的缺陷，在失去父母一方后得不到完整的爱。家庭的不完整让幼儿在同龄小伙伴中抬不起头来。其他孩子带着异样的眼光来观察谈论自己的生活环境，让单亲家庭幼儿不愿意和同伴交流。他们总是低估自己的能力，觉得自己各方面都比不上同龄小伙伴，总是自己对自己否定，变得越来越自卑。父母受离婚影响，带着糟糕的心情和孩子生活，免不了把自己的负面情绪发泄到孩子身上，导致孩子总是做事、说话小心谨慎，甚至有任何困难、要求也不敢和父母说，长期下去孩子变得越来越不愿意和人交流，变得自闭，活在自己的世界里。[5]

2．孤僻自责

单亲家庭的幼儿活得辛苦，容易受伤，会因同伴间无意的玩笑话闷闷不乐。长期下去幼儿不喜欢交流，变得孤僻。父母一方的离开，让孩子不明白其中原因，孩子想不明白，往往会进入一个死胡同走不出来。他们会产生深深的自责感，觉得是不是自己不够乖、不够听话，还是成绩不够好，导致父亲或是母亲不喜欢他、不要他。[6]这种自责感让孩子变得谨慎、胆小怕事。

3．焦虑抑郁

家庭的不完整像是从天而降的大祸，单亲家庭幼儿往往看到的是父母的争吵、打骂和互相攻击。在这种家庭中他们学到的只有不信任，人与人之间的互相攻击和互相敌视。单亲家庭幼儿长期处于不愉快情绪中，使幼儿产生惊恐焦虑情绪。幼儿容易把情绪化的东西带到同伴交往中，和人交流会感到困难，没有安全感。[7]单亲家庭幼儿失去父母一方后心灵受到极大伤害，经常出现消极情绪，看到别的家庭，自己心里很难受，产生抑郁的情绪情感。

4．容易产生妒忌心理

单亲家庭幼儿，易产生嫉妒心理。不管是精神环境还是物质生活，他们得到的不能和完整家庭孩子相提并论。良好的精神环境、充裕的物质生活是幼儿成长的必需。因此，单亲家庭的孩子在看到健全家庭的孩子和父母亲热、撒娇时产生心理偏差，长此以往从刚开始的羡慕心理演变为妒忌的心理。[8]如果不能正确地对待、调节这种妒忌心理对孩子的成长是极为不利的。

5．具有逆反心理和仇视心态

因自我保护意识增强，单亲家庭幼儿对周围世界的反应比健全家庭的幼儿更敏感。即使是很平常的话在他们心理也有特殊含义，会引起内心的不满、和你对着干。在同周围的人交流时他们也会在言行举止上表现的和同龄人不一样，让自己独具一格。单亲家庭的幼儿仇视同龄人、仇视父母，有的还仇视社会。[9]他们用仇视的心态看待社会的一切，无论是对他们好的还是坏的。这些幼儿在用仇视的心理展现自身的价值，用逆反的行为方式引起社会的关注。

6．人格不完善和性别错位

幼儿时期正是出于对周围事物好奇的阶段，他们的模仿能力是极强的。成人的动作、语言、情绪都是幼儿模仿的对象。单亲家庭中的幼儿只与父亲或母亲共同生活，对他们的性别认同产生偏差。[10]如果是男生和母亲共同生活，那么他看到学到的就是较为女性的生活方式，会比较胆小怕事，不够阳刚。反之如果是女生和父亲共同生活，那么就看不到本该属于女生阴柔，反而是大大咧咧，缺少女性行为，导致幼儿心理不健康。

7．自尊心扭曲

自卑心理在作祟，从开始的自我否定、低估自己能力到最后演变成为自尊心扭曲。[11]单亲家庭幼儿自尊心较强，对外界反映很敏感，稍有不同看法就会引起内心的强烈抨击，常常听到外界的言论或是看到外界的行为都感觉在谈论自己，他们会默默地反抗做出意料之外的举动，有的甚至会有仇恨父母、仇恨社会，形成一种病变的人格。

8．不安全感和不信任感

单亲家庭幼儿由于被迫只能与父母一方居住，在缺乏完整家庭中应有的和谐、欢乐及和睦的氛围下，孩子极易出现不安全感和不信任感。[12]他们会恐惧不安，不会相信周围的人、事、物，甚至会怀疑父母对自己的关心是真情还是假意。在单亲家庭中成长的幼儿情感脆弱毫无幸福感，不相信任何人，哪怕是自己的亲人。若是这种不健康的心理没有得到调节，会导致在他们未来的家庭生活中容易怀疑、猜忌自己的家人，导致家庭生活的不幸福、不和谐，可能会道重蹈覆辙。

三、干预对策

（一）家庭教育

1．构建自信的家庭情感情绪环境

幼儿情绪波动很大，稍微一点变化都会引起他们在情绪上的变化。单亲家庭中的幼儿是不自信的，父母的分离对于大人来说是解脱，但是对孩子留下的只有伤害。父母尽量创造条件和幼儿在一起，有助于消除幼儿的自卑心理，建立自信的情绪情感背景，利于他们在生活中勇敢战胜困难，迎接新生活。家庭是幼儿最早接触的场所、长期生活的环境。良好的家庭环境使幼儿谦逊、诚实、活泼开朗。因此，单亲家庭中的父亲或母亲要明确自己的责任，及时调整自己的心态，不要根据自己的喜怒哀乐对待孩子，应给孩子足够的关心。鼓励幼儿说出心中所想，适当给予引导让幼儿明白什么东西可以满足，反之，什么不可以。[13]构建良好的家庭环境，有利于幼儿良好的性格的形成。

2．提高家庭成员素养

简单粗暴是不可取的，有的父母对孩子的教育方式就是打骂、惩罚。[14]在单亲家庭中，家庭成员首先要加强道德修养，陶冶情操。家长的素质是由家长的观念和行为构成的，首先，要有高度的教育、关心孩子的责任感和义务感，不管家庭是否完整，都要把这个观念放在首要的位置。其次，提高文化素养，转变传统的社会观念、不要因为家庭的不完整、舆论的压力，忽略孩子的感受。最后，家长要以身作则，根据幼儿身心发展的需要和实际情况对他们进行关爱，及时地开导他们，让他们健康地成长。

3．树立科学的教育意识

常言道，家长是孩子的榜样。不只是孩子需要学习，家长也需要通过不断的学习来树立科学的教育意识。在单亲家庭中应树立与幼儿共同成长、学习的教育意识。尊重幼儿的人格，学会和幼儿平等地相处，做孩子的朋友。例如，保证足够的亲子阅读时间；父母还可以和孩子说说自己的成长故事；有的孩子较为腼腆，可以用简单的画画方式来表达自己的想法等。把赏识教育摆在正确的位置上，用欣赏的眼光看孩子。

4．掌握正确的教养方式

父母的教育方式不同，对幼儿心理教育会产生不同影响。因此，单身家长在教育幼儿时可采用民主、平等的方式引导幼儿成长。对幼儿的行为更多是分析和引导，不随意打骂孩子，合理地采用奖励与处罚的手段，让幼儿在家长的行为与教育中获得知识，明白事理，在幼儿的成长学习过程中多采用帮助与鼓励的方法。在民主型家庭中，父母和幼儿相处和睦、关系融洽。幼儿情绪稳定、自信，主动性、探索性和独立性发展较好。单身家长要变身为民主家长，与幼儿有积极的情感交流，尊重、理解幼儿。孩子有错时和他们讲道理，让他们坦然接受错误，完善幼儿的性格特征。

（二）幼儿园教育

1．教师具备良好的职业道德

俄国著名的教育家乌申斯基说过："教师的人格，就是教育工作的一切。"教师不仅仅是文化知识的传递者，更是幼儿心理卫生的保健者，是幼儿的朋友。对于一些特殊的幼儿，教师不带异样的眼光去看他们，不歧视，做他们的引导者。对单亲家庭的幼儿教师更要"偏爱"，让他们充满信心，建立健全人格，健康成长。唤醒幼儿自尊，帮助他们发掘优点，及时发现进步之处，鼓励他们振作起来。[15]例如，在幼儿园实习时遇到的一名幼儿，父母在他一岁时离婚，爸爸平时工作忙，他是由爷爷奶奶带大。刚接触时，他脾气暴躁，经常打小朋友，做任何事都拖拖拉拉，没有积极性。后来鼓励他帮助老师做力所能及的事情并及时表扬他，当他吃饭又快又干净时让他做小朋友的榜样，慢慢地，他越来越积极，越来越活泼开朗。

2．鼓励幼儿间团结友爱互帮互助

《幼儿园教育指导纲要（试行）》中指出："幼儿园品德教育应以情感教育和培养良好行为习惯为主，注重潜移默化的影响，并贯穿于幼儿生活及各项活动中。"[16]同伴是幼儿观察学习的榜样，当今社会以独生子女居多，他们得到多方的关爱，有的孩子会任性、自私。单亲家庭幼儿往往因为家庭特殊，遭受到歧视、嘲笑、欺负等。因此，教师在幼儿一起游戏、学习时，对能积极帮助同伴的幼儿要积极评价进行鼓励，以此激发其他幼儿学习的积极性。如幼儿帮助同伴穿衣服、系鞋带，教师用肯定的语言表扬孩子。看到自私霸道的幼儿可以给予适度的引导，言语上批评，让孩子换位想想如果是自己的话会怎样。

3．用足够的爱心塑造幼儿积极的心理

爱心教育是幼儿心理健康教育的基础和基本内容。单亲家庭中的幼儿也有被爱和爱别人的需要。通过爱心教育，使幼儿享受爱的满足，提高爱的能力和自尊。[17]单亲家庭幼儿遭受来自多方面多形式的心理压力，教师可为幼儿创造机会，培养幼儿的适应能力。鼓励幼儿积极参加集体活动，引导其通过丰富的游戏活动表达情绪，培养幼儿积极情绪，塑造幼儿积极心理。教师用爱心与幼儿进行情感交流，使其在幼儿园获得幸福感和安全感。让孩子在学校教育中享受到师爱，在爱的呵护下长大，塑造积极的、健康的心理。

（三）社会教育

1．打破传统陈旧观念

社会是一个庞大的客观存在，对于单亲家庭，社会要给予正确的认识，消除对单亲家庭的歧视，打破舆论压力。[18]为单亲家庭幼儿创造轻松的社会氛围，给予充分理解。可以通过报纸、网络、书刊、电视等方式推陈出新，打破陈旧观念，让单亲家庭的幼儿得到同伴、社会的尊重。单亲家庭的幼儿受到陈旧观念的影响，往往会受到同伴的排斥、偏见，从而影响他们的心理健康。鉴于这种情况，社会可通过组织多种丰富多彩的活动，鼓励幼儿大胆地参与，释放自己。

2．落实社会保障社会福利

鉴于单亲家庭这一特殊的家庭方式，社会应该充分利用多媒体、网络等方式宣传，让社会各界人士关心单亲家庭幼儿在成长中遇到的问题，重视单亲家庭幼儿的教育。[19]落实社会保障、社会福利，让单亲家庭的幼儿没有后顾之忧。政府有关部门应对单亲家庭中生活上有困难的孩子给予帮助。除此之外，当地教育部门可以组织人到单亲家庭中去了解单身家长和幼儿的心理，建立心理咨询室，为家长和幼儿提供心理疏导，让他们感受到社会的关怀。

3．逐渐淡化社会偏见，不制造舆论压力

社会上的一些人对单亲家庭存有偏见认识，认为父母离婚是一种不负责任的表现。[20]周围人议论纷纷，媒体负面报道制造舆论压力，这些行为对单身家长和幼儿是不公平的，社会总是在渲染在单亲家庭教育下长大的孩子是不健康的。社会应该给予单亲家庭更多正面的报道，让社会各界人士用积极的眼光看到他们正能量的一面，以此来淡化社会偏见，不把他们推到风口浪尖。社会要保护他们，不利用网络等形式对单亲家庭制造舆论压力，保护单亲幼儿的自尊，稳定他们的情绪，让他们无忧无虑地成长。

参考文献

[1][4][7][8]　杨利玲．单亲家庭子女教育问题、成因及对策研究[D]. 长春：东北师范大学，2004.

[2]　冯桂辉．单亲家庭形成的原因分析[EB/OL]. http：//blog.sina.com.cn/fghfgh1898.

[3][19]　陈芳．我国单亲家庭研究述评[J]. 西北人口，2008（5）.

[5][11]　王祖侠，郑燕. 单亲家庭学生心理特点分析与健康教育措施[J]. 科学教育论坛，2005（17）.

[6][9][13]　顾琼，桑青松. 单亲家庭儿童心理问题及其疏导对策[J]. 现代教育科学，2008（1）.

[10]　陈妙娥，邹瑾. 单亲家庭中儿童性别角色的移位及其教育策略[J]. 宜宾学院学报，2003（2）.

[12]　杨洁. 单亲家庭幼儿心理问题的表现、成因及对策[J]. 理论探索，2016（3）.

[14][15][20]　王晓红，范永锋. 单亲家庭子女心理问题成因及应对策略[J]. 学周刊，2016（20）.

[16]　中华人民共和国教育部. 幼儿园教育指导纲要（试行）[M]. 北京：北京师范大学出版，2001.

[17]　刘文. 幼儿心理健康教育[M]. 北京：中国轻工业出版社，2008.

[18]　苏良柏. 浅析单亲家庭学生的心理及其教育策略[J]. 新课程学习，2011（5）.

专题二

幼儿语言与社会教育

汉语儿童早期语素意识发展研究

何　丹

摘　要：随着我国学前教育界对语素意识的重视，汉语儿童早期语素意识发展也相应地得到重视。语素意识是元语言意识的重要组成部分，是指儿童对语言中语素的认知和操作，以及使用词汇构成规则的能力，最早源于西方拼音文字的研究。本文对已有的研究成果进行整理分析，并且对语素意识对汉语儿童的发展的影响作初步探讨。

关键词：汉语儿童；语素；语素意识

一、语素意识的含义

语素由美国结构主义语言学家布龙菲尔德（Leonard Bloomfield）最早提出，在他的著作中，他对语素的解释是这样的："跟别的任何一个形式在语音—语义上没有任何部分相似的语言形式是一个简单形式或叫作语素。"[1]另外一位关于语言的研究者霍凯特（C. F. Hockett）也有相关的建议："在语法里不能再次进行分解且带有一定意义的最小成分就是语素"，并且对语素的识别做了简单的规定：首先，要检测的对象有没有存在意义；其次，要检测对象是不是最小的，并且不能再进行分割的单位成分；最后，把要查核的对象从语句中找出来，并把其纳入不一样的语句里进行多次的比较从而确切地判断，即辨别语素需要把握形式的用法与意义的领会的双重标准。明确语素的概念可以使语言的分析更清晰、完整地确定，可以把词根、词缀、词尾、虚词等多种构词要素一起作为最小的语法单位来统一处理。

元语言意识（metalanguage awareness）包括语素意识，是对词内在的组成结构并可以通过运用帮助词进行解码、拼写等。用直接或间接的方式作用于整个篇章，这也是有助于语言的获取与语言能力的提高。

在语法知识中，汉语语素的类别比英语语素的分类更多更广，汉语语素可按照音节数量、构词能力、构词中的位置等进行分类，即单音节语素和多音节语素、自由语素和黏着语素、定位语素和不定位语素等。[2]汉字独特的书写表达方式给语素的研究添加新的血液。如何区别语素和整词意义二者之间关联，显得尤为重要。早期学者通过领会运用，对汉语语素意识进行研究及界定，现代学者在此基础上又有了新的发现，即还需把握对同行语素的辨别能力和汉字部首知识的理解与应用。所以我们可以根据这些把汉语语素意识区分成下面的四个方面：第一，是词素意识，即受教育者对词内部结构的意识以及词素和整词之间的意识，比如"牙膏"一词中"牙"和"膏"二者之间存在的在结构上的联系；第二，是同音语素意识，即受教育者在学习语句的过程中对相同拼音代表的不同语素的辨别能力，例如，

“东家”的[dōng]和“冬天”的[dōng]，“青菜”[qīng]与“清秀”[qīng]等，即使拼音相同，可是书面表现形态都不一样；第三，是同形语素意识，即区分同形语素意识的能力，比如“高兴”与“高处”中“高”所表达的意义是不一样的，“花朵”与“花费”中的“花”所表达的意义也是不一样的；第四，是形旁意识，即对偏旁部首所表达的意思与作用的领会和运用，如汉字“海”的偏旁“氵”所表达出的功用等。有学者发现儿童在学前期时在语素意识方面的发展有着不同的先后顺序，在儿童口语技能的发展中，词素意识和同行意识有着至关重要的地位；词汇起到了独特的诠释效果。笔者认为这四个维度较好地囊括了汉语语素意识的内涵。

二、汉语儿童语素意识发展的特点

在各种各样的语言类型里，语素意识的作用都是不尽相同的，都有着各自的发展特点和速度。因此，在汉语的语法中，语素意识也是存在着它自己特别的滋味，汉语儿童的成长历程与其语素意识的发展有着密切的关系，但是母语是英语和汉语的语素意识特点是有着明显的不同的。[3]汉语学前儿童在语素意识方面已经有了一定的发展，其中词素意识是最早开始萌芽起来的，而同形语素意识和形旁意识相对于词素意识的发展则较差，幼儿园中班（4 岁左右）的儿童即可较好地对复合词进行语素分解和重新组合，而最小单元的形旁意识到幼儿园大班（5 岁左右）才表现出明显优势。三到六岁的学前期是语素意识迅速发展的时期，儿童在这一阶段发展起对口语词汇中的语素进行分解、组合的能力。关于词素意识，姜自霞（2008）在基于语料分析儿童理解复合词的偏误中，发现儿童词素意识的发展经历了从不能分离阶段到分离阶段的动态变化的过程。C. McBride 和舒华二人在学习研究中发现，入学之前的孩子年满 4 周岁时，就有分辨同音语素的能力，同时，还拥有初步认识汉字和预料成绩的能力。郝美玲等人也发现儿童在 3 岁时就有了辨别同音语素和可以在词素的基础上预测出新的词语意义，这些对语素意识的研究发展较早且对儿童的口头词汇量有更好的预测。

已有研究表明，学前儿童具有初步的语素意识，在进入学校进行系统的、规范的学习后，语素意识也不断地得到发展。在儿童成长的过程中，儿童的年龄、教育经验和生活经验都不断增长，儿童对认识、操作、运用词汇内在的语素结构的能力也在不断地提高和发展，并且语素意识的单位越小，其萌芽也就越晚。

三、汉语儿童语素意识对其发展的重要性

1．汉语儿童语素意识对词汇获得的作用

汉语儿童语素意识的发展情况会对其领会、运用词汇的速度、程度产生促进或阻碍的作用。一般英语单词多语素构成所显示出来的意义要比汉语词汇的多语素构成显示出来的意义更加鲜明，这是 Hoosain 提出的。并且由 Shu，Anderson 和 Zhang 的关于中国和美国儿童怎样从课文中学习生词的跨文化研究可以猜测出汉语阅读者比英语阅读者容易编码并提取到语素词汇的意思。这个研究说明汉语儿童理解句子、词语的意义较多地运用语素分析。而且汉语属于表意文字，汉字的来源大多是和这个字相关的事物本身有关系，儿童在自己本身的经验基础上对这些词经过内化、同化，进行编码提取语素信息分析理解词语。比如，儿童理解“书包”中“书”与“包”的关系，幼儿能够理解用来装书的包就是书包；儿童理解“又大又

红的花就是大红花”，他们会根据这句话来理解很大很红的花就是大红花，他们还可以相应的说出“又大又黄的话就是大黄花”。

2．汉语儿童语素意识对其言语发展的作用

在幼儿园中班，儿童已能够较好地对复合词进行语素分解和重新组合，再加上汉语语素结构特点及国外的相关研究（Berko，1958；Carlisle，1995；Geva，2007），可以猜测出复合语素意识对汉语儿童早期的言语发展同样具有重要预测作用。在儿童语言能力的发展时间历程里，语素意识有着重要的影响，儿童最开始的语言表达方式是口语表达，儿童口语词汇的获取跟发展词素意识与同行语素意识都发挥着不可忽视的功用。例如，在幼儿园中班语言活动《旧汽车卡卡》中，卡卡被施了魔法后可以随着自己的心愿、想法来变成各种类型汽车，最后让儿童发表自己的想法：还想变成什么车？和其他小朋友一起分享。儿童在说出自己的想法和别的伙伴交流的时候，就已经运用自己已有的对词汇的掌握技能、领会来表达，充分地锻炼了儿童的语言表达能力。还有在幼儿园幼小衔接的课程中儿童学习语素“a，o，e，b，p，m”等语素，儿童随着时间的推移积累的同类语素越多，掌握的程度越好，儿童对其的构成要素、领会程度、运用这些语素构成词的能力越好，以此为儿童进入小学学习汉字的读音拼读、拼写打下基础，促进儿童在入小学学习拼、写、读汉字能力的发展。

3．汉语儿童语素意识对阅读能力的影响

阅读就是阅读的人对所读的书本的认识、了解、吸纳以及应用的心理过程，这样的活动在现代化社会里有很大的地位，同时，它也成为众人学习工作的基本方式。阅读不仅仅是把语言符号从“形”转化到“音”，而且还需要阅读者完成对语音形式和语义信息的匹配。文字是书面学习和阅读的主要内容，是把语言记录下来的一种符号，其中标志性的代表是英语和汉字。语素意识是英语和汉语阅读发展研究重心，语素意识的发展对阅读能力的发展及汉语的普及有着特殊的促进作用。[4]因此，语素意识与阅读能力的关系成为研究热点。虽然在国内，语素意识对阅读能力方面的研究处于起步阶段，但是吴思娜等人在《语素意识在儿童汉语阅读中的作用》（2005）中发现，儿童阅读能力的好与坏与其语素意识的积累、理解和运用情况有很大的关系，语素积累量大的儿童的阅读能力比少的要好。[5]如果儿童对汉语语素的掌握、积累不足的话，可能会对他在阅读能力方面产生不良影响。例如，在幼儿园中班语言活动《猜猜我有多爱你》中，儿童对“×××，你猜猜我有多爱你，我爱你就像××到××这么远”的运用、领会都是对语素意识的累积与运用。语素意识能够帮助儿童进一步理解故事内容，领会故事表达的寓意。在阅读理解故事内容过程中，也可以促进儿童的语素积累、语素意识的发展。还有在大班语言活动《小花籽找快乐》里，儿童学习“快乐、温暖、帮助”等语素能够帮助儿童领会故事内容，体会在帮助别人的同时自己也会得到快乐，在理解这些词以后，儿童能够把这些词运用到其他地方。比如，今天我给妈妈捶背，妈妈喜欢我，所以我快乐。儿童语素的积累、语素意识的发展帮助儿童理解故事、读本等的内容，同时在阅读的过程中增加语素的积累。在幼儿园开展的阅读活动、亲子阅读、读书角活动等都可以促儿童语素意识的发展。

在李玲的《语素意识与阅读能力的关系》中有声明说，有相当的阅读经验的累积能够使儿童在阅读的过程中促进语素意识的进一步提高，并且在儿童的语言发展过程中语素意识的预见效果要比语音意识的预见效果好得多。因为阅读能力与语素意识之间有着必然的联系，所以在幼儿园中对儿童有意识地进行语素意识的培养和联系时必要的。这将对儿童的阅读技能的提高有着显著的效果，对儿童的抽象思维能力也有一定的帮助和促进效果。

综上所述，语素意识在汉语儿童阅读能力发展中有着不可磨灭的功用。

四、促进汉语儿童早期语素意识发展的有效措施

既然语素意识在促进儿童汉语语言发展方面具有举足轻重的作用，那么，对于正处于关键期、敏感期和转折期的幼儿，又要以何种方法或手段促进幼儿早期汉语言语素的发展，以达到提高儿童汉语言发展的目的呢？儿童的语素是在日常生活中和各种环境中不断积累和发展，语素意识也是随年龄和经验的增长不断发展提升。

（1）在亲子环境中让孩子多接触身边的事物，认识周围的世界，在安全的情况下不限制他们的行为并且多和孩子交流。在家庭里面的亲人不断和孩子说话，让他在一个充满声音的环境中，而家里的人说出来的每一句话、每一个词都是语素，所以孩子从生下来的那一刻就在学习语言，就能够在这个过程中获得语素了。爸爸妈妈是儿童的第一个教育者，爸爸妈妈对儿童的影响是难以估量的，爸爸妈妈在对儿童的教育中有很高的针对性，爸妈是他们的偶像，也是其学习的标准，因此，爸爸妈妈对孩子语素的获取有很大的作用，爸爸妈妈在儿童平时做的生活中的任何一个动作和说的任何一句话都是孩子学习和仿照的对象，孩子通过仿照他的爸爸妈妈，仿照他的亲朋好友中获取语素。

（2）在社区环境中儿童可以更好地和更多的人进行交流、沟通，形成最初的个体与群体的概念，并且在和人们的广泛接触中促进儿童亲社会行为的发展，能感受到集体的力量，出现较为丰富的情绪情感，形成最初的道德判断标准。这一系列的变化都有助于儿童语言的发展，增加儿童语素的获得。随着时代的发展，电子产品越来越普及，在这个信息时代，幼儿接触电子产品的时间越来越多，比如电视机，电视机播放的电视剧、动漫、电影等都能够让幼儿获得语素，手机、PSP 游戏机、电脑等产品也能够让幼儿获得语素。

（3）现代社会的进步与发展。幼儿在满 3 岁后就要进入幼儿园进行教育，甚至有比 3 岁还小的孩子进入幼儿园接受教育。在幼儿园一日生活的各个环节中，幼儿运用语言与同伴沟通交流；幼儿园的各种教学活动也贯穿着大量丰富的语言活动，这使得幼儿更加理解词和句子，有利于幼儿语素的获得。[6]所以，要抓住每个细节促进幼儿语素意识的发展。在语言领域中让幼儿在绘本学习、阅读、故事学习和表演、各种文学作品中发展语素意识。例如，幼儿在学习绘本时，通过 PPT、flash 动画、挂图等来帮助幼儿理解绘本的内容或某个词，在语言活动《我想养蜥蜴》的活动中，教师通过 PPT 给幼儿讲述绘本故事，让幼儿学习“寂寞”“有责任”等词，并让他们说说自己对这些词的理解。在大班语言活动《十二生肖》中，幼儿认识“小狗、牛、猪、蛇、兔子、生肖、动物”等词，并且通过各种不同的动物图片及自己生活的经验来理解感知“小狗、牛、猪、蛇、兔子、动物”这几个词，通过故事的内容，理解保护、爱护动物的重要性以及在生活中该怎么做。在科学活动《沉与浮》中，让幼儿通过实际的动手操作来体验理解“沉”与“浮”。在健康活动《小青蛙跳跳跳》中，幼儿模仿青蛙跳，能让幼儿从自身的动作来理解“蹲跳”这个词，儿童在平常不断地积累语素，从而促进其语素意识的发展。

五、结束语

上文的表述和各个学者的发现说明语素意识对汉语儿童语言中口头表达能力、阅读能力有着不可忽视的重要作用。所以在幼儿的生活中、学习中，成人应有意识地让幼儿在轻松愉快的过程中积累语素，促进语素意识的发展，从而提高幼儿的言语技能。

参考文献

[1] BROWN P，LEVINSON S C. Politeness：some universals in language use[M]. London：Cambridge University Press，1987.

[2] 张斌. 新编现代汉语[M]. 上海：复旦大学出版社，2004.

[3] 李玲. 儿童语素意识的发展及其与儿童早期阅读的关系[D]. 西安：陕西师范大学，2010.

[4] 常云. 语素意识在不同系统中的作用研究[J]. 内蒙古社会科学，2008，29（6）：158-160.

[5] 李玲. 语素意识与阅读能力的关系[J]. 文教资料，2013（12）：48-49.

[6] 陈宝玲. 把语言教育渗透到幼儿园一日活动中去[J]. 快乐阅读，2012（6）：104.

汉字构型特征与幼儿认知的共鸣
——幼儿汉字教育的可行性研究

张 浩

摘　要：汉字是我们的祖先在长期的摸索中逐渐形成起来的，具有几千年的文化传承与积淀，时至今日依然是我们国家的通用文字。然而从早期的甲骨文到现在的楷书，汉字在形体上发生了很多变化，加之汉字构型复杂，给初学者的学习带来了诸多困难。幼儿园汉字教学是否可行，在现代社会颇受争论。否定者认为汉字认读书写困难，若在此阶段开展汉字教学不利于幼儿健康快乐地成长。赞成者认为3～6岁是幼儿学习汉字的关键期，若在此关键期对幼儿开展汉字教学，能够有效地训练他们的思维，促进其大脑的发展，为以后的汉字学习奠定良好的基础。本文将从认知心理学的记忆理论角度，探讨在幼儿园教育行动中，如何利用汉字构型特征，达成与幼儿认知的共鸣，为幼儿园汉字教学的可行性提供依据。

关键词：幼儿；汉字教育；可行性；探讨

汉字是我国的优秀传统文化，更是与我们息息相关的交流工具，我们希望每个人都能将其继承并掌握。我们认为学前期的幼儿不仅可以学习汉字，还能在此阶段获得良好的学习效果，促进幼儿各方面的发展。本文将从汉字的构型规律开始，进行简要的分析概括，阐述早期汉字教育的必要性和幼儿内在的识字需求，再利用汉字的字形特征结合幼儿的认知记忆思维，提出幼儿园汉字教育可行的依据及教学策略。

一、汉字构型特征概说

前人根据汉字的构型规律概括出了六种最基本的构型方法，即传统的“六书”说，其中包括象形、指事、会意、形声、假借、转注。鉴于假借和转注是用字法而不是造字法，故在本文中不作说明。

（一）象　形

象形指用线条来描画实物形状的造字方法。例如“日”“月”“人”“目”这几个字，在甲骨文里画的就是太阳、月亮、人和眼睛。象形字是独体字，无论笔画多少，如“人”“马”“鸟”“鱼”都是一个独体字，不能再加分析。所以象形字是最为直观形象的。

（二）指　事

由于象形法造字有限，于是在象形字的基础上进行标识修改的造字方法便称为指事。指事字的含义不是直接由事物表现的，它要通过有特点的符号去提示给人们，比如以一横为标准线，加一点在上面，表明是“上”的意思；加一点在下面，表明是“下”的意思。常见的指事字有“上”“下”“一”“二”“三”“四”“刃”“元”“本”“末”等。

（三）会　意

会意指用两个或两个以上的独体字会合起来表示一个新的意义的造字方法。会意字是合体字，多由象形字或指事字组合而成，因此有较浓厚的象形色彩，是用象形的方法达到表意的目的。例如“旦”字，表示太阳从地平线上升起。又如“尖”字，下面大，上面小，就是尖尖的样子。常见的会意字有“从”“好”“囚”“炎”等。

（四）形　声

由表意符号和表音符号组合而成的造字法。例如“江”“河”都是水名（长江、黄河），所以用水作形旁，“江”音如“工”，就以工字相配，“河”字音如“可”，便以“可”字相配。又如“秧”表意从“禾”，音从“央”，组成一个意义为植物幼苗的字。常见的还有“财”“村”“炮”“爸”等。

由上可知，汉字是由象形符号按照一定的规律组合发展而来的，具有很高的形象性。因此我们应按照幼儿思维的形象性与直观性，充分挖掘汉字自身的表意性和象形性特征，与幼儿认知方式、记忆特点相匹配。

二、早期汉字教育的必要性

几千年来，汉字一直是我国人民书面语言的载体，要阅读书籍，写作文章，就得先学会识字。学前期是幼儿心理发展的敏感期，识字敏感期开始于 2 岁，延续到 7 岁。而这一时期也是幼儿语言敏感期（3 岁至 6 岁），幼儿会对成人的语言进行模仿，并产生表达的欲望。幼儿对口头语言的学习会激发他们对文字的兴趣。此时期幼儿也开始了早期阅读，对新鲜事物的好奇心会激励他们去学习书本上的文字。如果在这一时期带领幼儿阅读，创造幼儿学习汉字的良好环境，将有利于幼儿对汉字的学习。

早期汉字学习有利于培养他们的识字兴趣，并为他们下一步的学习打下良好的基础。6 岁的幼儿即将进入小学学习阶段，良好的幼小衔接能更好地促进幼儿适应进入小学后的新环境，并在新环境中获得更进一步的发展。语文是小学教育的基础科目，初入小学的儿童，在语文上的学习效果的好坏，更多取决于所认识汉字的多少。诚然，小学教师会开展基础的汉字教学，但是小学的教学活动是有教学任务与进度的，教师重点在于全班的学习进度，很难顾及每一个学生的学习都达到了相应的水平。而汉字基础较差的学生就很难跟上教师的教学进度，以至于越落越远，不仅在学习上造成影响，对学生的自信心、学习兴趣都是有重要影响的，所以在幼儿园开展汉字教学对幼儿长远的发展是非常重要的。

三、幼儿识字的内在需求

（一）能促进幼儿思维品质的提高

学习汉字不仅可以帮助幼儿了解外部世界，还可以促进其智商和思维的发展。语言是思维的产物，幼儿识字不仅能在语言上获得发展，而且还能发展思维。例如，幼儿在学习会意字“双”时，就会在观察的基础上发现“双”字是由两个相同的部分组成，而我们常用的“一双手”“一双脚”也都是由相同的的两部分组成，所以幼儿在这一过程中不仅学会了“双”字作为的量词的用法，还激发了他们观察联想的思维品质。

（二）有助于幼儿认知经验的丰富

幼儿在学习汉字的过程中，会获得很多的知识经验，他们通过不断的积累和学习，并将所学会的汉字应用到日常生活中，在与朋友亲人进行交流和大量的阅读时，逐渐使自己的认知经验更加丰富。例如，当幼儿学会相应的汉字后，去阅读故事和绘本，故事中主人公的行为、话语都会影响幼儿，幼儿便会在日常生活中进行模仿。

（三）有助于幼儿审美能力的提升

汉字由图画演变而来，美丽的线条与形式本身就具有极大的艺术魅力，再加上古往今来无数文人墨客对书法艺术的创造与发展，造就了中国传统文化的瑰宝。幼儿学习汉字不仅可以继承民族优秀传统文化，还可以提高自身欣赏美的能力。例如，幼儿在掌握象形字“山”后，在进行美术活动时有意或无意地会将汉字“山”与图画上的山进行比较，会发现两者在轮廓上有相似之处，进而认识到汉字与绘画有相通之处，都具有轮廓美、线条美。

（四）有助于幼儿社会化的发展

幼儿在学前期开始学习汉字不仅可以丰富他们的知识经验，还可以树立他们良好的自信心，因为知识的获得会给他们带来满足感，在与社会的交往中，他们能够运用自己积累的汉字、结合语言进行适合的表达，进而能够保持好愉悦的情绪，养成开朗活泼的性格，乐意与人沟通交往。例如，幼儿在学会几个汉字后，在大街上或学校里看到相应的字便读出来，旁边的人或学校的老师听到后就会夸奖他，这会增强他们的自信心。

四、幼儿能进行汉字认知的思维基础

学前期的幼儿在思维上具有直观性和形象性的特点。而汉字象形性的特质，在很大程度上契合了幼儿的认知思维。汉字结构中最基本的独体字，都是比较简单、形象的。事实上幼儿在日常生活中，即便成人没有刻意让幼儿去学习汉字，幼儿也还是会掌握不少较为简单常用的汉字，这些简单的汉字大都来源于常见的动画片、故事书、电视或者街上常见的广告语。然而这些汉字只是随意地出现在幼儿的日常生活中，幼儿也只是受到耳濡目染，并非有意地对其进行识记。倘若我们按照幼儿具体形象的认知规律，与汉字的象形性进行组织融合，并让他们在此基础上进行学习，对幼儿各方面的发展与促进都将是有益的。例如“飞”字，这是一个笔画简单的象形字，将它呈现在幼儿面前，让他们观察看看这个字像什么，再让幼儿模仿小鸟飞翔的样子，说说飞翔是怎样的，翅膀的作用是什么，找一找“飞”字的哪一部分像翅膀。

五、幼儿汉字教育的可行性策略

对幼儿进行汉字教学切不能让幼儿进行机械识记，这不仅不利于幼儿学习汉字，还会对他们造成心理上的伤害，使他们对汉字失去兴趣。我们可以在充分尊重幼儿思维的基础上，运用认知主义中幼儿记忆的观点对幼儿进行汉字教学。

记忆是过去经验在头脑中的反映。对幼儿进行汉字教学，如果只是让幼儿进行机械识记，那幼儿记忆的保持时间必定是短时的。所以依靠汉字的字形结构、表示意义，让幼儿观察体会，更容易使幼儿进行有意义识记，将记忆储存为长时记忆。

（一）创造良好环境，在日常生活中渗透汉字教学，吸引幼儿自动编码

在幼儿认知记忆中，编码成了关键所在。编码分为自动编码和有意编码。自动编码是指不需要或较少需要意志努力，即不需要有意识地进行控制，并且也很难有意识地停止其运作。自动编码对于学习汉字来说更为轻松、简单。对于幼儿来说，自动编码的内容大多是符合自身兴趣的，外表鲜艳光彩，款式新颖丰富，幼儿在偶然的相遇中被事物所吸引。在幼儿不需要付出意志努力的日常生活中，有太多的事物会吸引到幼儿，例如电视上播放的动画片，鲜美的食物广告等幼儿都会不自觉地投入进去，画面、声音、文字会被幼儿自动编码进入记忆，幼儿在之后的生活中遇到相同内容便会再认或回忆起来。例如，幼儿在电视中看到自己喜欢的可乐饮料广告，广告上常出现可乐的名字，当他在街上遇到可乐饮料的招牌时，便能轻松地认读出招牌上可乐的名字。

（二）精心准备材料，注重图片与字形的联系

幼儿对周围事物都充满好奇心、探索欲，理应对汉字的认识也充满兴趣，但汉字在日常生活中大多数都以呆板乏味的形象出现，不能够激发幼儿的认知趣味。幼儿的学习活动不是只要付出意志努力就能有所得的，幼儿整天在枯燥乏味中学习，即使付出再多的意志努力也难于理解，不能记忆，给幼儿带来挫败感，使其日益厌倦汉字学习，产生抵触情绪。现今大多数幼儿园进行汉字教学都采用看图识字的方式，此方法符合幼儿具体形象思维的认知特点，使教学活动更加生动有趣，但毕竟图片表达的内容大多局限于名词，对于形容词、动词较少涉及，更别说较为抽象的副词，可即便生活中常用到的名词，在幼儿通过看图识字学会后，再次碰见也是很难将汉字进行对号入座的，例如“梨”“桃”都是水果名称，幼儿通过看图识字后记忆了下来，可是过一会儿再让其根据图片配对汉字，还是容易出现错误。幼儿在看图识字时只是机械地将汉字进行记忆，因为图片内容与汉字并没有形象上的联系，这两个字都是形声字，梨是椭圆形状的，外表淡黄色，桃是心形，外表为粉红色，而“梨”“桃”二字并

不具备相应特征。像常见的看图识字的内容如“桌子”“椅子”“柜子”“床”等都是形声字，形旁都是“木”，表示他们的制作材料，而声旁却只表读音而已，与实物并无关系。所以幼儿看图识字的材料若不是精心准备，或认读识记过程中若无教师为其指明异同点，幼儿的识记也不过是机械记忆而已。看图识字并不都是形象具体的，便于幼儿识记的，因为具体形象的只是图片本身，而图片上的形象与汉字的形象并无联系。因此，我们在进行汉字教学活动时，首先要注意到图片形象与字体形象的联系，从最基本的象形字开始，这样才能真正地与幼儿具体形象的思维结合起来。

（三）在汉字教学中，以直观具体的象形字为主

象形字是最为直观具体的，在前面我们已经举过“日”“月”二字为例。教师在教幼儿识字时，可以从字的字形特征，与图片内容的特征做一个相同的比较，使幼儿能清楚地认识到图片与汉字之间的意义关系，进行有意编码，长久地保持在记忆中。如“子”字，这是一个简单的象形字，幼儿很容易就能学会识记，但如果遇到相似的“了”字，便容易混淆。我们在一开始讲授这个字时，可以展示甲骨文“子”的图片，大大的头，上下摆动的小手，这样简明的图像一看就是个十足的婴孩儿形象，幼儿也就明白了，中间那一横就是摆动的小手，“子”就是婴幼儿的意思。又如与我们生活相关的自然环境，“山”字、“田”字都是根据实物描摹出来的，再如“火”字、“雨”字也是一样的道理。教师可以利用看图识字或者美术活动开展教学，可以让孩子们画画山峰、水田、火焰、雨水，在孩子作画结束后，教师可以展示这些字，让孩子们做对比，看看自己画的和字有什么联系，然后教师再做进一步的归纳总结。让孩子通过画画的形式学习汉字，岂不是两全其美。对于生活中常见的名词，我们的汉字是十分形象的，如我们的嘴巴是“口”，我们的眼睛是“目”，只不过甲骨文为了方便刻画书写，把大多象形事物竖着呈现，所以“目”字横放过来，就很像我们的眼睛了，汉字里大部分动物都是竖着呈现的，如“象”字，长长的鼻子，粗壮的身躯，小刷子般的尾巴，一看就知道是大象，虽然现代汉字“象”经过不断简化，但将它横着呈现时，依然是很形象的。其他动物如“鸟”“鱼”也都是很形象的，教师简单地引导幼儿观察就能使其体会的。教师若能通过简笔画将该动物呈现出来，生动地讲解，岂不是更能激发幼儿的兴趣，将枯燥乏味的汉字变得活泼起来，幼儿也能在轻松的环境下进行识记。

（四）注意有效的复习方法，防止遗忘

有效的编码有利于更好地记忆，记忆的目的是为了更好地再认或回忆。根据艾宾浩斯的遗忘规律，遗忘的速度先快后慢，所以在对幼儿开展汉字教学后，教师应及时适当地组织复习，这样的复习可以是专门的，也可以是渗透在幼儿园一日生活中的。应当让所识记的汉字与生活发生联系。例如，大班幼儿早上通过语言表达、看图识字，学习了“快乐”二字，下午吃饭前教师展示图片竹子及其字“竹”，教幼儿进行识记，然后提问幼儿吃饭时夹菜的工具是什么，随后请幼儿观察筷子是用什么做的，出示“筷”字，请幼儿观察说出该字由那两个字组成，引导幼儿观察竹字头与“竹”的关系，幼儿随之也就明白了筷子是用竹子做的，还学会了了新字“筷”。在幼儿之后的学习中，教师还可以根据“竹”字做适当延伸，在开展国画美术教学活动时，教师可让幼儿观察作画工具——毛笔，再出示“笔”字，幼儿经过教师

的引导观察不仅可以知道古时候人们写字画画都是用毛笔，而毛笔就是用毛和竹子做的，所以“笔”字也就轻松地认识了。

六、结束语

综上所述，幼儿园开展汉字教学是符合幼儿身心发展与需要的。幼儿对汉字的学习不仅是为以后的发展打下良好的基础，也是促进关键期关键智能发展的需要。幼儿园汉字教学的重点不在于要不要开展，而在于如何开展。根据汉字的构型特征与幼儿认知思维相结合的方式，充分利用幼儿的记忆特点，对汉字字型进行良好编码，能有效促进幼儿对汉字的识记。幼儿学习掌握独体字的多少，直接影响了幼儿进一步学习汉字的效果。幼儿对一切事物都充满了好奇心，教师应当充分发挥幼儿主动性、积极性，激发他们爱问爱思考的品质，在教学中利用多媒体等工具，创设情境画面让幼儿多体会、感受字与景的联系，使幼儿更易识记与保持。幼儿对新鲜事物都感兴趣，在教学活动中，教师应当不断更新汉字，让幼儿有足够的新鲜感。幼儿抽象思维能力发展水平还较低，这就要求教师在讲解某字时，不能仅凭口头形容解释，应当结合幼儿已有经验，借助直观的实物教具进行演示。在教学中应当注意字与字之间的差别，我们所谓的差别不是指繁难生僻的字，而是指在教学中字形相似的字应适当错开，以免对幼儿造成混淆。幼儿园还应当和家庭进行良好沟通与合作，保证幼儿园汉字教学与家庭汉字教学的一致性。家长应在日常生活中有意识地与幼儿交流讨论幼儿所学习汉字，引导、鼓励幼儿多观察、学习、运用汉字。

参考文献

[1] 张桂光. 汉字学简论[M]. 广州：广东高等教育出版社，2004.
[2] 黄伯荣. 现代汉语[M]. 北京：高等教育出版社，2007.
[3] 王圣安. 认知心理学[M]. 北京：北京大学出版社，1992.
[4] 宋永宁. 认知心理学[M]. 上海：华东师范大学出版社，2013.
[5] 陈帼眉. 幼儿心理学[M]. 北京：北京师范大学出版社，1999.

浅析绘本阅读对幼儿想象力发展的影响

周 燕

摘 要：绘本阅读对幼儿想象力的发展起着至关重要的作用，对幼儿今后空间智能的发展具有不可估量的作用，而不同类型的绘本阅读对幼儿的身心发展具有不同的影响意义，并促进不同类型想象的发展，本研究将详析这些意义，并在此基础上提出应用绘本增强幼儿想象力的具体方法。

关键词：绘本阅读；想象力；空间智能

绘本是促进幼儿成长的启发者和伙伴，被广泛地运用于教育教学和亲子阅读中，备受大众瞩目。它之所以具有这么强的渗透力，在于幼儿通过绘本阅读进行与同伴之间的分享、交流、合作的同时，还可以更好地体验到他人的情感和知道如何处理好相互之间的关系；能丰富幼儿的阅读经验，并在已有知识经验的基础上去理解绘本中各个情节之间的逻辑关系，在提高幼儿情商的同时也促进其智商的发展，同时也促进幼儿想象力发展。幼儿的思维活跃，在他（她）们的世界里，世间万物都是有生命力的，幼儿会将自己的真实情感投入到绘本中去并且想象着把自己当作作品中的某个角色，联想在其间的快乐与悲伤，随着美好的故事内容而感到开心和满足，随着曲折的故事内容而变得神情紧张，尽情地遨游在神奇的想象世界里。

一、幼儿绘本的概述

（一）幼儿绘本的界定及意义

绘本这一名词由日本传入，其起源于中国的佛经（经边图）和绘卷（法华经），它是一种独立的图书形式，特别强调图与文的内在关系，它有适宜于幼儿阅读的儿童绘本，也有适宜于成人阅读的成人绘本，多以讲故事、学知识为主，内容涉及教育、文学、科普等。日本绘本之父松居直先生曾经说过："如果把绘本当成教材和参考书的话，就会使教育意义加强，能入脑，却不能留在心里。比起这个，绘本更重要的作用是，通过让孩子感受快乐和喜悦，打动其心灵，从而留在他们的心底。唯有打动心灵的快乐才能成为生存的力量，促进孩子的成长。"[1]在他创办的日本第一刊物《儿童之友》中，充满趣味性的故事，无形中启发了孩子无限的想象力。我国大陆地区的学者陈晖认为，绘本是指儿童图画故事书，即是"以幼儿为设计主体，绘本以系列图画和文字相结合的方式特征，通过图画这种符号来传递讯息，让幼儿理解故事的绘本。"[2]因此，绘本在幼儿期具有不同的年龄划分，幼儿期的初期阶段尽量以图多文少为主，到了幼儿期的中期阶段和晚期阶段，逐渐向文多图少过渡，才能更好地符合各个年龄阶段幼儿的阅读水平。

幼儿期是使幼儿成长为社会人的一个奠基期和关键期，影响着幼儿成长的方方面面，就其性格、心理和想象力等的发展都具有较强的塑造性。首先，进行绘本阅读可以帮助幼儿宣泄负面情绪，如：焦虑、沮丧、愤怒等，在享受阅读的同时，幼儿可从绘本中借鉴处理问题的方式方法，更好地定位自己，感受到自己内心冲突的同时也缓解了自身的压力；其次，绘本阅读广泛地渗透于教育与生活之中，因此我们也极其推崇亲子阅读，家长们放下繁杂的工作和各种应酬与幼儿一起进行阅读，分享绘本中的点滴，由此一来，不但可以增进亲子关系，幼儿可以从与父母分享自己在绘本中的感受延伸到与老师、同伴，甚至是与陌生人分享，这样的分享行为正是幼儿期亲社会行为发展的主要渠道。

此外，幼儿绘本是以一种图文结合的形式呈现在幼儿的眼前，幼儿可以通过读图来发现绘本故事中所含的寓意，它既能更好地培养幼儿良好的图像概念，又能丰富幼儿的情感体验，在真切的体验过程中，幼儿的想象力也随之得到了提升。

（二）幼儿绘本阅读研究的现状

根据所查找的资料，国外学者将绘本研究的着力点放在了绘本对幼儿语言发展、心理指导、想象力发展以及幼儿的审美发展上；而国内学者大量研究了关于绘本对于幼儿语言发展、心理指导的作用、审美发展及想象力的发展。国外研究者 Judith Lysaker（2013）在主题绘本类型与儿童发展关系的研究中提到，教师通过有目的地将有关于社会人际关系类绘本供幼儿阅读，能让幼儿产生移情以及怎样正确地处理与他人之间的人际关系，从而发展幼儿的社会交往能力以及社会想象力。[3]而我国台湾学者对绘本的实践与研究要早于我国大陆，从 2003 年起，我国儿童文学作者也愈加重视绘本阅读对幼儿发展的作用，尤其在亲子共读上，鼓励家长与幼儿一起阅读绘本。梅子涵教授多年以来致力于探索如何引导幼儿阅读经典绘本上，她认为绘本是人生道路上初见的第一本书。彭懿教授所著的《图画书——阅读与经典》中，不仅推崇了国外经典的图画书 64 本，还详尽地介绍了绘本阅读的具体方法，开启了不一样的绘本之路。

梳理以往的研究，发现研究者逐渐重视绘本阅读对幼儿自身发展的重要性，但就其在幼儿想象力发展方面的相关系统研究内容还很匮乏，多数研究是由相关幼教工作者在实践生活中所总结出来的个人见解及指导意见，在对于想象力发展的方法和策略上还缺乏足够的理论作支撑。故本研究将着重探讨绘本对幼儿想象力发展的影响，并由此探寻在绘本教学中促进幼儿想象力发展的方法。

二、幼儿绘本阅读对其想象力发展的意义

想象是对头脑中已有的表象进行加工和改造并形成新形象的过程。[4]幼儿需要从不断的体验中来获得不同的经验，从而增加想象的素材，就如绘本故事《谁咬了我的大饼》中，幼儿需要去筛选、做比较而得出小猪的邻居是否咬了此块大饼。同时，绘本阅读中，除了考验幼儿的观察力之外，还需要借助幼儿的想象力，想象这块大饼究竟是被谁咬的呢？优秀的绘

本故事中充满了创造精神，是幼儿创造力和想象力发展的源泉，因儿童的想象力并非与生俱来，所以它需要经历一个由汲取到发酵的过程，除了幼儿通过摆弄玩具，在构建的过程中去不断地探索并发展其想象力，绘本阅读在培养幼儿想象力发展的基础上也占有重要地位，基于绘本阅读对于幼儿想象力发展的考虑，本研究将从无意想象、有意想象、创造想象和再造想象四个角度来阐述绘本阅读的意义。

（一）绘本阅读对幼儿无意想象发展的意义

无意想象是学前儿童想象的主要特征，往往没有预定的目的，在学前儿童初期尤为突出，如在户外自由活动时，他（她）们会将某一玩具想象成火车，看见红领巾，又想去当学生。通过有趣的色彩及图文搭配，为幼儿构造出一个新奇的想象世界。当形象鲜明、画面内容生动有趣的绘本映入幼儿眼帘的时候，幼儿就会无形中被跌宕起伏的故事内容所吸引，主动进行相应的探索，因而无意想象被激发出来。通过绘本阅读可以让幼儿对故事内容进行再创编，在原有基础上进行新图像创造的过程中，他（她）们可以随意想象而锻造出新的形象，因而也可称为一种无系统的自由联想。由于绘本中丰富多样的编排设计，无不冲击着幼儿的眼球，从而引发他（她）们进行无限的想象，无意想象由此显现开来。

知识来源于生活，在生活中应用知识。绘本也是生活的真实写照，优秀的设计师们将自己在生活中的所见所闻用不同的方式记录下来，经过不断地尝试和设计，最后呈现在幼儿面前的都是一幅幅富有生机的图画。幼儿也一样，他（她）们也都是天生的艺术家，有时候，在我们成人看来，他（她）们的思想还比较浅显，语言稚拙，但是我们不得不承认，真正的创造属于他（她）们。《是谁嗯嗯在我头上》绘本故事中，封面上是一只头顶大便而怒气冲天的小鼹鼠，看似幽默有趣，实则给幼儿留下了疑问。幼儿紧接着根据有趣的故事内容进行些许探索，绘本中作者给幼儿留下了去发现、去探索的火苗，了解到各种动物的嗯嗯都是不一样的，那么小鼹鼠该怎样找出这个罪魁祸首呢？通过询问苍蝇而得知原来他头上的嗯嗯是那只大狗的杰作。此绘本中也有供幼儿观察的细节之处，小鼹鼠为什么戴着一副眼镜呢？幼儿会想象为是被神灵所施与的魔法，为了让小鼹鼠能够看得更远。

（二）幼儿绘本阅读对幼儿有意想象发展的意义

有意想象是按一定的目的、自觉进行的想象。[5]一定条件下，有意想象可以更好地促进幼儿的情感表达、交流与学习。阅读绘本时，可以根据绘本故事内容加之幼儿的已有生活经验来引导幼儿大体理解绘本故事所涵盖的内容。在具有一定目的、自觉想象的情况下，不同幼儿对同一图画会产生不同的想法，在脑海中浮现出新的形象，这就是绘本的魅力所在。幼儿通过慢慢地阅读累积，还有教师的引导，会获得更多的事物形象储备和情感体验，幼儿会根据绘本中的图像描述在头脑中闪现相应的形象，这也就是呈现在幼儿头脑中的表象活动。就如一本优秀的绘本能给人以美的感受和想象，因为绘本中的图像和文字符合幼儿的身心发展特点，它们幽默诙谐，趣味性较强，幼儿阅读起来就比较容易。幼儿在理解绘本故事内容的时候，需要运用想象和体验作为支撑，从而更好地进行相应的探索和发现。

实习期间，笔者与小朋友们分享了《王子熊与乞丐熊》的绘本故事，首先带小朋友们看了绘本的封面，引导幼儿欣赏封面上的两只小熊有哪些不同之处；在讲述绘本故事的时候，用不同的声调和表情来表达了头戴王冠的王子熊，它很自信，认为自己是最完美无缺的，而乞丐熊呢，在人们看来，它的长相怪异，眼睛一大一小，没有嘴巴，孤孤单单地待在玩具店里，还被周围的玩具都嘲弄了一番；王子熊和乞丐熊分别被小女孩和小男孩带回了家中，这会对它们各自的生活产生怎样的影响呢？它们以后会变成什么样子呢？会拥有自己想象中的那份幸福吗？在这个绘本中，留给了幼儿很多的想象空间，他（她）们把自己想象成两个不同的角色，想象着它们不同的生活状态和心情，跟着故事讲述的进行不由自主地浮现出故事的情景以及故事的后续发展情况。

（三）绘本阅读对幼儿再造想象发展的意义

再造想象是根据一定的图形、图表、符号，尤其是语言文字的描述说明，形成关于某种事物的形象的过程。再造想象的形成需要大量的表象储备，表象来源于幼儿已有生活经验、感性经验和情感的储备。信息化时代，幼儿获取知识的渠道也日益丰富，但这并不意味着绘本阅读会就此退出幼儿的视线，绘本阅读，不仅能丰富幼儿的认知经验水平，还能激发幼儿的想象力。在绘本故事《我妈妈》中，作者安东尼·布朗以其缤纷的色彩勾画出妈妈的独特形象，绘本的趣味性都呈现在了图画上，妈妈身着五彩斑斓且带有爱心的睡袍，笑靥如花。绘本中，作者将“妈妈”的温柔、强悍、美丽等刻画得非常生动形象，不管是从结构设计、表情设定，还是从色彩搭配、人物造型上来看，都耐人寻味。“妈妈”形象在每个幼儿心中都有不同的定位，阅读此绘本，幼儿会被无形中带入绘本的想象世界里，将妈妈的日常重现在眼前，更好地体味到妈妈的无私给予而初步懂得怎样去关爱那些同样爱着自己的人。

根据幼儿的认知经验，我们不妨在幼儿园开展一些有关绘本表演的比赛，幼儿园提供必要的场地，家长和教师共同做技术支持和指导，引导幼儿怎样将故事情节以表演的形式呈现出来。幼儿园每月安排一个固定的时间来进行评比，并评选出优秀的表演组，绘本不但可供幼儿进行阅读，还能让幼儿进行编排，设计出别具特色的表演作品，将静态的阅读与动态的表演相结合，增强幼儿阅读兴趣的同时，也能丰富幼儿的艺术审美和想象水平。

（四）绘本阅读对幼儿创造想象发展的意义

在心理学中，创造想象是创造性思维的一种主要表现形式，“创造性思维是思维活动的高级过程，是在个人已有经验的基础上，发现新事物、创造新方法、解决新问题的思维过程。”[6]“创造想象是不依据现成的描述，而根据一定的目的、任务在头脑中独立创造新形象的过程。”[7]幼儿对新事物有很大的探索兴趣和好奇心，拿到新玩具时总会自己捣鼓一番或是把玩具给拆卸了，创造想象来源于丰富的表象储备和积极的思维活动，绘本教学过程中，教师应注重对幼儿的设疑提问，从而启发幼儿的想象空间，德国诗人歌德的成就有赖于母亲从小对其的引导，歌德母亲讲故事是以教学组织形式来呈现，当讲述故事转折时期的时候，母亲都会让他自己去联想故事情节的发展和创编故事结局。

作为幼儿教师，在进行绘本教学的时候，不妨通过言语的方式作为引导来激发幼儿的表象，唤醒幼儿的感性思维，从而促进幼儿创造想象的发展。绘本教学中，不能因幼儿提出的不成文问题而当即进行批评和否定，如此一来，不但伤害到幼儿的自尊心，还打击了幼儿思考和回答的积极性。此时，应抓住这个教育契机，以发展的眼光看待问题，以鼓励的态度支持幼儿的想象。

三、在教学中应用绘本阅读发展幼儿想象力的方法

（一）利用绘本形式，请幼儿围绕主题绘画

请幼儿设计出一定的图画，需要幼儿具备前期的经验和准备。教师在引导幼儿根据所描述的情节来作画的同时，应运用相关语言来创设主题，请幼儿围绕此主题来设计，教师再请幼儿讲述自己作画的背景及作画的理由，根据幼儿的描述，教师为其配上相应简单的文字。如此一来，教师和幼儿共同制作的绘本可供大家一起分享阅读，在激发幼儿想象力的同时，又能提高幼儿的合作意识。我们可把幼儿当做是一名插画师，尊重幼儿的想法，在一定的经验基础上，根据班级情况将幼儿分成几组，如在端午节的时候，我们可以根据此节日设计一个关于月饼大制作的主题，请幼儿根据此主题来设计出月饼的图案，与家人朋友分享月饼的情形，设计图案的同时也激发了幼儿的感性经验，以此提升幼儿再造想象的发展。

（二）根据绘本内容，创编故事结局

富有色彩的绘本故事，情节简单且具有童趣，符合幼儿的情感体验。情感是激发幼儿想象力的翅膀，创编故事结局的同时又能升华幼儿的情感体验和审美体验，幼儿的想象思维能得到更好的发展。进行故事结局创编，并不代表教师可以撒手不管，而是要多听幼儿的想法并给出创造性的建议，引导幼儿在综合理解绘本故事的同时能提供更好的点子。就如以上所举的例子，在安东尼多彩的绘本《我妈妈》中，幼儿可根据绘本来联想出新的内容，以此获得创造想象的提升。

（三）根据绘本故事情节来导演活动场景

就如拍电影一样，绘本里面有文字，有图像，我们可以借鉴绘本中的情节内容导演成短片，再用相机将其记录下来。联合与组织多班幼儿及教师的参与，以此为幼儿的创作提供支持和帮助，幼儿既能乐在其中，又能提高活动热情。绘本就是剧本，教师就是导演，可以将活动场景进行记录并冲洗出照片，放入幼儿的成长档案中。与此同时，幼儿可在进行导演的时候，将从已有经验中诞生出的新奇想法来促成幼儿再造想象的发展。

（四）提供相应材料，鼓励幼儿自制绘本

幼儿可以根据自己的已有经验取材，给花草树木、虫鱼鸟兽制造一个温馨小窝，可以萌发幼儿对动植物的热爱之情，幼儿还能将想象中的事物运用画笔记录下来，组织成一幅幅丰富多彩的图画。绘本不一定要追求精美，更重要的是实用性，提高幼儿的参与性，还能激发幼儿的热情和创造想象。

四、教师在绘本阅读教学中应注意的问题

绘本教学是帮助幼儿获得相关认知发展、社会性发展以及想象力发展的重要形式之一，尽管教师在活动课程开始前做了相关材料及心理准备，但实践教学中，也会遇到各种各样的问题。首先，在进行绘本教学中，教师没有完全将幼儿视作是活动的主体，而是引领幼儿朝着教师的思路进行绘本教学，在此过程中，幼儿的主体性被弱化，教师的主导作用增强，没有激发幼儿的探索兴趣和求知欲；其次，绘本教学中，教师引导幼儿回答问题、启发想象的时候，常会被幼儿的回答或想法所牵引而偏离主题；再次，绘本教学很容易变成故事教学活动，特别是在新任教师身上，由于经验的缺乏和实践的不足，教师为了提高幼儿的参与性，让幼儿根据绘本图画或是所制作的幻灯片图画来表述图画内容，让幼儿去观察发现，教师再根据幼儿的回答进行相应的补充，无疑就将绘本教学变成了看图讲故事；最后，虽说是以绘本创编的方式来发展幼儿的想象力,但是大部分的教师都是仓促结束或是作为一个延伸活动，而缺乏后续的引导。

针对以上绘本教学的不足，本研究认为可以从以下角度改善：第一，教师要明确绘本教学的目标和过程，考虑到幼儿的年龄发展水平和经验储备情况，设计出不同年龄班的教学方案，加之借助相关的形象教具，培养幼儿有目的地观察，使之能更好地对绘本中的细节之处进行想象；第二，在讲述绘本故事的时候，绘声绘色地将幼儿带入主题情境中，丰富绘本教学的内容和组织形式，多启发和引导幼儿，使教学活动变得更加灵活，活跃幼儿的想象思维；第三，绘本故事的后续创编，如果不能在一个活动课程内完成，就将创编活动引申到一日生活的各个环节之中，如在幼儿午餐结束时，教师不妨引导幼儿来讲述自己对故事创编的想法。因此，考虑到绘本教学对幼儿身心发展的影响意义，可深入挖掘出优秀的绘本教材供幼儿阅读与分享，这样，不但使幼儿的想象力发挥其间，同时也增进了同伴及师生之间的关系。

参考文献

[1] 何银花. 科学合理富有情趣地发展幼儿想象力[J]. 学苑教育，2012（27）.

[2] 陈晖. 图画书的讲读艺术[M]. 南昌：二十一世纪出版社，2010.

[3] JUDITH LYSAKER，CLARE TONGE. Learning to understand others through relationally oriented reading[J]. The Reading Teacher，2013，66（8）：632-641.

[4] 李红. 心理学基础[M]. 北京：高等教育出版社，2009.

[5] 陈帼眉，等. 学前儿童发展心理学[M]. 北京：北京师范大学出版社，1995.

[6] 陈琦，刘儒德. 当代教育心理学[M]. 北京：北京师范大学出版社，2007.

[7] 王连洲. 8—14 岁儿童创造性想象发展的实验研究[D]. 保定：河北大学，2005.

幼儿攻击性行为的成因及教育对策

李　梅

摘　要：在幼儿的社会行为中，攻击性行为是一种常见行为，它对幼儿的社会性发展和良好个性的形成有着至关重要的作用。为促进幼儿的健康发展，需对幼儿攻击性行为产生的原因进行了解。本文从个体因素和环境因素分析了幼儿攻击性行为产生的原因，并针对这些原因提出了相应的教育对策。

关键词：幼儿；攻击性行为；原因；教育对策

交往是人类社会行为中最基本的行为方式之一。通过交往，人们会产生良好的行为，但也会存在着一些不良的、消极的行为，即攻击性行为。这种行为会给个体自身和周围人以及社会带来极大的危害。攻击性行为在幼儿成长发育过程中比较普遍，它直接影响着幼儿未来的发展。在当前的研究中，多缺乏理论分析，处于描述性阶段。从研究的对象看：婴儿阶段就产生了攻击性行为，这种行为是一种无意识的攻击行为。然而长期以来，对于个体发展和同伴关系发展的研究许多都集中在 6～18 岁的青少年之间，忽视了婴幼儿早期行为的发展。从研究内容来看：以往的研究中，研究者对幼儿攻击性行为只进行了简单的身体、言语类型的划分，没有深入地通过观察实例来论证。从研究的角度看：针对幼儿攻击性行为的连续发展，许多研究者仅仅局限于心理学领域，在教育方面对幼儿攻击行为的研究还很少。

在当今的研究中，人类攻击性行为一直很受研究者的重视，尤其在心理学和教育学方面。对幼儿攻击性行为的研究有利于了解幼儿个性的发展，有利于控制、减少攻击性行为的发生，促进幼儿健康成长，有利于家庭关系的发展、良好家庭教育的进行等。本文笔者采用了观察法，对幼儿的攻击性行为进行了了解和分析，并提出了相应的教育对策。

一、幼儿攻击性行为的表现及分类

幼儿攻击性行为主要是指 3～6 岁的儿童企图对别人做出伤害或对事物做出损害的种种不良行为，是反社会性行为的一种表现形式。接下来主要阐述幼儿攻击性行为的表现及分类。

（一）幼儿攻击性行为的表现

幼儿攻击性行为的表现可分为两个时期：婴儿期和幼儿期。

在婴儿期，婴儿的攻击性行为是以“咬”“抓”为主。这种行为会随着年龄的增长、周围环境的改变、活动范围的扩大以及人际交往关系的复杂化而增加，表现的形式也会增多。这个时期的婴儿绝大多数是身体攻击，即以肢体的动作对他人做出攻击（如打、撞、踢、咬、抓、推以及抢夺或破坏他人的物品等），但也有极少数的行为属于言语攻击，即使用言语的方式（如骂人、说粗话等）来攻击别人。同时此阶段的幼儿会通过模仿别人不好的言语行为对他人做出言语攻击。

到了幼儿期，攻击性行为表现方式不再单一，通常会使用身体攻击和言语攻击等。言语攻击的方式也有所增多。在幼儿园中，大班的幼儿会因为看不惯某一个小朋友的行为（如不愿意和他分享好吃的东西、不陪他玩等）就会拉拢其他的小朋友来排斥这个小朋友，或者使用其他的方法，如向老师告状，期待老师批评这个小朋友，让老师不喜欢他等。而这种表现是以破坏人际交往关系为目的的攻击，即间接攻击。

（二）攻击性行为的分类

不同的研究中，攻击性行为被分为了不同的类别，主要包括以下类型：

国外的研究中，根据行为动机的不同，美国心理学家 Hartup（1974）把攻击性行为分为工具性攻击和敌意性攻击。工具性攻击是指儿童以获得某个物品、空间为目的，对他人发出一些攻击性行为。敌意性攻击是指带有敌意的、以打击和伤害他人为目的的行为。Hartup 认为，不同年龄阶段的幼儿使用的攻击性行为不同，诱发其攻击行为的刺激类型也发生了变化。

美国发展心理学家 K. Dodge 和 J. D. Coie（1978）把攻击性行为分为愤怒的反应型攻击和非愤怒的主动型攻击，前者可称为反应型攻击，后者为主动型攻击。反应型攻击是指个体面对他人的攻击及时做出一系列攻击反应；主动型攻击是指个体在没受到他人刺激或攻击的情况下主动向他人发起攻击的攻击行为（如为获取物品、欺负和控制同伴等）。此分类与 Hartup 的分类很相似。

Bjorkqvist 和 Lagerspetz（1988）把攻击性行为分为两类，直接的（即身体的、言语的）和间接的攻击。直接的身体攻击是指个体直接以肢体动作对他人实施攻击行为，如打、咬、踢、撞、推以及抢夺、损坏或毁坏他人物品或地方等；言语攻击是通过言语的方式对他人进行辱骂、讲粗话、乱编绰号等行为；间接的攻击是通过他人（第三方）来进行攻击，主要表现为离间同伴间的关系和产生排斥现象等。

在我国的研究中，人体心理学家黄希庭从社会角度将攻击性行为划分为亲社会攻击、反社会攻击和被认可的攻击；根据攻击的方式不同，又分为动作攻击和言语攻击；根据攻击的动机不同，又把它分为工具性攻击和报复性攻击；根据攻击对象的不同，分为内罚性攻击和外罚性攻击。对于攻击行为分类还有许多，有待我们进一步探讨。

对于上述攻击行为的分类中，Hartup 的攻击行为分类被广泛地采用。

二、幼儿攻击性行为产生的原因

当前许多研究者对幼儿产生攻击性行为的原因进行了多角度的研究，发现这一行为的成因非常复杂。尽管幼儿产生攻击性行为的原因有很多，但通过实习期间的观察、了解和分析，笔者认为主要有两个因素：个体因素和环境（社会）因素。

（一）影响幼儿攻击行为产生的个体因素

幼儿攻击性行为受到个体因素的影响，而个体因素又涵盖了很多方面，下面主要从个体心理因素进行分析。

幼儿多数的行为都是受心理情绪的支配，所以心理因素在幼儿产生攻击性行为中有重要的影响。

首先，幼儿攻击性行为与受挫有关，现实生活中我们会经常看见幼儿在遭受到挫折后容易表现出攻击性行为。

【案例1】 教学活动过后，小豪发现每个小朋友都在玩着不同的游戏。其中有两个小朋友玩的是比赛做玩具模型，小豪看见后，觉得很好玩，也想玩，就对同桌珠珠说了自己的想法。珠珠听完想了想，反正自己玩也没意思，觉得也挺新鲜好玩的，就答应了。于是两人就开始做了起来。几分钟后，小豪就发出了胜利的笑声。珠珠看着小豪做好的玩具机器人以及他那得意炫耀的表情，再看看自己还没做完的玩具飞机，心情一下子低落了下来，低着头没有说话。然而胜利的喜悦使得小豪更有自信了，打击地说着珠珠做的还没自己的好看，速度又慢，并且从还沉浸在失落心情的珠珠手中抢过那还没做完的玩具飞机。当珠珠反应过来后，快速地推了小豪一下，把自己的飞机模型抢了过来。小豪没防备摔倒在地，在地上愣了一下，马上站起来也重重地推了珠珠一下，珠珠撞在桌子上，哇的一声哭了出来。这时老师走了过来，询问了情况，给小豪和珠珠分析了两人的不对之处，让两人互相道歉。最后，两人相互原谅了对方。

案例中，珠珠因自己的玩具飞机还没有做好，被小豪打击，心里受挫，情绪一下子低落下来。但是小豪不但没有认识到自己的行为已经让别人不开心了，反而还更加地打击珠珠，说珠珠做的玩具丑，并且没经过珠珠的同意把珠珠的玩具抢走，最后导致了后面一系列事情的发生。从这个案例中看出珠珠因为自己的成果没得到小豪认可，引起了负面情绪以及挫折感，从而产生了攻击性行为。这种现象在幼儿园中是最常见的，当然在其他场合也会经常发生。所以，教师要随时关注幼儿，以免因受心理情绪的影响而产生攻击性行为。

其次，幼儿的自我控制能力与幼儿的情绪状态有关。幼儿的情绪不稳定，控制能力差，而这种“不稳定”会让幼儿之间产生矛盾冲突，进而发生攻击性行为。

【案例2】 早晨进班的时候，小朋友们陆陆续续地来了，其中有几个小朋友跑到放书包的地方，拿出自己的书包在那里玩，这时有位小朋友忙着去看其他的小朋友，他的本子从没拉好的书包中掉在地上，当他发现正要弯腰去捡时，另一个小朋友从旁冲了过来，一脚踩在本子上，看到脏了的本子，这位小朋友出奇地愤怒，伸手打了踩了本子的小朋友一巴掌。很快，两人扭打了起来，笔者发现后，立即将两人分开，等其冷静后，询问两人打架的原因，但两人都不说话，经笔者一再询问，才从其中一人口中得到一句话，“他家住我家隔壁”。

听了这句话，当时笔者就在想是不是因为太熟了，所以打架也很正常，最后也没有深思。不过从这个事例中可以看出，幼儿不会调节自己的情绪，控制力较差，只因别人的一个不小心就对其发动攻击。对于这种行为，应让幼儿正确认识到攻击性行为是不对的，知道这样做既伤害他人也会伤害到自己。当幼儿的情感（如愤怒、挫折、沮丧、烦恼、控诉等）积累越多时，幼儿的攻击性行为就会变大。

（二）影响幼儿产生攻击性行为的环境因素

1．社会环境的影响

时代在发展，科技也在不断更新进步，信息传媒（如电脑、电视和手机等）渗透到人们生活的各个方面。幼儿生活在这种环境中，每天用于看电视、电脑的时间很多，而用于与人交往的时间较少。他们接触到的电视剧、电影、动漫、动画片中存在着许多的暴力画面，幼儿又是处于模仿性较强的阶段，看到这些暴力画面他们会产生好奇感和新鲜感，认为这是一种很酷的行为，就会把这种行为模仿下来，并且会找同龄人来示范。

【案例 3】 课间操过后，幼儿回到了班里，老师因有事离开了一会，让笔者放动画片给幼儿们看，笔者问幼儿们喜欢看什么，幼儿们七嘴八舌地说了起来，让笔者听得最清楚的还是几个小男孩说要看《奥特曼》，还有其他几个比较小声的小女孩说要看《巴拉拉小魔仙》。但因声音太小被男孩的声音掩盖了，所以最后笔者就放了《奥特曼》给他们看。小男孩们特别兴奋，看得特别认真。没多久，看到奥特曼打怪兽的情节时，有几个幼儿特别激动，伸出自己的手，模仿着奥特曼的动作。每到奥特曼打怪兽的情节，那几个小男孩就会模仿这个动作，动静越来越大，被笔者看见后，就制止了他们的行为。这几个小男孩看着被笔者制止了，一副敢怒不敢言的表情。

当看完《奥特曼》之后，笔者发现那几个小男孩迫不及待地跑到角落，在那儿悄悄地商量着什么。笔者看了一会后，没发现有什么问题就没关注他们了。过了几分钟，忽然听见有哭声，笔者转过头，发现是角落那儿，就走过去，看见小佳在哭，问小佳怎么了，但因小佳是哭着说的，也就没听清因为什么。这时小沙就从旁向我说起了原因。原来是因为小罗、小祥、小茂他们在玩扮演奥特曼打怪兽的游戏。在角色分配中，对谁来演怪兽这个问题争执了起来，因为谁都不想演，后来还是小茂想到了一个办法，那就是让其他人来演，他们都不演。小祥和小罗想了想都觉得这个想法好，就点了头。这时路过的小佳就被当成怪兽给打哭了。

了解事情的经过后，笔者看着低着头不敢说话的三人，并没有立即责怪他们，而是用委婉的语气向他们分析这样做会造成哪些严重的后果，第一，会使无辜的小朋友受伤，他们会受到老师的惩罚；第二，会让老师、小朋友不喜欢他们，被孤立没有朋友。听了笔者的话后，小罗等人逐渐意识到了自己的错误，脸上呈现出悔过的表情。笔者看见自己的劝说有效，就立即问他们错了要怎么做？他们想了一下，朝小佳走去，给小佳说了对不起，小佳原谅了他们。

幼儿有着较强的模仿能力，但是辨别能力较差。对于各种传媒中看到的暴力行为或攻击性行为分不清好坏，只根据自己的想法，认为这个动作是很酷的，很正义的，很好玩的，他们会把这种不好的行为模仿下来并将其施加在他人的身上，即攻击性行为发生。案例中，笔者了解到，小罗、小祥和小茂他们三个都喜欢奥特曼，认为奥特曼攻击怪兽的行为是正义的，酷的，所以都想争着当奥特曼，但怪兽又没有人来扮演，此时无辜的小佳就成了他们眼中的怪兽并遭到了攻击。而他们的这种攻击行为给小佳带来了伤害。当然这种行为还有许多，如当前很受小朋友喜爱的动画片《喜羊羊与灰太狼》中，红太狼经常拿着平底锅打灰太狼，小朋友们会把这个画面模仿下来，如果小伙伴惹自己生气时就会模仿红太狼拿着平底锅攻击小伙伴。

幼儿如果在这个时期接触太多不良的暴力画面信息，他们就会把这种暴力行为作为学习的标杆，如果没有家长或老师积极的引导，一旦幼儿间出现了矛盾冲突，就会发生攻击性行为。因此要减少或控制幼儿接触太多有攻击性行为的动画及影视节目。

2．家庭环境的影响

家庭是幼儿最主要的生活场所。在幼儿成长过程中，家庭起到了关键性的作用，一个家庭的氛围和父母间的教养方式对幼儿的行为有着很大的影响。如果幼儿在成长的过程中感受不到家庭的关爱，或者家长对幼儿的教养方式不正确，幼儿的个性就会朝着不好的方向发展，其攻击性行为发生的概率就会很高。对幼儿来说，父母是他们的启蒙者，他们的行为习惯和家庭有着千丝万缕的关系。

【案例 4】 小峰是一名 3 岁的幼儿，但是他进班以后就经常表现出攻击同伴的行为，特别是在别人的看法与他的不同，别人不采纳他的意见或者是侵犯到他的利益时，就会用攻击性行为来教训别人。并表现出一副理直气壮的样子：你不听我的，我就要打你，你能拿我怎么样呢？

后来经过了解，小峰在家里时，爸爸妈妈都特别溺爱他，对于他的要求总是无条件地满足，如果不满足他的条件他就会用打闹的方式来实现自己的目的，且屡试不爽。同时小峰在班里是小霸王的原因就是，班上老师是他的姑姑，每次在姑姑面前总是一副乖巧的样子，姑姑特别宠爱他。但是在其他幼儿面前就表现出我是老大，你们要听我的。所以每当他打了小朋友后，就一副理直气壮的表情。久而久之，班里的幼儿经常告他的状，但都没有什么效果，所以班里的幼儿都不怎么和他玩。

上述案例中，小峰经常在攻击别人后，还表现出一副理直气壮的表情，完全是因为父母的溺爱。小峰在家里时需要什么父母都会无条件地满足，如果不满足，他会采用打闹的方式来实现目的，父母不但没有用正确的方式来教育小峰，反而任他为所欲为，这就养成了小峰娇纵、自我为中心的性格。另外，小峰在班里的“身份”，更造成了小峰的为所欲为。

【案例 5】 小祥在班里是一个聪明的幼儿，但是又非常调皮。每天一来到班里就会找他的好玩伴，不多时几个就玩成一片。有一次，小祥与他的好伙伴打闹，没多久，小祥不知怎么惹到他其中的一个好伙伴，两个人打了起来。笔者看着一群人围在一起，就向着他们走去。而有些小朋友发现走来的笔者，立即就散开了。小祥也看见了，立马松开了对方，跑到一边变得老实起来。笔者看向已经散开的幼儿，也不知道具体发生了什么，猜想可能是玩什么好玩的游戏吧，盯着看了一会，没发现异常行为，就走了。

然而第二天，小祥奶奶怒气冲冲地来到班里，看见笔者，对着笔者就责怪了一通。笔者当时就蒙了，这是怎么一种情况。后来经过询问后，笔者才明白，原来小祥在班上被小罗打了，回去就向奶奶告状，奶奶当时听了就怒了，想到“我在家都不舍得打，凭什么就要被别人打，这还得了”，所以就有了今天的情景。笔者拉过小祥，看见他的手没有什么事，联想到其奶奶说“昨天”，就想到了一些事，再加上小祥平时在班里的调皮捣蛋劲儿，笔者就明白了其中的原因。但面对不依不饶的奶奶，笔者明白，不对其有个交代是不行的。笔者就对奶奶说：“等小罗来，我们会管教的，并且不会让他们再发生这样的事，您放心好了。”奶奶这才一步三回头地走了。

据了解，小祥是一名留守儿童，和奶奶在一起生活，奶奶平时很宠爱小祥，可以说把小祥没从爸爸妈妈那得到的关爱全都补偿在小祥的身上，小祥说什么，奶奶就会信什么，这种爱可以说是溺爱，溺爱使得小祥养成了随心所欲、任性妄为的性格，而这种性格是促成小祥攻击性行为产生的关键。

【案例 6】 小杰是一个攻击行为很频繁的幼儿，平时在班上经常打其他小朋友，每次一有小朋友来告状，他的名字总是排在首位。后经过观察发现，只要在他的心情有点不好或者有小朋友惹得他不开心或者是侵犯到他的利益时，他总是会对别人发动攻击，老师看见后，就让他道歉，有时他会很快给人道歉，但有时不管你用尽什么方法，他总是用一副很傲气的表情对着你，就是不道歉。老师拿着他也没办法。后来从他奶奶那儿了解到小杰的爸爸妈妈已经离婚了，小杰平时几乎是跟着奶奶一起住，爸爸也很少管他，奶奶因此很疼爱他，平时对他的小打小闹也没有多加约束，就养成了攻击人的习惯。

案例中，小杰的家庭是一个单亲家庭，而小杰的攻击性行为可能是因为父母的离异，这对小杰产生了一定的影响。一个家庭的氛围是否和谐对幼儿有很大的影响，不和谐的家庭会给幼儿造成心理阴影，很容易让幼儿产生一种极端的性格。小杰不和谐的家庭使得他缺少了正确的教育，再加上小杰的爸爸又很少管他，让小杰更加肆无忌惮，在班上的攻击性行为也更为频繁。

从以上的三个案例中知道，一个家庭环境的和谐与家长的教养方式对幼儿的成长都有着至关重要的作用。在前两个案例中是因为家长的教养方式不正确才导致幼儿攻击性行为的发生。家长的放任、溺爱的教育方式只会让幼儿养成自私、肆意妄为的性格。另外家庭关系的不和睦也会影响幼儿的心理，从而产生攻击性行为。所以家长要注重家庭氛围的和谐和对幼儿的教育方式，为幼儿树立起良好的榜样，给幼儿更多的关注，了解幼儿，走进幼儿的内心世界。

3．幼儿园环境的影响

幼儿的行为还受幼儿园环境的影响。因意识到幼教的重要性，许多家长开始关注起幼儿在幼儿园里学习什么，怎样促进其各方面能力的发展以及对培养幼儿健全人格的形成，教育者也对“幼儿园课程教什么”展开了讨论。对此，国家把幼儿园课程分为了五大领域，并设置了不同的目标，也就是总目标。还根据幼儿的年龄特点，设置幼儿不同年龄阶段目标，以便更好地实施教学。虽然有了好的教育课程内容，但在幼儿的教育方面还存在着许多不足。例如幼儿的教育是以游戏为主，要体现出幼儿“在玩中学，在学中玩”。然而在幼儿园中经常看到的是教师在进行教学活动时，更重视知识的传递，不注重对幼儿进行系统的指导，也缺乏对幼儿行为的关注。对于这样的情景，笔者在大班中经常看见。

【情景1】 大班进行手工活动时，老师要教幼儿折小青蛙，许多幼儿听了都非常的高兴。教师在示范了一遍步骤后，就将纸张发给幼儿，让幼儿跟着她一起做，幼儿们带着兴奋劲儿认真地学着。但没多久，小蕊就发现小顶没有做，反而把纸给撕了，小顶看见小蕊看过来，就想抢小蕊的纸，小蕊就向老师告状。老师听了之后，就大声地呵斥小顶：“你为什么不好好学，尽捣乱，不想学就去给我站着，别人还要学呢。”说完没给小顶说话的机会，就让小顶站着。笔者看向小顶，小顶一副刚缓过神的样子，想说话，但已经没有机会了，只好一个人站着。

在上述情境中，老师为了维持纪律，能让活动进行下去，更好地教会幼儿知识，但是没有注重其中的原因，即“小顶为什么不跟着做反而把纸撕”。后来笔者询问小顶才明白，原来是小顶看不见老师怎样做，跟不上老师的节奏，而纸是他不小心弄坏的，所以才会有小蕊的告状行为。对此，教师在幼儿教育方面，更多的是注重知识的传递，忽视对幼儿良好行为的发展与态度的培养。

另外，据笔者观察到，在幼儿园中，幼儿园环境和教师的教育方式也对幼儿的攻击性行为有一定的影响。

【情景2】 大班自由游戏活动时间，莎莎快速地跑到积木区去玩，当莎莎高高兴兴地搭建了一半房子后，小琪有事找莎莎，莎莎就被叫走了。没过一会儿，当莎莎回来时，发现自己搭建的房子不见了，只有小巩一个人在那里玩得很开心。莎莎明白了，肯定是小巩把自己的房子毁了，还占了自己的位置。于是莎莎很生气地向小巩吼到：“为什么弄坏了我的房子，这个地方是我先到的，你走开。”看着满面怒气的莎莎，小巩有点心虚，但心想，这是公共区域，我为什么要走开。就装作没听见莎莎的话又自己玩了起来。莎莎看着弄坏了自己的东西并且占据着位置不愿离开的小巩，更生气了，就走上前，硬拉着小巩想把其拉开，而这时小巩也生气了，就和莎莎打了起来。

在上述情境中，这种因争抢空间而产生的攻击性行为在小班经常见到，大班有时也会发生。在莎莎看来，她曾经坐过的位置已经打上她的记号，就是她的，而因地方空间有限，被别人去占用了就会引起不满，产生攻击性行为。除建构区外，还有其他受幼儿喜爱的区角也会因为空间小或者是其他原因引发幼儿攻击性行为的发生。

【情景3】 小萱是一个慢性子的人，做什么都是慢慢吞吞的，老师已经提醒过几次要其改正，但都没有多大的效果。有一天，到了做晨操的时候，老师组织幼儿开始排队，这时老师叫到了小萱，小萱磨磨蹭蹭向前走着，而后来被叫到的小蓉很快就走到了小萱的背后，看着前面的路被小萱挡着，小蓉就推了小萱一下，小萱在反应过来后，就向老师告状，而老师大声地呵斥了小蓉，让小蓉给小萱道歉，小蓉看着老师严肃的脸，害怕地转过头向小萱说了对不起。

上述情境中的行为经常发生，老师介入这样的攻击性行为也很多，而对于教师这样的处理方法多数只是为了完成活动的任务，绝大部分都是老师在主宰一切，根本没有给幼儿思考的机会，遇到这样的事该怎么去解决才是最好的。老师的处理方法过于呆板、机械，没有从幼儿的角度出发，当老师帮幼儿解决问题后，幼儿多数不明白自己的错误是什么，只是对于老师的这种处理方法已经熟悉，机械地配合着老师，并不会真正地意识到自己的错误，在某个时段继续发生这样的攻击性行为。

三、幼儿攻击性行为的教育对策

即使时代在进步，幼儿的攻击性行为也依然存在着，并且不会消失。无论是哪种因素造成幼儿的攻击性行为，它们都会给幼儿带来很大影响，给社会造成很大的危害。如对幼儿的认知方面、性格发展、交际范围等都存在极大的影响。因此，针对不同的影响因素，笔者采用了不同的教育对策来减少此行为的发生。

1．个体（幼儿自身）方面

首先，让幼儿树立正确的挫折观。挫折是每个人都会遇到的，每一次的挫折就是一次经验的积累，是为下次能获得更好的成功做准备。有时被老师严厉地对待而引起情绪低落，是因为老师重视你，只是老师的表达方式不同，才会让其有受挫心理。总之，只要幼儿感觉受挫时，教师要及时地引导幼儿往正确观念想，避免幼儿因受挫产生攻击性行为，帮助幼儿用积极的心态面对挫折。

其次，提高幼儿的自我控制能力。从案例 2 中可以看出，幼儿不会调节自己的情绪，控制力较差，只因别人的一个不小心就对其发动攻击，幼儿这样的行为，在生活中比比皆是。由于幼儿不能很好地控制自己，幼儿教师就更应该去观察幼儿和引导幼儿。如果幼儿被愤怒、挫折、沮丧、烦恼、控诉等情感影响而产生攻击性行为时，我们要及时引导幼儿采用正确的、合理的宣泄方法，并适时给予宣泄机会，以实现他们对自身行为的调节。

2．社会教育

虽然信息化社会给我们带来了很大的方便，改变了我们的生活方式，提高了我们的生活水平，但是也带来了一些不良的信息，影响了幼儿的发展。所以，为使幼儿能健康地发展，应从根本上去抵制那些不良的信息，减少或控制幼儿接触带有攻击性行为的动画片、视频、游戏等。多让幼儿接触有意义的、积极的、正面的影视、动漫，提供那些内容健康、对幼儿有帮助的图书、动画片等。如《大头儿子小头爸爸》是一部积极向上的动画片，幼儿可以从中学习大头儿子的坚强、友爱和助人为乐的好品质，学习他们一家人的相亲相爱等。同时，经常将幼儿带到良好的社交环境中，去发现社区中的美，接触社区中更多的人，让幼儿学会正确的交往技能，培养他们更多的兴趣爱好。

3．家庭教育

在实习期间，笔者发现，幼儿多数攻击性行为离不开家庭环境的影响。家庭中家长的教育理念和教育方式对幼儿行为起着至关重要的作用，幼儿又处于模仿能力较强的时期，家长的言行举止对幼儿是一种示范，而幼儿的攻击性行为多数是从存在暴力倾向的家庭中学习而来的。家长对幼儿实行溺爱、放任等教育的方式只会让幼儿养成自私、霸道、爱发脾气和任性的性格，这种溺爱是促成攻击性行为产生的罪魁祸首；而过分专制、严厉和粗暴的教育也会让幼儿心情压抑，产生攻击性行为。这两种情况都不利于幼儿的成长。相反，在民主的、和谐的家庭环境中，家长注重自己的言行举止，时时刻刻都会维护好自己在幼儿面前的形象，树立良好的榜样，这样家庭中的幼儿很少有攻击性行为。因此，家长要为幼儿创设良好的家庭氛围，树立正确的教育观，选择合理的、积极的教养方式来教育幼儿，与幼儿建立良好的亲子关系，多与其交流、沟通，尽可能地进入幼儿的内心世界，了解幼儿、关心幼儿，鼓励幼儿表达自己的真实想法等。

4．幼儿园教育

若说前三个教育对幼儿的健康发展有着很重要的作用，那么幼儿园教育可以说是引导幼儿形成正确的人格、培养亲社会性行为的关键。对幼儿来说，“在学中玩，在玩中学”是最佳的教育方式。让幼儿在游戏中去发现、去实践、去创新。游戏对于3～6岁的幼儿尤其重要，不仅可以让幼儿在游戏中实现不能在现实中实现的愿望，而且可以提高幼儿的自我控制力和改善幼儿的不良行为。游戏还可以让幼儿学会合作、懂得谦让和分享，体会到合作游戏带来的快乐。

同时，教师投放材料时应充分考虑到幼儿在使用材料时会出现哪些弊端，针对弊端要做出及时的解决措施，避免幼儿在游戏中因投放材料的数量和空间的不足而产生攻击性行为。当然最为重要的是，教师应为幼儿创设一个和谐、宽松、有爱的环境，让幼儿在这个环境快乐地成长。特别强调的是教师对待幼儿应一视同仁，不应只喜欢优秀的幼儿，而将调皮的幼儿视为“眼中钉”“坏孩子”等，这样更容易让幼儿产生压抑、嫉妒、甚至是逆反的心理，最后形成攻击性行为。因此教师应该做到平等对待每一个幼儿，关心并尊重他们。

四、结　语

幼儿的攻击性行为虽然是成人不愿看到或不愿接受的，但它却是客观存在的事实，它是人类社会交往的关系问题，只要人生活在社会中，交往是必不可少的。尤其幼儿期是社会性萌芽的关键期，对于幼儿的攻击性现象我们更应该重视与深入研究。经过以上的研究与分析，笔者认为，幼儿攻击性作为社会化的一个影响因素应该得到家长、教师以及社会的广泛重视，具体来说：

（1）教育要重视幼儿良好品质和亲社会行为的发展，在课程设置和实施中要重点培养幼儿的良好品格和合作意识，引导幼儿从小学会关心和理解他人。

（2）教育是全社会的事，减少幼儿的攻击性行为应重视教育合力的作用。学校、社会和家庭形成了一个三脚架，一旦一方受到影响，另外两方会受到波及，笔者认为，矫正幼儿攻击性行为，树立良好的道德认知，要将家庭教育置于首位，重视家园合作和社会教育等。

（3）对于幼儿的各种攻击，教育者要客观看待、冷静处理，尊重和关心幼儿，在幼儿面前树立一个做事有原则、说到做到、处理事情时公平公正的权威形象，引导幼儿朝着良好的行为发展，远离攻击性行为。

总之，幼儿的攻击性行为是时时存在着的，它只能被减少、控制，却不能被根除。而减少幼儿的攻击性行为需要社会、家庭和学校三者之间联合起来，才能达到更好的效果。

参考文献

[1] 魏勇刚. 学前儿童发展心理学[M]. 北京：教育科学出版社，2012：205.

[2] 王振宇. 幼儿心理学[M]. 北京：人民教育出版社，2009：230.

[3] 姚梅林. 幼儿教育心理学[M]. 北京：高等教育出版社，2007：41.

[4] 黄希庭. 人格心理学[M]. 杭州：浙江教育出版社，2002：529.

[5] W W HARTUP. Aggression in childhood：developmental perspectives[J]. American psychologist，1974（29）：336-341.

[6] DODGE K A，COIE J D. Social information processing factors in reactive and proactive aggression in children's playgroups[J]. Journal of Personality and Social Psychology，1987（53）：1146-1158.

[7] LAGERSPETS K M，BJORKQVIST K，PELTONEN T. Is indirect aggression typical of females？Gender differences in aggressiveness in 11-to 12-year-old children[J]. Aggressive Behavior，1988（14）：403-414.

幼儿冲突行为干预策略初探

罗　会

摘　要：在人与人的交往过程中，冲突行为的发生是不可避免的，幼儿的冲突行为也已经成为社会普遍关注的现象。幼儿冲突行为的成因有很多，包括社会环境、幼儿个体发展状况及教师的教学管理情况。本文对幼儿冲突行为及其干预策略进行研究和分析，为幼儿的健康发展提供参考。

关键词：幼儿；冲突行为；干预策略

一、幼儿冲突行为的界定

冲突行为常出现在幼儿的交往中，也是幼儿获得生活经验的一种重要方式。幼儿的冲突行为与幼儿语言表达能力的发展和社会行为的提高有着密切的联系，想要帮助幼儿解决冲突，就必须先对冲突行为进行准确的界定。幼儿的冲突行为主要是指幼儿在互动过程中由于双方的语言、行为等产生不同的利益而引起的争执现象。首先，幼儿冲突属于一种对立的状态，会表现出显著的对立行为，例如面部表情、行为举止、语音语调等。其次，幼儿冲突是动态的行为。从幼儿产生对立的关系，表现出不同的状态，到向对方阐述自己的观点，并聆听对方的想法，这是一个动态的转换过程。再次，幼儿冲突也是同伴之间人际互动的过程。发生冲突时，双方都会有类似的行为，彼此的行为是相互制约相互依赖的，实际上是一个互动的过程。幼儿发生冲突的形式主要有：情感冲突、语言冲突、利益冲突和身体碰撞冲突。

二、幼儿冲突行为的特征

（一）短暂而频繁

虽然在有关的研究中并没有对幼儿冲突时间做出准确判定，但有一点是可以确定的，幼儿冲突的时间总体呈现短暂性。例如，两个或两个以上的幼儿在一起游戏时，在没有老师及家长的干预情况下，他们很容易会因为玩具的分配不均或在游戏过程中的玩法的不同而发生言语冲突，如若老师及家长及时干预，他们依然还能在一起游戏，但很快又会因为同样的原因或其他原因发生争吵甚至是发生冲突。频繁性表现为一个家庭如果有两个学龄前儿童，在一个小时以内，幼儿间的争执甚至可以到达九次之多。

（二）呈现年龄特征

随着幼儿在年龄上的不断增长和心理发展上的不断完善，幼儿慢慢地趋向于靠自己的理解能力和自己的经验储备去尽量避免冲突或解决冲突，随着幼儿亲社会行为的不断增多和语言表达能力的逐渐提高，幼儿在游戏活动和日常生活中开始学会考虑对方的感受，并学会正确表达自己的想法和理解对方的语义。例如拿大班幼儿与小班幼儿相比，大班的幼儿经过三年的幼儿园生活及教育后，已经学会与同伴友好相处，冲突行为较少出现，就算偶有冲突发生，大班的幼儿也能自己解决冲突；而小班的幼儿由于刚入园时的种种不适应和社会经验的不足，争吵和冲突行为常有发生，这就需要幼儿教师时刻的关注幼儿，及时地介入幼儿的冲突中，引导提高幼儿处理问题的能力。

在幼儿不断成长的过程中，幼儿独立解决冲突的能力越来越强，逐渐掌握了更多解决冲突的策略。

（三）冲突多“对事不对人”

幼儿间的冲突多起源于游戏活动或生活中的一件小事和细节，冲突很少是因为幼儿彼此间存在敌意而故意引发。幼儿冲突行为的这一特点和幼儿阶段的认知思维能力的发展有关，幼儿的思维很简单，不会像成人那么复杂缜密，加上学龄前儿童处于易冲动的年龄阶段，没有掌握更多的解决冲突的策略，缺乏社会问题解决经验，所以幼儿间的冲突往往“一触即发”。例如，某些幼儿园在活动区的布置安排上考虑不周，活动区面积狭小，在幼儿如区游戏时，幼儿间常常会因为拥挤或活动材料的不足而发生争执，引发冲突。

（四）以幼儿自行处理为主

虽然幼儿间的冲突频频发生，源源不断，但幼儿总是倾向于自己解决冲突。这一特征主要表现在 5 ~ 6 岁的幼儿身上，因为这个年龄段的幼儿喜欢自我表现，向成人证明自己已经长大，在发生冲突时，他们总是自己想办法解决。根据幼儿冲突的这一特征，许多幼儿园都建有“悄悄话”区角，让幼儿在区角里自己解决冲突。从幼儿的角度分析，幼儿自行解决冲突不仅有利于幼儿获得一些直观的社会经验，促进幼儿身心健康发展，而且在幼儿解决冲突的过程中，幼儿学会了换位思考，注重他人的想法和感受，懂得了与同伴友好相处；从教师及幼儿园的角度分析，5 ~ 6 岁的幼儿有能力自行解决冲突，首先减少了教师的干预，其次教师可以利用 5 ~ 6 岁幼儿的这一能力组织幼儿大带小活动，让大孩子给小孩子分享一些自己解决冲突的经验及和同伴友好相处的示例，不仅满足大班幼儿好表现的年龄特点，而且也给小中班幼儿传达了部分有关解决冲突及与同伴相处的经验。

三、幼儿冲突行为的原因分析

（一）幼儿身心发展特点的影响

在幼儿的社会交往过程中，幼儿的社会认知水平能力低下、社会交往技能不足等因素导致幼儿的冲突行为频发，学龄前儿童的语言发展特点和他们的认知特点决定了幼儿在语言运用和语言理解方面能力不足，特别是在与同伴的交往过程中，由于语言的表达不清和对语义的理解不清，容易出现冲突行为。

幼儿的社会交往是幼儿与周围人相互交流信息、交流情感的过程，是幼儿成长的一种基本需要。幼儿通过与同伴交往，能发现自己的不足及优点，促进幼儿的自我完善和正确的自我评价，在与成人的交往中，幼儿能从成人的身上学到更多人与人之间的交往技巧，掌握社会道德规范和人际交往规范。由幼儿语言运用能力和社会交往经验的不足所引发的冲突行为频现于小班幼儿中，特别是语言的表达与理解上，小班幼儿由于语言发展的不足和社会交往经验的缺乏，他们不能清楚完整地表达自己的想法和观点，同时也不能完全地理解对方的语义，从而导致言语冲突甚至行为冲突。

幼儿具有“自我中心”的认知特点。“自我中心”是指处于前运算阶段的幼儿在认识事物时，往往不能从客观、公正的角度出发，思考问题总是以自我为中心、从个人主观思维出发。幼儿的这一认知特点也决定了幼儿在游戏及生活中容易忽视他人的观点及想法，从而在与同伴的交往过程中容易发生冲突行为。例如在游戏的过程中，当“自我中心性”的幼儿拿到玩具时大多只会自己移到一旁玩弄，等自己玩厌了才会把玩具拿出来与同伴分享，他们很少会主动与同伴一起游戏，就算受到同伴的邀请，他们大多也都会选择拒绝。

（二）缺乏处理社会问题的经验

1．同伴关系

同伴关系对幼儿的身心健康发展的独特性是成人无法取代的。在与同伴的交往过程中，幼儿间良好的同伴关系不仅有利于幼儿健康的人格发展及心理成长，而且还能提高幼儿的社会交往技能及社会能力。而不良的同伴关系则相反，幼儿由于受到同伴的排斥和厌恶，失去了与同伴交往的机会，从而限制了幼儿社会交往能力的提升、自我调控能力的发展、协调人际关系能力提高。幼儿在日常生活及游戏活动中常常会发生矛盾及冲突行为，因此，不良的同伴关系不利于儿童人格的健康发展，并容易产生许多冲突性行为。

2．社会媒体

21世纪的今天是信息技术高度发达的时代，各种媒体信息无处不在，如网络游戏、电视、报刊等，这些媒体在一定程度上都带有一定的暴力现象，甚至连幼儿喜爱的动画片都穿插着许多暴力片段。由于幼儿的道德认知水平有限，他们还不能正确地区分正义与邪恶、美丽与丑陋，幼儿期的好奇心理又使幼儿在观看时对这些暴力画面进行模仿学习，甚至把这些暴力动作延伸到现实的生活中，使幼儿在交往中发生冲突行为。

（三）幼儿教育机构的影响

1．幼儿园的环境布置

在环境布置中，基础设施的合理布局和充足与否对幼儿的健康成长影响颇大。例如，幼儿活动的场地过于狭小、玩具和游戏材料投放不充分等现象极容易使幼儿产生冲突性行为。

2．教师解决冲突的方式

教师解决冲突的方式不合理导致幼儿从心里产生负面影响。例如，有些教师解决幼儿冲突行为时容易凭借自己的主观想象去处理；还有一些教师只会采用批评与否定的态度来解决冲突，使幼儿缺乏关爱和肯定，从而从内心滋生出消极情绪和负面影响，所以幼儿在相处的时候会产生冲突性行为。

（四）幼儿自身成长环境的影响

1．家庭氛围

幼儿从来到这个世界，他的成长就离不开家庭，家庭的氛围对幼儿的成长有着至关重要的作用。幼儿在充满和谐气息的家庭氛围中成长，不仅能促进其心理健康发展，还能使幼儿习得公正的待人待事之道。而幼儿在一个家庭成员多扭打、多冲突的家庭氛围中成长，不仅使幼儿的身心得不到健康发展，这些粗暴行为还会被幼儿模仿学习。在这种家庭成员多冲突的家庭中，幼儿的冲突行为也相对较多。

家庭的氛围对幼儿的成长有着不可磨灭的影响，建立平等亲密的亲子关系以及温馨和谐的家庭氛围具有重要的意义。

2．父母教养方式和言行

父母的教养方式是指父母的教育观念、教育行为的组合。父母对幼儿的暴力行为及管教过严，易使幼儿产生反抗心理，引发冲突行为。在父母教养方式的类型中，最值得肯定的就是民主型。民主型的父母不打骂幼儿，对幼儿的行为多给予鼓励表扬和支持赞同，即使幼儿犯错，他们也不轻易采用暴力。这种环境下成长的幼儿易于与周围的事物和谐相处，易于被周围的事物认可和接受，从而减少了冲突行为。

在父母的言行举止上，父母要懂得克制自己的一些不良行为习惯，还要意识到幼儿时期的好奇模仿心理，例如在家庭中，父母对长辈的孝敬和对晚辈的疼爱都会影响到幼儿，被幼儿无意识地模仿学习，父母之间的言谈举止也会深入幼儿的脑髓，这就要求父母要做到在日常生活中随时端正个人的言行，给自己的孩子树立一个好榜样。

四、幼儿冲突行为的干预策略

（一）投放合适材料，创设良好的学习环境

幼儿每天在幼儿园里生活与学习，能否拥有一个良好的学习环境对幼儿的健康成长至关重要，所以幼儿园应为幼儿营造一个健康、宽松与和谐的良好学习环境。幼儿在这样一个愉悦的环境中生活和游戏，幼儿得到身心的放松，没有太多的紧张感。良好的学习环境易于营造幼儿与同伴间的和谐融洽气氛，避免同伴间的关系紧张，避免冲突行为的发生。同时，幼儿游戏材料的投放也要做到充足与合理，避免幼儿因争夺玩具而发生冲突；游戏材料的投放也应尽量减少攻击性的玩具，比如木棍、玩具大刀、尖锐的玩具等。

（二）引导提高幼儿的社会问题处理能力

1．及时干预幼儿的冲突行为，培养幼儿的自我控制能力

对于有冲突行为的幼儿，成人应采取及时干预的策略，避免冲突的发生。对于冲突行为发生的幼儿，成人更要及时地干预进去，对冲突双方进行正面引导和教育，让幼儿明白冲突行为是错误行为，让冲突双方学会友好和平地结束冲突，平静冲突双方的心理，使双方慢慢地恢复友好关系，并引导幼儿走出冲突，防止幼儿产生暴力专横的心理甚至攻击行为。例如在幼儿园中，当幼儿之间发生冲突时，大多老师都只是把幼儿分开，甚至是在不明缘由的情况下指责幼儿的不是；其实在幼儿间发生冲突时，他们更多的是想得到老师的帮助和安慰，此时老师应在配班老师或有经验的幼儿的帮助下，分别对幼儿进行安慰，平静冲突双方的心理后，老师及家长再给予冲突双方说教，培养幼儿的自我控制能力。

2．教会幼儿自己解决和避免冲突的方法和技巧

成人要有意识地教给幼儿一些社会交往技巧，有意识地让幼儿学会独立面对问题，解决问题。一方面要从幼儿的语言交往技能入手，一方面还要不断提高幼儿的社会交往技能。幼儿语言交往技能的培养主要包括清楚准确地表达自己的想法和意图、能理解他人说话的意义、学会婉转地将自己的想法传达给对方。幼儿的社会交往技能主要包括认知、情感、态度三维度。

幼儿的冲突行为发生后，成人要学会将主动权交给幼儿，让幼儿自行解决冲突。成人应在旁引导幼儿双方说出自己的想法和感受，并学会倾听对方的想法，理解对方的感受，从中意识到冲突行为的错误性。同时，成人还要注意观察幼儿在日常生活中的情绪波动，当他们遇到烦恼、挫折、失落时，要及时地引导，鼓励幼儿用正确的方法宣泄出来，学会向成人或同伴诉说苦恼。

（三）通过教师示范培养幼儿的合群观念

在一定的冲突环境中，幼儿通过对成人解决冲突的方法进行观察，对成人对待冲突的态度及表情的模仿来获得解决冲突的能力。因此，成人需意识到幼儿的这一发展特点，要正确地解决和对待冲突，做到公平公正、合理有序地解决冲突，树立好一个榜样，潜移默化地教给幼儿解决冲突的能力。一名优秀的幼儿教师不仅应该掌握幼儿各阶段的发展情况及相应的教育方法，更应该在各方面为幼儿树立良好的榜样，在幼儿园中，教师就是幼儿学习与模仿的对象，教师的言行会慢慢影响着幼儿，教师要做到正确地解决冲突，教师之间要互相关心与帮助，和平友好地相处。

五、总　结

总之，成人要意识到幼儿的冲突行为是正常的、不可避免的，幼儿间的少量冲突也是有必要的，一定量的冲突行为对幼儿的发展是有积极意义的。我们要正确对待幼儿的冲突行为，为幼儿提供丰富的交往机会，交给幼儿正确的解决冲突的技能，关注每一位幼儿，并能及时地给予引导和帮助。

参考文献

[1] 胥兴春. 应对幼儿冲突行为的策略及技术[J]. 学期教育研究，2006（6）：1-5.

[2] 黄伟达，王霞玉. 幼儿冲突与幼儿社会化[J]. 学前教育研究，2007（Z1）：56-58.

[3] 付丽丽，李国强. 幼儿同伴冲突的行为表现及对策[J]. 呼伦贝尔学院报，2009，17（6）：2-4.

[4] 陈帼眉，冯晓霞，庞丽娟. 学前儿童发展心理学[M]. 北京：北京师范大学出版社，2008：296-297.

[5] 张文新. 儿童社会性发展[M]. 北京：北京师范大学出版社，2000：167-171.

[6] 王学坚，张秀丽. 家长如何正确处理幼儿同伴冲突[J]. 黑龙江教育学院报，2008（4）.

[7] 吴晗睿. 幼儿教师对幼儿冲突的干预行为研究[D]. 北京：中央民族大学，2009.

学前儿童撒谎行为的现状研究

王朝美

摘　要：相关研究表明，学前儿童撒谎行为的现象越来越普遍。那么，学前儿童撒谎具有哪些表现性？学前儿童为什么撒谎？这些都应该引起大家的重视。通过一些例子来阐述和分析学前儿童撒谎行为的表现性，根据学前儿童发展心理学和学前儿童社会教育学等相关知识来分析学前儿童撒谎行为这一现象，以及父母和老师针对学前儿童撒谎应采取什么方法帮助学前儿童改正等方面进行研究。

关键词：学前儿童；撒谎行为；因素；改正

著名哲学家罗素曾说过："孩子不诚实几乎总是恐惧的结果。"近年来，心理学家和社会学家们对学前儿童的撒谎研究越来越重视，学前儿童社会认知发展和品德发展成为其研究的重要课题。撒谎是学前儿童群体中的普遍现象，不同年龄段撒谎的比例也不同。我国研究者徐芬、张文静等通过"抵制诱惑情境"的研究发现撒谎儿童中54.5%为3岁儿童，75.6%为4岁儿童，83.1%为5岁儿童。这现象应该引起社会、学校和家庭的重视。[1]孩子的撒谎往往不是单一的因素造成的，这与孩子父母、老师甚至是社会有着密切的关系。作为父母、老师，我们必须知道孩子为什么撒谎，以及该怎样帮助孩子矫正这一不好的行为。

一、学前儿童撒谎行为的表现性

（一）暗示性撒谎

学前儿童由于受成人语言暗示而引发的撒谎。当撒谎行为发生前，儿童可能还没有萌发撒谎的意识，但由于父母对自己孩子的溺爱，把自己孩子犯的错怪罪到别人头上，并没有意识到自己这种不正当的言语会致使儿童撒谎。

【案例一】 五岁的明明和妈妈到强强家做客，明明喜欢强强的新玩具车，可是玩具车是妈妈刚买给他的，他自己很喜欢很爱护，他怕明明把玩具车玩坏了，于是强强不给明明玩，争抢时明明怒了，朝着强强的脸给了强强一拳，强强也还了明明一拳，听见哭声后两位妈妈赶了过来，明明妈妈说："明明强强这是打架了，明明，是强强先打的你吗？"明明支支吾吾地说："我喜欢强强的玩具车，他不给还打我。"

从这个案例中我们发现是明明先打了强强，可是，当明明妈妈问明明时用了可能引发孩子撒谎的语句。明明妈妈溺爱明明，给了明明暗示是强强先打人的，于是明明就顺着妈妈的意思说是强强先动手打人。由此可见，学前儿童的撒谎有时候是父母溺爱偏袒的结果。在这种情况下，父母应该弄清楚后，再对孩子的这种行为进行教育。不能偏袒自己的孩子，还给孩子暗示，致使孩子撒谎。

（二）想象性撒谎

学前儿童对世界上形形色色的东西都非常感兴趣，也有可能一会儿喜欢这个，一会儿喜欢那个。他们往往分不清一件事是自己想象的还是实际生活中真正发生的。

【案例二】　四岁的悠悠和小萱在一块聊天，悠悠说她昨晚做梦梦见了妈妈给她买了好多好漂亮的裙子，她穿着漂亮的裙子到外婆家玩，小萱也说她也梦到爸爸给她买了魔法棒。了解后才知道悠悠前几天和妈妈说想穿上漂亮的裙子去外婆家，可是悠悠妈妈没时间，对悠悠说过几天再带她去，而小萱的爸爸说他前几天给小萱买过魔法棒。

从案例中我们发现悠悠妈妈由于没有时间，并没有带悠悠到外婆家玩，可悠悠却对小萱说她梦到妈妈带她去外婆家玩了。而在现实生活中，小萱爸爸给她买过魔法棒，可小萱说她梦见爸爸给她买了魔法棒。对于这个年龄段的孩子来说，现实与幻想的界限还很模糊，当孩子分不清想象与现实时，头脑中经常会产生许多极其生动、逼真的想象，将想象当成现实，将愿望说成存在，这时便会撒谎，出现没有实际、不真实的撒谎。但是他们的这种撒谎没有明确的目的性，只是大脑中想象出来的事物。

（三）自我保护性撒谎

有时学前儿童做错了事，为了逃避责任，进行自我保护而撒谎。

【案例三】　六岁的小明乖巧懂事，爸爸平时对他也很严厉，无论小明做错了什么事爸爸都会惩罚他。有一次小明把爸爸刚买给他的飞机模型弄坏了，他偷偷地瞄了爸爸一眼，爸爸正在看报纸并没有发现他弄坏了飞机模型。他怕爸爸惩罚他，就顺手把弄坏的飞机模型扔进了垃圾桶。

这一案例中，由于小明的爸爸平时对小明很严厉。小明害怕做错事后爸爸责怪他，所以没有及时地向爸爸说他弄坏了飞机模型。对于这个年龄阶段的孩子来说，父母是其最亲近的人，如果父母对孩子太严厉，无论孩子做错什么事都惩罚孩子，孩子就不敢犯错，即使犯错了也瞒着父母。所以，出现这种情况的时候，父母千万不能着急，更不能暴跳如雷地指责孩子。其实，孩子撒谎并不可怕，可怕的是父母太严厉了，孩子犯了一些轻微的错时不积极地引导，只是一味地责怪、惩罚，致使孩子不敢承认自己的错误，只能对父母撒谎。

（四）模仿性撒谎

学前儿童爱模仿，受父母老师的影响而导致其撒谎。

【案例四】　浩浩，五岁，总是喜欢在其他小朋友面前夸海口。有时为了满足自己的虚荣心，还会编造一些故事出来证明自己是一个很强的男子汉。他的这种行为被老师批评了几次之后，他仍然改不了这种毛病。后来老师家访时，他妈妈告诉老师，浩浩的爸爸经常在家里和朋友面前夸海口，也是一个虚荣心很强的人。

从案例中可以看出浩浩撒谎是受到爸爸不合理言行的影响。这一年龄段的孩子模仿能力强，父母或者老师一定要严格要求自己，自己的一言一行都要适时地注意，为了孩子的心理健康发展树立一个好榜样。

（五）有意图性撒谎

学前儿童为了达到某种“不可告人”的目的而编造的谎言，企图蒙混过关，使人相信。由于孩子已经有了一定的是非观念，知道自己的行为是不对的，但又克制不住自己，于是就用谎言来逃避父母或者是老师的批评，以达到自己的目的。

【案例五】 六岁的乐乐很喜欢放在娃娃家里的那只可爱的小熊，她偷偷地把小熊装进自己的书包，准备带回家去玩。老师静静地在一旁观察她，发现乐乐在她的书包前踌躇了好一会儿，才慌慌张张地回到自己的座位上。后来老师把乐乐叫到一旁，问她为什么要偷偷拿小熊时，乐乐支支吾吾地对老师说她很喜欢小熊。可老师说过乱拿别人的东西是不对的。但是，由于自己很喜欢小熊，最后把小熊放进了自己的书包。

这一例子说明乐乐知道自己做的事是不对的。但是，自己又很喜欢小熊，所以控制不住自己拿了小熊。就针对案例中乐乐的这一行为来说，当孩子知道自己不该这样做时就需要成人的正确指导，成人可以向乐乐解释说：“娃娃家里的东西是我们大家的，你要是拿走了你喜欢的小熊，那其他小朋友就没有玩的了。好玩的东西要大家一起分享。”而不能大声呵斥和体罚孩子，虽然说责骂可以暂时地制止孩子的这种行为，但时间长了会给孩子带来不良的心理影响。

二、学前儿童出现撒谎行为的原因

（一）家庭因素

家庭是影响幼儿产生撒谎行为的环境因素之一。家庭也是学前儿童最初成长、生活时间最长的场所。在家庭生活中，父母的教养方式可能萌发幼儿撒谎的意识。也就是说，学前儿童之所以会撒谎，很大程度是父母的原因。如果父母是专制型的父母，对孩子的一些合理需求采取不理会的态度，用类似于“这个东西就是不能要”这种过分专断的口吻回应孩子的话，孩子丝毫没有自我表达和自主表现的机会。甚至，父母对孩子的一些不合理的要求加以责骂或者是惩罚的时候，孩子为了得到自己想要的物品，就会找这样那样的借口搪塞父母。如果儿童有过一次通过撒谎能得到自己所想要的东西又不会被父母责骂或者是惩罚。那么，下一次儿童还会以向父母撒谎的方式来满足自己不合理的要求。久而久之，儿童就养成了撒谎的坏习惯。

学前期的孩子好奇心强、模仿能力强。父母除了不能大声责骂和惩罚孩子以外，还应该为孩子做好模范作用。因此，父母在日常生活中要以身作则，承诺了朋友的事一定要做到，即使是帮不了朋友也要向朋友说声抱歉，而不能欺骗朋友和家人。给孩子留下一个不守信用的形象。

孩子的感情体验无论是积极的还是消极的，或者是矛盾的，都不应该鼓励其按照父母的意愿来说，而应该按照孩子自己的体验去说。例如，孩子生病了，不想打针，家长骗他说打针不痛。可是，孩子打了针之后发现并不像家长说的那样。这并没有让孩子学会勇敢地面对打针会痛的事实，只会让孩子认为是父母欺骗了自己。以后孩子就会学得用撒谎的方式欺骗别人，以达到自己的目的和实现自己的意愿。其实，当这种事情发生后，家长可以采取更好的方法。首先，可以跟孩子说实话，告诉孩子打针会有一点点痛。但是，如果不打针的话病就不会好。其次，告诉孩子实话后让孩子自己选择，并鼓励他做个坚强勇敢的孩子，给予孩子自信心，这样既锻炼了孩子面对困难的勇气，又培养了孩子坚强的品质。所以，父母要以正确的言行去影响孩子，使其成为讲信用、不撒谎的好孩子。绝不能以自己错误的言行诱导孩子，促使其形成自私的心理和不良的性格。因此，父母良好的模范作用对于学前儿童来说是非常重要的。

学前期是儿童成长与发展的重要时期。家庭是儿童探究世界的起源地，从与父母的依恋关系的形成，到建立与外界和他人的信任，逐渐习得最基本的社会规范，实现由自然人向社会人的转变过程中，家庭成为儿童认知能力、情绪情感、意愿志向、个性和人格发展的摇篮。家庭不仅是儿童心理发展的最初场所，而且伴随一个人的发展直到终生，在这个过程中，家庭教养对儿童的成长与发展具有重要意义。

（二）与幼儿园老师、同伴相处中出现的问题

学校教育是由教育者按照一定的教育目的，采用一定的教育方法对个体实施的有目的、有计划、有系统的影响的过程。对于学前儿童来说，幼儿园是对其实施教育的主要场所。学前儿童在家的时间远不及在幼儿园的时间多。学前期也是儿童生理、心理发展的重要时期，所以幼儿园的教育对学前儿童的社会性发展和认知发展具有非常重要的影响。在幼儿园里，孩子们过集体生活，没有父母的帮助和庇护，他们就希望得到老师的肯定，希望老师喜欢自己，同样也希望得到同伴的喜欢，和同伴一起玩。

【案例六】 在幼儿园见习时发生了这样一件事。明明小朋友和青青小朋友在益智区玩时，明明小朋友不小心把益智区的跳跳棋盘给弄坏了，他悄悄地把跳跳棋盘放回了原处，以为不会被发现。可是被另外一个小朋友洋洋看到了，并跑去告诉了老师。老师把明明和青青两个小朋友叫到了一旁问：“你们是谁把老师的跳跳棋盘弄坏了？”青青说不知道，明明说不是他。这时老师便轻声细语地对小朋友说：“老师喜欢诚实勇敢的小朋友，你们是谁弄坏的希望能告诉老师，老师可能会有一点点的生气，但是我更喜欢小朋友能勇敢地承认自己的错误，诚实地告诉老师，我会原谅他的。”明明小朋友和青青小朋友就开始叽叽喳喳地叙述整个过程，明明也勇敢地承认了是自己弄坏的跳跳棋盘。当老师问他为什么开始不承认时，明明说：“我怕老师和其他小朋友会不喜欢我，那我就是一个人，不好玩了。”

从这个案例中可以看出当老师问“是谁弄坏了跳跳棋盘”时，明明小朋友没有勇敢地承认是自己弄坏的，他是担心老师和其他的小朋友知道是他弄坏了跳跳棋盘后，会不喜欢他。当孩子做错了事还不敢承认时，老师不能说这是一个不诚实的孩子，更不能大声地批评孩子，要了解孩子撒谎的动机和不愿承认的原因，仔细聆听孩子为什么这样做后，再正确地引导孩子勇于面对自己的错误，和孩子一起找到正确解决问题的方法。

（三）社会因素

《学前儿童社会教育》一书中说道："社会环境包括儿童居住地区的社会风气和学习环境。"良好的社会环境可以使儿童的行为向好的方面发展，有助于减少儿童行为问题的发生；反之，则会增加儿童行为问题，如品德性问题行为。品德性问题行为是指由于接受了不良的教育而造成的问题行为，如撒谎、说脏话、偷窃、不遵守规则、攻击性行为等。[2]可见，一个良好的社会环境对孩子来说是多么的重要。

古时就有"孟母三迁"的故事，而现今所说的社会环境一是指孩子所生活的周围环境，如孩子所居住的小区、幼儿园等，若孩子生活的小区有人偷鸡摸狗、到处坑蒙拐骗，形成一种不良的社会风气，这对孩子会有一定的影响。当然，出现这种情况时父母和老师能加以正确地引导和教育，那么，这种不良的社会风气对孩子也能起到积极作用。而所说的另一个社会环境是指社会传媒对学前儿童产生的影响。社会传媒中儿童接触最多、影响最大的莫过于电视了。有调查表明：学前儿童平均每周看电视的时间超过 21 小时，超过 1/3 的 2—7 岁儿童的父母报告说，电视在他们家占用"最多时间"，而学龄前儿童每天仅花费约 45 分钟进行阅读。[3]小朋友的好奇心很强，对什么东西都感到新鲜，对有些电视节目也是一知半解，如果不及时控制孩子看电视的时间，对孩子的身心健康造成不好的影响，那就真是得不偿失了。当然我们也不能一味地夸大电视在儿童心理发展中的消极影响，电视在儿童的社会发展和认知中有一定的积极作用。比如，电视可以发展儿童的电视阅读能力，学前儿童的电视阅读能力是随着年龄不断发展的。最初时，儿童只是对电视上一些鲜艳的色彩，具体的生动的事物感兴趣，这就有利于儿童感、知觉的发展。之后儿童会对电视节目的一些信息加以理解和记忆，这有利于儿童记忆力的发展。但儿童还很难判断电视节目中内容的真实性，还不能辨别电视节目中的好坏，所以家长应尽可能地陪孩子一起看电视节目，必要时帮助孩子理解电视节目中的内容，和孩子一起讨论、评价电视节目的内容。当然，只是陪孩子看电视节目还不够，还要引导孩子观看一些高质量的、对孩子的发展有益的、知识性的以及亲社会的电视节目，这可以发展孩子的知识技能和亲社会行为，也对孩子的身心健康发展具有重要意义。

（四）学前儿童个体因素

个体因素主要包括个体生理因素和个体认知因素两个方面。[4]在个体的生理因素方面，学前儿童年龄增长，脑和言语器官发育的日渐成熟，为学前儿童撒谎提供了生理机制。在个体认知因素方面，日常生活中潜移默化的影响为其撒谎提供了认知方面的能力。

三、幼儿教师和父母如何应对学前儿童的撒谎行为

俗话说："三岁看大，七岁看老。"在学前儿童成长的过程中，如果让孩子养成了撒谎的坏习惯，并且没有得到成人的正确引导，那有可能会危及孩子的一生。所以，在学前儿童的成长过程中，父母和老师扮演着很重要的角色。那么，面对儿童的撒谎行为，父母和幼儿教师应如何应对呢？

首先，幼儿教师必须了解儿童的撒谎行为是属于哪方面的问题行为。其实，学前儿童撒谎行为属于学前儿童问题行为的品德性问题行为。然而，大部分儿童都存在一定的问题行为，

只是在程度上有所差异。具体地说，儿童的问题行为表现为三个方面：一是学前儿童的行为不足，二是学前儿童的不适当行为，三是学前儿童行为过度。而学前儿童行为过度是指某一行为发生次数太多或持续时间过长，反应过于强烈。如儿童撒谎，在活动中思想不集中，随便走动，常常为一点小事大喊大叫，吵闹不休等。当某一学前儿童出现行为不足、行为过度、不恰当行为时，教师应适时关注和仔细观察，并及时地给予引导和帮助。教师不能为了让孩子听自己的话，向孩子说一些诸如“善意的谎言”之类的话语。

【案例七】 在实习期间，班上有个特别调皮的孩子明灏，五岁。明灏小朋友每天午觉时间总是难以入睡，并且会大声说话打扰到其他的小朋友。因为老师知道他喜欢黑猫警长，所以老师就对他说：“你乖乖地睡觉，黑猫警长就会到你的梦里来的。”明灏小朋友一听睡觉还能梦到黑猫警长，就乖乖地午睡了。可是，当他午睡醒来后说老师骗他，因为他没有梦到黑猫警长。

在这个案例中，老师对明灏小朋友的这一行为是在没辙了的情况下，不得不以孩子喜欢的东西让孩子乖乖睡觉。虽然说这可以暂时地让孩子做到自己希望的那样，可并不能真正地解决问题，久而久之，孩子就不会相信老师说的话，结果就适得其反了。

“教师是幼儿园教育的实施者，教师的教育观念、人格特征、期望都会直接影响到学前儿童的身心发展。”[5]（1）教师的教育观念会影响到学前儿童的发展。作为幼儿教师，不能一味地要求学前儿童按照自己的想法去学什么、做什么，教师应遵循幼儿身心发展规律和儿童个性特征给予及时的引导，实施开放化的教育。因为儿童才是教学教育活动的主体，所以教师应扮演温和权威的服务者角色，做好学前儿童身心健康发展的引导者、支持者和推动者。（2）教师的人格特征对学前儿童的影响。由于儿童具有好模仿的特点，教师作为影响其发展的重要他人，教师的一言一行、一举一动都会对儿童产生非常重要的影响。因此，教师要适时严格地要求自己为儿童做好榜样。（3）教师的期望。儿童容易受到老师暗示，教师的一个微笑、一个拥抱都会让幼儿产生丰富的联想，并且温暖儿童很长时间，因此，教师积极的期望可以让儿童感受到良好的暗示，让儿童更积极快乐地成长。

其次，面对孩子的撒谎，幼儿教师要与家长保持良好的沟通，实现家园合作，帮助孩子改掉这一坏习惯。父母也必须重视自己孩子的这一情况。当自己的孩子撒谎了，父母应该做到以下几点：

（一）保持冷静

当父母知道孩子撒谎了，一定要保持冷静，不要打骂孩子，骂人打人很容易，因为可以暂时发泄自己心中对孩子的不满和“恨铁不成钢”的愤怒。可是孩子被打骂后，只是害怕和躲避，并不知道自己哪里做错了。所以说如果父母以这种简单粗暴的方式来对待孩子撒谎，那孩子会因为害怕而用谎言去逃避父母的打骂。因而，家长在面对孩子撒谎时，要先稳定情绪，不能因为着急而打骂孩子，这是非常重要的。

（二）学会倾听

孩子撒谎了，父母在保持冷静的前提下，还应该学会倾听。父母要耐心地听完孩子的话后，根据孩子的谎话具体问题具体分析，千万不要轻易地对孩子说“你怎么又撒谎”，或者“我根本不相信你说的话”之类的这种否定性的语言，对于孩子来说，父母的信任和鼓励的话是孩子自信的重要因素。

（三）分析儿童为什么撒谎

父母要分析孩子撒谎的原因，大多数的孩子撒谎都是因为害怕受到处罚，如果因为惧怕而撒谎，父母也要反省一下是不是因为自己对孩子不实际的要求有关系。比如，父母给孩子制定一个孩子难以完成的事，也不管孩子的基础怎样。如果是这样的话，孩子的撒谎就和父母有一定的关系了。作为父母，也该在自己身上找找原因，是不是平时对孩子的管教太严厉，武断地要求孩子必须按照自己的要求去做，让孩子在父母的威慑下产生惧怕心理，不得不用撒谎的方式来逃避惩罚。

（四）恰当的处理

孩子撒谎自然是不好的行为，更会让父母头疼。但对于孩子的撒谎，不管事情是大是小，父母都要严肃认真地处理，要让孩子说清楚自己的想法、做法，然后父母再耐心地对孩子说出撒谎的严重性和后果，例如和孩子分享“狼来了”的故事，以此教导孩子不能撒谎。同时也要表现出对孩子的理解，理解他做错事怕父母生气的心情。当然，如果孩子撒谎带来的后果较为严重，那么父母也可以给孩子一定的惩罚，让孩子留下印象，以免以后犯相同的错误，但是切忌不能打骂孩子。

（五）以身作则

父母要以身作则，这也是很重要的一点。为孩子树立好的榜样，尽量避免不必要的撒谎和借口。学前儿童身心发展的特点，决定了幼儿教育需要幼儿园与家长积极合作，特别需要家长参与到对儿童引导教育中来。许多研究者认为，有效的幼儿园教育需要把儿童的养育单位，也就是家庭考虑在内，需要父母直接参与到这种教育中来。总而言之，纠正孩子的撒谎行为需要父母和老师的积极合作与配合，使孩子慢慢懂得和感受到没有必要撒谎。

参考文献

[1] 刘倩. 幼儿期儿童撒谎的影响因素及矫正[J]. 潍坊教育学院学院，2013（1）.
[2] 张明红. 学前儿童社会教育与活动指导[M]. 上海：华东师范大学出版社，2014.
[3] 魏勇刚. 学前儿童发展心理学[M]. 北京：教育科学出版社，2012.
[4] 魏勇刚. 学前儿童发展心理学[M]. 北京：教育科学出版社，2012.

幼儿感恩教育现状及对策

金银平

摘 要：为了了解幼儿感恩教育的现状，本研究对此做了调查，发现幼儿感恩教育现状不容乐观，如家长感恩意识薄弱，感恩教育活动形式较单一，没有进行有效的感恩教育。由此，本研究认为可从加强家园合作、提供榜样示范、重视家庭教育等方面，改善幼儿感恩教育的现状。

关键词：幼儿；感恩教育；现状；对策

一、引 言

《幼儿园教育指导纲要（试行）》社会领域内容与要求指出："在共同的生活和活动中，以多种方式引导幼儿认识、体验并理解基本的社会规则，学习自律和尊重他人。""与家庭、社区合作，引导幼儿了解自己的亲人以及与自己生活有关的各行各业人们的劳动，培养其对劳动者的热爱和对劳动成果的尊重。"这从侧面可以看出《幼儿园指导纲要（试行）》对幼儿感恩教育的重视。感恩是人存在于社会的表现，是社会和谐的基础。感恩教育让幼儿学会懂得尊重他人，对他人的帮助怀有感激之情，让幼儿知道每个人都在享受着别人的付出给自己带来的快乐。感恩教育能让幼儿的心理更加成熟，促进人际关系的发展。

幼儿是国家未来的栋梁。对幼儿进行感恩教育，让幼儿学会尊重他人，感恩他人。英国教育家洛克在他的教育名著《教育漫话》中写道："我们幼小时所受的影响，哪怕极小极小，小到无法察觉出来，但对日后都有极大深远的作用。"感恩教育对幼儿的重要性如此之大，那现在感恩教育开展的状况如何呢？本研究为了更好地了解幼儿感恩教育的现状，开展了一系列的调查。

二、感恩教育的意义

感恩，顾名思义就是对他人所给予的帮助心存感激，以及对他人的帮助予以回报（无论以任何形式，包括物质上的和精神上的）。而感恩教育，就是让幼儿能够切身体会到他人、社会及世间存在的万物的"恩"，并帮助幼儿树立正确的人生观、价值观、世界观的一种教育。

对幼儿进行感恩教育，是幼儿园教学中必不可少的一个部分。幼儿期的幼儿意识形态还未形成，也是形成人生观、世界观、价值观的初步阶段。及早对他们进行感恩教育，有利于他们以后的发展，也有利于祖国未来的发展。对幼儿进行感恩教育，能够帮助他们明辨是非，让他们有一颗感恩之心，能回报父母的养育之恩、师长的培育之恩，也能使他们走向一条正确的道路，不至于走上歪门邪道。

（一）感恩教育有助于幼儿形成正确人生观、世界观和价值观

幼儿时期的幼儿对于社会是茫然的，而这时期正是幼儿的人生观、世界观、价值观形成的重要时期。感恩教育能让幼儿对人生观、世界观和价值观有正确的认识，从而形成正确的人生观、世界观和价值观。感恩教育让幼儿懂得父母的“爱”、教师的“情”以及其他人的“心”；让他们懂得要用真诚的心去回报所有曾给予过帮助和关爱的人。《小乌鸦爱妈妈》这首儿歌讲述的内容是将小乌鸦养育大的乌鸦妈妈年纪大了，小乌鸦飞去为妈妈找虫子吃。一个小女孩，苗苗，在这节课后，回家帮妈妈扫地，帮妈妈减轻负担。这说明感恩教育能让幼儿形成正确的人生观、世界观和价值观，从而付之于行动中。

（二）感恩教育可促进幼儿道德感的发展

幼儿的道德感主要指幼儿对社会道德规范、行为准则以及是非观念的认识，包括幼儿对道德概念的掌握和道德判断或评价能力的发展。根据皮亚杰的儿童道德发展理论，幼儿（3～6岁）处于他律道德阶段，受外部价值标准的支配和制约。感恩教育正可以作为外部价值标准之一，让幼儿以此来规范自身的言行。感恩教育是精神层面的教育，刚好满足幼儿道德感发展的要求。如教导幼儿要帮父母做一些力所能及的事（扫地、洗碗、浇花等），就如同父母对他们的关爱。

（三）感恩教育可以帮助幼儿建立良好的人际关系

幼儿还未步入社会，所以他的人际关系主要有亲子关系、师生关系和同伴关系这三类。

感恩教育能让幼儿明白事理，尊重他人的劳动成果；关心他人，不总是以自我为中心；使幼儿能友好地与人交往。在与父母的交往过程中，感恩教育能让幼儿学会关心父母，懂得他们的辛劳，从而能力所能及地帮助父母，让幼儿不只是一味地接受父母的关爱。在与教师的交往中，感恩教育可以更好地促进幼儿与教师之间的情感，让幼儿成为教师的“小帮手”。在与同伴的交往中，感恩教育可以帮助幼儿建立更加融洽的同伴关系，不会与同伴争抢不休。而且感恩教育让幼儿的言行有所改变，促进幼儿亲社会行为的发展，使得家长、教师和同伴都乐意与其交往。

（四）感恩教育有益于幼儿心理健康

感恩教育是教育幼儿以感激之情对待他人，能以积极的心态对待万事万物，不易产生消极的心态。给幼儿灌输感恩的思想，幼儿就不会认为他人对他的帮助是理所当然的，在失去时不会有过多的不满，能够更好地看待这些事情，从而不易产生负面情绪和消极看法，为心理的健康成长奠定基础。

（五）感恩教育能促进幼儿亲社会行为的发展

亲社会行为指幼儿愿意帮助他人或打算帮助他人的行为或倾向，包括分享、合作、助人等。对幼儿进行感恩教育后，幼儿会更加愿意帮助成人分担家务，而且在他人伤心、难过时能主动安慰。

感恩教育对幼儿的影响也是有理论支撑的。叶澜教授通过对影响人发展的各因素及其相互关系的分析，提出了“二层次三因素论”，以对人的发展的影响性质为依据，把影响人发展的因素分为可能性因素和现实性因素两大类。而在每一层次中又包含着不同的影响因素：可能性层次中有个体自身的先天因素与后天因素；现实性层次指发展主体所进行的各种类型活动。后天因素指儿童个体出生以后，在发展过程中逐步形成的个体、身心两方面的特征。环境和教育因素是影响个体发展可能性的第二大因素，能够为个体的发展提供一定的外部条件与发展的可能性。感恩教育在幼儿期开展能使幼儿终身受益。感恩教育就是该理论中的后天因素。感恩教育是教育，教幼儿学会感恩，懂得感恩，让感恩体现在幼儿行为的方方面面，能让幼儿的思想进一步成熟；感恩教育所形成的一种氛围是环境，幼儿在感恩的环境中成长，更能让感恩在不知不觉中渗透幼儿身心的各个角落。感恩教育能帮助促进幼儿健全人格和优秀品德的形成。

三、感恩教育的现状

（一）研究方法

本研究的方法有调查法和观察法。

调查法以问卷调查形式展开。调查问卷分为两类：教师卷和家长卷。观察法是以进入幼儿园参观、访问等形式进行的。通过多次到幼儿园见习以及长时间的实习，了解到一些关于幼儿园开展感恩教育形式、周期，幼儿的感恩意识及家长的感恩意识等知识。在观察时，有目的性地根据研究，对幼儿感恩教育进行仔细的观察。

（二）调查对象

本次调查主要以问卷的形式进行，通过对幼儿园从业工作者进行调查。调查的个体对象包括幼儿园园长、幼儿教师、保育员等幼儿教育事业从业人员。调查的幼儿园有公立幼儿园和私立幼儿园，包括天台县、都匀市、罗甸县。本次调查问卷共 100 份，其中家长卷 50 份，教师卷 50 份；收回家长卷 48 份，其中有效 40 份，有效率为 83.3%；收回教师卷 39 份，其中有效 35 份，有效率为 89.7%。问卷结果以百分比方式进行统计。

（三）调查结果

1. 家长和教师对幼儿是否具有感恩教育意识的情况

研究发现，教师和家长在幼儿是否具有感恩意识上存在以下差异（见表 1）：

表 1　对幼儿感恩意识的评价

项　目	对教师/%	对家长/%
具有感恩意识	57	47.5
不具有感恩意识	43	52.5

通过表 1 分析可知，50%左右的教师和家长认为幼儿具有感恩意识，而 50%左右的教师和家长认为幼儿不具有感恩意识。这组数据表明，一半左右的教师和家长认为幼儿具有感恩意识，还有一半左右的教师和家长认为幼儿不具有感恩意识。但认为幼儿具有感恩意识的这一半左右人中有大部分人认为幼儿具有感恩意识的原因是因为幼儿在某个瞬间或一段时间内让家长和教师感受到了幼儿的感恩，但这并不是长久的。

另外调查发现，不同文化程度、不同年龄及不同教龄的教师在幼儿是否具有感恩意识上存在以下差异（见表 2）：

表 2　不同文化程度、不同年龄及不同教龄的教师对幼儿感恩意识情况的评价

项　目		具有感恩意识/%	不具有感恩意识/%
不同文化程度	硕士及以上	/	/
	本科	60	40
	大专	55	45
	高中（中专）	/	/
	初中及以下	/	/
不同年龄	25 岁及以下	45	55
	26～35	60	40
	36～45	75	25
	46～55	/	/
	56 岁及以上	/	/
不同教龄（年）	0～5	62	38
	6～10	56	44
	11～15	50	50
	16～20	/	/
	21 年及以上	/	/

通过表 2 可以看出，不同文化程度、不同年龄及不同教龄的教师在幼儿是否感恩意识上存在着一些差异。文化程度越高的教师，认为幼儿具有感恩意识的比例越大。同样，不同教龄的教师大约显示着同样的情况：教龄越大的教师认为幼儿具有感恩意识所占的比例越小。相对的，不同年龄的教师认为幼儿具有感恩意识的比例比较浮动，没有太大的规律性。

而家长方面，调查结果显示，不同文化程度、不同年龄的家长在幼儿是否具有感恩意识上存在以下差异（见表 3）：

表 3　不同文化程度、不同年龄的家长对幼儿感恩意识情况的评价

项　目		具有感恩意识/%	不具有感恩意识/%
不同年龄	25～35	54	46
	36～45	37.5	62.5
	46～55	25	75
	56～65	/	/
	66 岁及以上	/	/
不同文化程度	硕士及以上	67	33
	本科	58	42
	大专	33	67
	高中及以下	17	83

从表 3 中可以看出，46～55 年龄段的家长认为幼儿具有感恩意识的竟只有 25%，而 25～35 年龄段的家长中有 54%认为幼儿具有感恩意识；本科及以上学历的家长均有半数以上认为幼儿具有感恩意识。这显示着家长对幼儿感恩意识的评价大致存在着以下情况：年龄越大的家长认为幼儿具有感恩意识的比例越小；学历越高的家长认为幼儿具有感恩意识的比例越大。

2．家长对感恩教育的了解情况

家长在对幼儿感恩教育的了解程度上存在以下情况（见表 4）：

表 4　家长对感恩教育的了解程度

项目	十分了解/%	了解/%	一般了解/%	不了解/%
家长	20	25	37.5	17.5

从表 4 可以看出，只有 20%的家长十分了解感恩教育，有 17.5%的家长对感恩教育不了解。家长对感恩教育的不了解将导致其不会在家庭教育中渗透感恩教育，也不会言传身教，不会有意识地注意幼儿的感恩情况。

而不同文化程度及不同年龄的家长在对幼儿感恩意识的了解程度上存在以下差异（见表 5）：

表 5　不同文化程度及不同年龄的家长在幼儿感恩意识的了解程度的评价情况

项　目		十分了解/%	了解/%	一般了解/%	不了解/%
不同文化程度	硕士及以上	50	17	33	/
	本科	11	26	47	16
	大专	22	22	33	22
	高中及以下	17	33	17	33
不同年龄	25～35	25	32	36	7
	36～45	12.5	/	50	37.5
	46～55	/	25	25	50
	56～65	/	/	/	/
	66 岁及以上	/	/	/	/

从表 5 中可以看出，硕士及以上学历的家长有半数十分了解幼儿的感恩意识，高中及以下只有 17%十分了解而已；25～35 年龄段的家长只有 7%了解幼儿的感恩意识，而却有 50%的家长不了解幼儿的感恩意识。总而言之，呈现的趋势是：家长文化程度越高，对幼儿感恩意识越了解；年龄越小，对幼儿感恩意识越了解。

3．家长对幼儿园是否开展感恩教育的必要性的评价

经调查发现，家长对幼儿园是否对幼儿开展感恩教育的必要性显示以下情况（见表 6）：

表 6　家长对幼儿园开展感恩教育的必要性的情况分析

项目	必要/%	不必要/%
家长	47.5	52.5

通过表 6 可以看出，只有 47.5%的家长认为幼儿园开展感恩教育是必要的，但有 52.5%的家长认为开展感恩教育是不必要的。这是由于家长的观念不同，大部分家长认为幼儿园应教给幼儿有用的知识，而忽视了幼儿精神层面的发展，如感恩。

具体而言，不同文化程度及不同年龄的家长对幼儿园是否对幼儿开展感恩教育的必要性上存在以下差异（见表 7）：

表 7　不同文化程度及不同年龄的家长对幼儿园开展感恩教育必要性的情况分析

<table>
<tr><th colspan="2">项　目</th><th>必要/%</th><th>不必要/%</th></tr>
<tr><td rowspan="4">不同文化程度</td><td>硕士及以上</td><td>50</td><td>50</td></tr>
<tr><td>本科</td><td>58</td><td>42</td></tr>
<tr><td>大专</td><td>44</td><td>56</td></tr>
<tr><td>高中及以下</td><td>17</td><td>83</td></tr>
<tr><td rowspan="5">不同年龄</td><td>25～35</td><td>61</td><td>39</td></tr>
<tr><td>36～45</td><td>25</td><td>75</td></tr>
<tr><td>46～55</td><td>/</td><td>100</td></tr>
<tr><td>56～65</td><td>/</td><td>/</td></tr>
<tr><td>66 岁及以上</td><td>/</td><td>/</td></tr>
</table>

通过表 7 可以看出，基本上有半数左右的大专以上学历的家长认为有必要在幼儿园开展感恩教育，而有高达 83%的高中及以下学历的家长认为没有必要在幼儿园开展感感恩教育；不同年龄的家长在这一问题上呈现出更大的差异，46～55 年龄段的家长竟没有一人认为有必要在幼儿园开展感恩教育。这就显示出：年龄越小的家长越认为有必要在幼儿园开展感恩教育；从文化程度这方面看，大致也能看出文化程度高的家长认为在幼儿园开展感恩教育是有必要的。

4．教师对幼儿园开展感恩教育重要性的认识情况

调查结果显示，教师对幼儿园开展感恩教育的重要性存在以下情况（见表 8）：

表 8　教师对幼儿园开展感恩教育重要性的情况分析

项目	重要/%	不重要/%
教师	60	40

从表 8 可以看出，有 60%的教师认为幼儿园开展感恩教育对幼儿是重要的，还有 40%的教师认为幼儿园开展感恩教育对幼儿来说是不重要的。

通过进一步数据分析可见，不同年龄、不同文化程度及不同教龄的教师在幼儿园开展感恩教育的重要性方面存在以下差异（见表 9）:

表 9　不同年龄、不同文化程度及不同教龄的教师在幼儿园开展感恩教育的重要性方面的评价

项　目		重要/%	不重要/%
不同文化程度	硕士及以上	/	/
	本科	67	33
	大专	55	45
	高中（中专）	/	/
	初中及以下	/	/
不同年龄	25 岁及以下	55	45
	26～35	55	45
	36～45	75	25
	46～55	/	/
	56 岁及以上	/	/
不同教龄（年）	0～5	31	69
	6～10	78	22
	11～15	75	25
	16～20	/	/
	21 年及以上	/	/

从表 9 中可以看出，教师对幼儿园开展感恩教育重要性的观念受其文化程度、年龄及教龄影响。大专和本科学历的教师及所有年龄段的教师都有半数以上认为幼儿园开展感恩教育是重要的。6 年及以上教龄的教师大多数认为开展感恩教育是重要的，5 年及以下教龄的教师只有少数认为这是重要的。

5．开展的感恩教育形式调查

不同文化程度及不同年龄的家长在感恩教育开展方式上存在以下差异（见表 10）:

表 10　不同文化程度、不同年龄的家长关于感恩教育开展方式的情况分析

项目		以身作则/%	阅读/%	做事/%	讲述感恩的故事/%	其他/%
文化程度	硕士及以上	/	33	33	17	17
	本科	5	26	16	32	21
	大专	22	22	33	22	/
	高中及以下	/	67	33	/	/
年龄	25～35	11	32	25	18	14
	36～45	/	25	25	37.5	12.5
	46～55	/	50	25	25	/
	56～65	/	/	/	/	/
	66 岁及以上	/	/	/	/	/

从表 10 中可以看出，大多数家长（不分年龄和文化程度）都采取让幼儿阅读书籍、让他做力所能及的事和向他讲述感恩的故事为主要的感恩教育开展方式。只有极少数的家长会采取以身作则的形式教育幼儿感恩。

具体而言，不同文化程度、不同年龄及不同教龄的教师在感恩教育开展形式上存在以下差异（见表 11）：

表 11　不同文化程度、不同年龄及不同教龄的教师，关于感恩教育开展形式的评价情况

项目		语言教育/%	鼓励做事/%	游戏/%	亲子活动/%	其他/%
文化程度	本科	60	13	7	7	13
	大专	50	15	5	15	15
年龄	25 岁及以下	36	27	/	18	18
	26～35	65	/	10	10	15
	36～45	50	50	/	/	/
教龄	0～5	23	23	/	23	31
	6～10	78	/	10	6	6
	11～15	50	50	/	/	/

从表 11 中可以看出，大部分教师会采取以语言教育为主的教育形式和鼓励幼儿做力所能及的事两种手段教育幼儿感恩，也有少数教师采取游戏和亲子活动等形式来教育幼儿感恩。

6．教师和家长在感恩教育中扮演角色的重要性的状况

教师和家长在感恩教育中扮演角色重要性的情况如下（见表 12）：

表 12　教师和家长在感恩教育中扮演角色的重要性的情况分析

项目	重要/%	不重要/%
教师	66	34
家长	67.5	32.5

通过表 12 可以看出，有 66%的教师认为自己在感恩教育扮演的角色重要，有 67.5%的家长认为自己在感恩教育中扮演的角色重要；还有 34%的教师认为自己在感恩教育中扮演的角色并不重要，有 32.5%的家长也有同样的想法。

由调查发现，不同文化程度、不同年龄及不同教龄的教师在感恩教育中扮演角色的重要性上存在以下差异（见表 13）：

表 13　不同文化程度、不同年龄及不同教龄的教师在感恩教育中扮演角色的重要性的情况分析

项　目		重要/%	不重要/%
文化程度	本科	67	33
	大专	65	35
年龄	25 岁及以下	81	19
	26～35	60	40
	36～45	50	50
教龄	0～5	62	38
	6～10	72	28
	11～15	50	50

从表 13 中可以看出，教师文化程度越高越认为自己在感恩教育中扮演的角色重要；教师年龄越小越认为自己在感恩教育中扮演的角色重要。教龄在 6～10 年的教师认为自己在感恩教育中扮演角色重要的百分比最大。

由深层次的调查结果发现，不同文化程度、不同年龄的家长感恩教育中扮演角色重要性上存在以下差异（见表 14）：

表 14　不同文化程度、不同年龄的家长关于感恩教育中扮演角色重要性的情况分析

项　目		重要/%	不重要/%
文化程度	硕士及以上	67	33
	本科	79	21
	大专	67	33
	高中及以下	33	67
年龄	25～35	68	32
	36～45	87.5	12.5
	46～55	25	75

从表 14 中可以看出，教师关于感恩教育中所扮演角色的重要性的观念与文化程度及年龄有一定的联系，但并不体现规律性。大专及以上学历的家长大部分都认为自己在感恩教育中扮演的角色十分重要，极少数认为是不重要的；高中及以下学历的家长则相反。25～45 年龄段的家长绝大多数认为自己扮演的角色是重要的，而 46～55 岁的家长并不这么认为。

（四）结果分析

综合上述调查结果可知，幼儿感恩教育的现状并不是很乐观。主要问题有幼儿感恩意识尚有缺乏、家长感恩意识不强、教师感恩教育意识较弱、开展的感恩教育形式过于单一及大部分家长和教师认为自己在感恩教育中扮演的角色并不重要。

感恩教育对幼儿是十分重要的，但现在的情形并不容乐观。具体表现有：

1．感恩教育活动形式较单一

幼儿园开展的感恩教育活动形式较单一。大多数采取课堂形式的语言教学，只有极少数采用亲子活动。教师在日常生活中极少对幼儿进行感恩意识和行为的引导。

2．感恩教育活动周期过短

幼儿园一般开展感恩教育时间为一个月，而且有些幼儿园长期未开展过感恩教育活动。

3．家长对幼儿的感恩教育意识较淡薄

农村里的家长对幼儿的感恩教育并不重视，只是过多地关注于他们所能学到的智力知识；县城里的家长稍好些，但大部分都对幼儿的感恩教育并不重视。

4．一半左右的家长和教师都认为幼儿缺乏感恩意识

认为幼儿具有感恩意识的家长和教师是因为在某一瞬间或某一段时间感受到了幼儿的感恩，但并不长久。而另一半家长和教师则认为幼儿完全不具有感恩意识。这与教师的文化程度、年龄、教龄以及家长的文化程度、年龄有关。

5．教师和家长关于幼儿感恩教育的观念受文化程度、年龄教龄等的因素影响

文化程度高的家长更容易接受感恩教育，也能更好地为幼儿感恩教育服务；但相对的，年龄较大的家长认为学习大过一切，并不重视感恩教育。然而，教龄较大的教师在幼儿教育方面经验很丰富，认识到了幼儿感恩教育的重要。

6．教师和家长在认为自身在感恩教育中扮演角色重要性的认知度不够强

虽然有大部分教师和家长认为自己在感恩教育中扮演的角色是重要的，但这与文化程度、年龄等因素有关。基本上年龄越大、文化程度越低的教师或家长认为自身在感恩教育活动中扮演的角色是不重要的。

四、影响感恩教育现状的因素

由感恩教育的现状调查结果，不难发现感恩教育现状存在一系列的问题，本研究认为形成这些问题的原因如下：

1．社会竞争的日益激烈

我们正处于21世纪，这是个经济飞速发展的时代，当然也是个竞争激烈的社会。正是因为这些，家长和教师都忽略了幼儿的感恩教育。家长认为，自己的孩子不能输在起跑线上，所以在幼儿期便对幼儿进行各种各样的辅导学习，让他们的生活除了学习还是学习，进而忽

视了对幼儿进行感恩教育。幼儿园为了满足家长们的需求，在幼儿期更注重幼儿的智力方面的发展。

2．教师和家长没有给幼儿提供创造感恩教育的机会

教师在日常生活中并未给幼儿提供和创造感恩教育的机会，这可能是由于受自身思想的影响；同时对于教师来说一个班的幼儿过多（人数为 40 左右甚至更多）不能兼顾所有的幼儿。而家长普遍认为幼儿没有感恩意识，这只是因为他们没有提供机会而已。家长从日常小事对幼儿进行教育，才会让感恩慢慢地渗入幼儿的脑中，并能够将感恩化为实际的行动。

3．家园合作没有做好

家长一般与教师交流都是：今天我的孩子在幼儿园乖吗？他有和其他幼儿发生矛盾？上课有认真听吗？饭吃得多吗？等等一系列问题。很少会有家长向教师询问关于幼儿感恩教育方面的事情。相对的，教师也很少和家长交流有关幼儿感恩教育方面的事情。教师在进行相关感恩教育课程时，没有和家长联系，让家长观察幼儿在课程进行后的表现。

4. 家长感恩意识薄弱

“读书是唯一的出路”，这是农村家长的普遍观点。他们认为自己能为孩子提供一切与学习有关的条件，认为只要书读得好，未来就会一片光明。然而他们并不明白感恩的重要性。同时，家长自身也没有以身作则。幼儿的行为是对家长的模仿，日常生活里父母感恩意识薄弱，没有做好表率，幼儿自然就学不到了。

5．感恩行为没有得到落实

教师在幼儿园大多进行“理论上的教导”，在实际生活中很少进行引导。而且幼儿的记忆相对成人来说是短暂的，幼儿园里短暂的教学并不能够在他们的头脑中形成长久的意识。例如，有些感恩教育活动设计不合理，让幼儿只是在游戏中玩乐，并未能体会感恩的真切含义；有些感恩教育活动时间过短，不能让幼儿长久地投身于感恩活动之中。

6．教师和家长自身的问题

幼儿接受教育主要来自两个方面：教师和家长。

教师的学历、年龄以及教龄会影响着他们的思想，从而对他们的感恩教育方式也会有所影响。学历高的教师会更注重感恩教育的普及，也会有更多更新颖的想法。但教师中存在职业倦怠的现状，教师自身的疲倦感会让他们不能很好地进行感恩教育。

家长都有种“望子成龙”的心态，过多地注重幼儿的学习而忽视了感恩教育。但相对的，文化水平高的家长意识到感恩教育对幼儿的重要性，会注重幼儿的感恩教育问题。而年龄较大的家长一般还不能改变他们的想法，只一味地追求成绩，而忽视感恩教育。

五、感恩教育现状存在问题的对策

感恩教育对幼儿来说是十分重要的。针对感恩教育现状存在问题的因素分析，本研究提出以下几条对策：

1．重视家庭教育

家庭教育是教育人的起点和基点。对幼儿来说，家庭教育是十分重要的一个环节。父母不应把所有的教育都寄托在学校和教师身上。因为孩子一年有一半的时间都在家里，所以家庭教育和学校教育一样重要，甚至更重要。而且，父母是天然的教师，他们对儿童，特别是幼儿的影响最大。

幼儿的言行大都是对成人言行的模仿。父母和家里的长辈的一言一行都影响着幼儿的发展。为了更好地培养幼儿的感恩意识，首先家长自身就必须具备这个意识，这样才会潜移默化地影响幼儿。父母在幼儿面前就应该尊重和孝敬长辈，用真心去对待他们的长辈，幼儿才能知道要对自己的父母感恩，要尊重他们；父母在幼儿面前也避免讲社会上那些忘恩负义的事件，让幼儿的心灵美好纯洁地成长下去，避免这些不良影响。当然，父母在以亲身“讲述”感恩这个词的同时，也要让幼儿亲自体会感恩。在家里，父母可以让幼儿帮爷爷奶奶及其他长辈盛饭，帮妈妈洗菜、扫地等一些他力所能及的事情，让他明白感恩是不分大小的，从小事中也可以体会到感恩。在外面，要教幼儿尊重每个人的劳动，如要将垃圾放到垃圾箱里，不能随地丢，造成环卫工人的负担；要对每一个帮助你的人表示感谢。

2．重视家园合作

教师在给幼儿进行感恩教育活动时开展亲子活动，让幼儿能够切身体会到感恩的具体意义。在这一过程中，不仅能够加深幼儿与家长间的情谊，还能培养他们的感恩意识。课后，教师应该让家长注意幼儿在家里的情况，观察幼儿的言行是否有所改变。如果没有，教师应该加强感恩教育，同时也要呼吁家长加入培养幼儿感恩意识的队伍中。

3．为幼儿提供感恩的机会，注重感恩的实际行动

教师在进行感恩教育时不应只是理论上的教学，这对幼儿来说过于抽象，要结合实际行为来让幼儿更好地理解“感恩”。比如，在母亲节、父亲节等节日时，引导幼儿对他们的父母表示感恩。教师可以先向幼儿普及节日的来源，再向幼儿展示可以对父母表达感恩的方式，一步一步慢慢地引导幼儿，最后向幼儿询问在这一特殊的节日可以对爸爸妈妈做什么，以此让感恩具体化，也让幼儿有向父母表示感恩的机会。

在幼儿园里，教师要在日常生活里向幼儿渗透感恩的意识。在保育老师帮幼儿盛好饭后，幼儿上来领饭时，教师要引导幼儿对保育老师表示感恩，同时也要让幼儿知道农民将米、菜种出来的辛苦，自己能吃到美味的饭菜是厨师的功劳，让幼儿对他们能存有感恩之心。

4．为幼儿树立榜样，让他们自己学习

幼儿学习感恩教育的途径之一是模仿。对幼儿来说，模仿是一件简单又有趣的事情，他们是十分热衷于模仿的。那要为幼儿起榜样作用的不仅可以是教师、家长，还可以是其他幼儿。教师和家长要注意自己的言行和态度，要以平和、乐观的态度待人，乐于助人，能以平等的态度对待幼儿。幼儿愿意主动进行交往的就是其他的幼儿同伴，也是他们模仿的对象。教师在一名幼儿有感恩行为的时候要在其他幼儿的面前表扬他，让他因为表扬而愿意坚持下去，也让其他幼儿为了获得表扬而愿意主动去模仿他的行为。当然，这个表扬要适度，不能过分。

5．通过移情训练增进幼儿感恩教育

移情训练指引导幼儿站在家长、教师或其他社会人士的角度思考问题，同时培养幼儿站在他人角度为他人着想的态度或行为。教师可以开展关于感恩教育的课程，如《我和爸爸》，让幼儿扮演其中的角色，从而更好地让幼儿体验爸爸对孩子的那种情感。幼儿通过移情能够更好地理解他人的心情，才能更好地“感恩”。

6．提升教师和家长的感恩教育素养

教师和家长是幼儿学习和模仿的对象。他们的感恩素养高，自然而然会促进幼儿感恩素养的提高。而且教师和家长具有高度的感恩意识，会意识到感恩教育对幼儿的重要性，就会加倍地在日常生活和教育活动中培养幼儿的感恩意识。同时，幼儿也会在日常生活中潜移默化地学习家长和教师的感恩行为和意识。

7．社会要更加重视幼儿的感恩教育

政府应加大对感恩教育的重视程度，为了跟随国家的脚步和符合国家的政策，幼儿园会进行感恩教育课程。同时，也会对那些对幼儿进行感恩教育感到困惑的家长进行解答。这样在国家政策的大方向下，幼儿感恩教育的发展会越来越好。

加大媒体关于感恩教育的推广力度。利用好当下的媒体，如报纸、电子媒体、电视等，让“幼儿的感恩教育”这一词出现在更多人的眼前，让更多的人意识到幼儿感恩教育的重要性。社会也可以推动各界人士对幼儿感恩教育的重视，举办各种公益活动，如给幼儿分发关于感恩的书籍、观看感恩的电影、举办小型感恩晚会，让幼儿亲身体验“感恩”的意义。

参考文献

[1] 黄人颂. 学前教育学[M]. 北京：人民教育出版社，2009.

[2] 陈琦，刘儒德. 当代教育心理学[M]. 北京：北京师范大学出版社，2007.

[3] 马平. 幼儿感恩教育实施现状与反思——以乌海市乌达区第一幼儿园为例[EB/OL]. http：//www.yxtvg.com/haowen/251645.html.

[4] 魏永刚. 学前儿童发展心理学[M]. 北京：教育科学出版社，2012.

[5] 张明红. 学前儿童社会教育与活动指导[M]. 上海：华东师范大学出版社，2014.

同伴关系对幼儿社会性发展影响初探

马敏群

摘　要：幼儿期是人的社会性发展中特别关键的时期，而幼儿的社会性发展又是在幼儿的同伴关系中不断得到促进的，所以在幼儿期建立良好的幼儿同伴关系是至关重要的。让幼儿在同伴交往中不断地认识和评价自己，不断地完善健全人格，为幼儿在不久的将来去适应社会而打下结实的基础。

关键词：幼儿；同伴；社会性；发展

一、同伴关系的内涵

幼儿同伴关系是指年龄相同或者相仿儿童之间在共同的活动中建立的一种人际关系，是幼儿在社会交往的实际操作过程中建立起来的。年龄相近的幼儿在一起相处，会互相影响彼此，然后才会在一起愉快地交谈，并且他们有平等的支配权，在这种自由宽松的交往环境里，幼儿才会展示自己最真实的那一面，久而久之，幼儿与同伴之间就建立了友好的感情。

根据幼儿在游戏中的社会性参与水平，幼儿的同伴关系可以分为六种类型，即个体、平行、无所事事、旁观、联系与合作。[1]它们在一定程度上反映了幼儿之间的同伴交往类型。幼儿同伴关系具有以下特点：① 幼儿的同伴交往与其年龄成正比。② 儿童认知的复杂性决定了幼儿的社会交往能力。③ 幼儿的同伴交往具有很明显的性别差异。

二、同伴关系对幼儿社会性发展的促进作用

（一）幼儿的认知能力可以通过同伴关系得以发展

皮亚杰在早期研究儿童思维和语言及道德判断发展时就指出："社会交往是影响幼儿认知发展的重要因素，交往可帮助儿童摆脱自我中心，从别人那里获得丰富的信息，使思维提纲化，拓展知识，发展幼儿的思维，提高幼儿的操作和理解能力。"[2]

（二）同伴关系可以促进幼儿积极情绪情感的发展

幼儿在与同伴的交往中一般就会产生愉快的情绪体验，因为在与同伴交往的过程之中产生的愉快的情绪体验都是通过很多事情创造出来的，例如，幼儿之间通过协商友好的合作完成的作品受到了幼儿教师的肯定，于是心里很开心。还有幼儿之间通过互相帮助体验到了被别人关怀，也会同样产生积极愉快的情绪体验。

（三）幼儿良好的社会性适应的形成与良好的同伴关系的建立有关

在幼儿的同伴交往中，幼儿有了交往的需求，就会以各种方式去试探别人会不会或者愿不愿意和自己交往，学会一些交往技能的策略，并且在与其他幼儿的共同活动中学会处理与同伴交往中所发生的矛盾问题的技能，这就不断增强了幼儿的社会技能和提高了幼儿的社会认知能力。

（四）同伴关系可以使幼儿形成良好的个性和道德品质

幼儿在幼儿园的一日生活中都是和其他小朋友在一起游戏玩耍和相处的。例如，在角色扮演的游戏中，幼儿可以通过扮演不一样的角色，慢慢知道了生活在社会中存在的分享、合作、谦虚，勇敢、团结等良好的个性道德品质，自身也在慢慢地改变自己以往不好的品质。

（五）同伴关系还可以帮助发展幼儿的自我认识

幼儿在和小朋友交往时，总是根据对方的反应来了解自己的行为是否对错，也正是因为如此，同伴对自己行为反馈出来的做法成为幼儿自我调节和控制的参照标准，这对幼儿的自我认识的调节很有帮助。

三、影响幼儿同伴关系的因素

每个幼儿的成长环境都是不相同的，影响幼儿同伴关系的因素有很多方面。

（一）幼儿的自身因素

1．人格特点

在影响幼儿同伴关系的因素中，幼儿的性格和情趣特征就占了其中之一。有的幼儿性格活泼开朗，充满自信，他（她）就会与更多的同伴交往，而且在与同伴的交往过程中非常受欢迎，每个小朋友都喜欢跟他（她）在一起愉快地玩耍；相反，有的幼儿脾气暴躁，而且攻击性非常强，动不动就在别人身上撒气，和别人玩不了多久就把别的小朋友打哭得稀里哗啦，这类幼儿不善于与同伴交往，在交际圈里不受欢迎，每个小朋友见到就会敬而远之；还有一类幼儿就是性格内向又消极被动，且依赖性强，这类型的幼儿往往会感觉很孤独，因为他们不跟别人交往玩耍，所以很容易被身边的幼儿同伴忽视。

【案例 1】 在一次课外游戏活动中，正当别的幼儿玩得兴高采烈的时候，小雨脸色绷得紧紧地来找吴老师说，没有小朋友跟他在一起玩，谁见他都躲得远远的，全部都喜欢跑去跟小花玩，他去和平时不爱说话的小彩玩，小彩也对他不理不睬，他没有玩耍的小伙伴。小吴老师听了之后去班里观察找原因，发现原来小雨平时脾气很暴躁，和别的小朋友玩不了多久别人就不愿意和他玩了，而小花的性格开朗活泼，谁都喜欢跟她在一起玩耍，小彩则是不愿意跟别的小朋友在一起游戏玩耍，经常自己玩自己的。

【案例分析】 以上案例可以发现，这三位幼儿的性格特征完全不一样，毕竟每个幼儿的成长环境不一样，所以性格情绪特征不一，在幼儿同伴关系中的交往方式也就不一样，对幼儿的社会性发展也就产生不一样的影响。

2．幼儿的社会认知水平

幼儿对交往行为的认识和对情绪信息的识别是影响幼儿同伴关系最主要的认知因素。由于幼儿的年龄小，社会认知水平低，幼儿对交往行为的认识有对有错；幼儿也只有认识到别人有需求时他才会有针对性地给予对方帮助。除此之外，幼儿还经常因为对交往情景的误解而产生不适宜的交往行为。例如，有的幼儿认为跟别人相处交往只是为了得到自己想要的，得不到就抢；有的幼儿在与别人交往时，别人要什么他都不给，他向别人要什么别人不愿意他就抢，但是当对方哭起来的时候才会给人家或者还给人家；还有的幼儿在交往情境中发生误解时就以不恰当的行为方式来解决问题。

3．幼儿的语言表达能力

语言在幼儿的同伴交往中是一种非常重要的工具，幼儿可以运用语言来说出自己的需要、理解、感受等。教师应该在幼儿之间多组织一些语言互动的活动，比如谈话活动、讲述活动等，积极鼓励每个幼儿主动参与到活动中来，真正形成双向互动或多向互动。只有具备一定的语言技能，才能更好地与他人进行愉快顺畅的交流。[3]

（二）家庭因素

从幼儿来到这个世界开始，最先接触的是自己的家庭，因此家庭对幼儿的社会化进程的影响也是不可估量的。

1．家庭结构和家庭环境

很多幼儿的交往能力非常低，这与幼儿的家庭结构的变化和家庭环境有关。[4]随着社会的不断发展，现在有独生子女的家庭越来越多，家里没有兄弟姐妹，再加上家里的物质条件优越，幼儿可以活动的空间很小，没有同伴和自己玩，只有自己和玩具玩，无论走到哪里都喜欢带着自己的玩具独自一个人玩，不喜欢也不知道该怎么跟别人交往，没有和同伴交往的机会。还有在生活质量提高的同时，父母离婚率也高，有的幼儿是单亲家庭或者是重组家庭，幼儿的心理受到了严重影响，性格非常叛逆，例如，有的幼儿父母离婚了，幼儿要么变得沉默寡言，要么变得十分叛逆，在幼儿园不是喜欢一个人独自在一个角落，就是整天和其他幼儿或幼儿老师作对。有的幼儿在幼儿园总是爱攻击别人，也是因为在家里受到父母的影响，有的孩子生活在充满家暴的家庭中，无形间也受到影响，利用攻击发泄自己的不满和实现自己的需求，因而在幼儿园没有幼儿与其玩耍。

2．幼儿家长的教养方式

身在不同家庭的幼儿所受到的教养方式也就不一样，家庭的教养方式大致分为三种类型，即民主型、专制型、放任型。[5]实行民主型教养方式的家庭，他们很爱自己的孩子，但是也会对自己的孩子提出一些合理的要求，并且当孩子有不好的行为动作时会以适当的方法来制止孩子继续犯错；当孩子有良好的行为发生时，给予适当的表扬或奖励来强化幼儿对此行为的认识，他们尊重孩子，且认真听取孩子的想法和意见，尊重孩子自己的选择。在这种教养方式下成长的孩子，有自信并且自我控制能力很好，在生活中会很积极乐观。实行专制型教养方式的家庭，要求孩子必须无条件地对自己唯命是从，在这种教养方式下的孩子通常表现畏缩，胆小怕事，经常处在一种焦虑中，生怕自己达不到要求或者违背了别人带来严重后果，因此这类型的幼儿在幼儿园里通常表现得很听话，非常守纪律，表现很好。实行放任型教养方式的家庭，分为两种：要么对孩子非常溺爱，要什么有什么，有不当行为也不会制止，反而维护，饭来张口衣来伸手；要么就对孩子不管不问，在这种教养方式下成长的孩子通常总是以自我为中心，觉得每个人都应该围绕他转，长大后会显得很不成熟，控制能力非常差。因此，只有民主型的教养方式比较适宜孩子成长，放任型和专制型会严重影响幼儿的社会性发展，良好的同伴关系也很难建立。

（三）幼儿教育机构

幼儿最早进入的集体环境是幼儿教育机构中的幼儿园，可以说幼儿园环境是幼儿的一个小型社会，因此，幼儿园对于幼儿的社会性发展起着很重要的作用。当幼儿进入幼儿园开始，就会与很多幼儿接触，有很多的玩耍同伴，也就产生了同伴关系，在与同伴的交往过程中学会的很多交往技能也就发展了幼儿的社会性。所以在幼儿园中，幼儿教师应该重视创造幼儿之间平等交往的机会来锻炼幼儿的交往技能，如教师应该多组织一些幼儿的集体游戏活动、谈话活动等。

四、促进幼儿社会性发展的主要策略以及建立良好的幼儿同伴关系

孩子在成长过程中，与同伴在一起的时间比和成人待在一起的时间还多，因此，为了使幼儿建立良好的人际关系，提高人际交往能力，可以从以下几方面去想办法。

（一）为幼儿创造良好的生活环境

在幼儿的生活中，学习是与环境中的事物、人物相互作用得到发展的，环境对于促进幼儿的同伴交往的影响是最大的，环境可以帮助幼儿更加直接地对周围事物及人进行深入了解，进而产生情绪情感初步的道德判断标准，并根据自己的需要逐步培养交往的意识。[5]幼儿所处的环境可以分为三种环境，即亲子环境、社区环境、幼儿园环境。

1．亲子环境

从幼儿出生开始，接触的就是自己的亲人。当今这个社会，独生子女越来越多，孩子在家缺少相处交往的同伴，大多数陪在自己身边的人是家长，只有自己的家长能陪自己玩耍，只有自己的家长能带自己出去游戏，因此，身为家长就应该为幼儿创设良好的宽松自由的环境，家长要放下自己的威严，为幼儿创造一个民主的家庭亲子环境，喜欢和孩子在一起玩耍，与孩子做好朋友做知己，让幼儿在与家长相处的时间里遇到问题敢说出自己内心的真实想法，家长也应该经常关注孩子有什么异常举动，看看自己的孩子有什么想法和感受，鼓励孩子大

胆地说出来。家长还应该主动积极地为幼儿创造交往条件，提供各种各样的交往机会，让幼儿在真正的交往实践中得到锻炼，习得初步的交往技能。

2．社区环境

社区是城市建设的产物，在这个对于孩子来说比较宽阔的环境里，增加了幼儿与各种各样的人的来往，让孩子有了初步的个体与集体的认识。同时经常与社区里的人不断地交往，对幼儿亲社会的行为有着积极的影响。亲社会行为即做对他人有益或者对社会有积极影响的行为，比如愿意与他人共同分享、合作、安慰等。在社区环境里与人们的交往，让孩子逐渐懂得个人力量与集体力量的悬殊，逐渐形成初步的情绪情感和道德评判标准。[6]

3．幼儿园环境

除了亲子环境、社区环境，幼儿处得最多的环境就是在幼儿园。在幼儿园，幼儿相处的同伴大都是年龄相同或相仿的幼儿，这为幼儿创设交往环境提供了重要的条件，所以教师应该积极为幼儿创造交往的机会，组织各种各样的活动帮助幼儿亲自体验同伴之间互相帮助、共同分享的愉悦。教师还可以利用主题墙饰来影响幼儿，积极的主题墙饰对于幼儿的心理有积极的潜移默化的作用。幼儿在区域活动中，会和很多幼儿在一起自由玩耍，要想促进幼儿之间的自主交往，教师在区域活动中就要投放幼儿感兴趣的和操作性强的材料。比如在积木区，搭建积木特别是那种大型的积木，有的环节是幼儿独自一人不能完成的，那时候的幼儿就会向其他幼儿寻求帮助，材料不够还可以向其他幼儿合作商量借用，遇到自己不能解决的问题，幼儿也会向其他幼儿寻求帮助一起探索，共同商定，完成该游戏的活动主题。在这些区域游戏中幼儿不知不觉就锻炼了自己的交往能力，促进了社会化发展。

（二）教会幼儿必要的交往技能

1．交往技能

幼儿在与同伴交往时，需要语言作为交流工具，所以要提高幼儿语言交往能力。例如，教会幼儿礼貌用语，主动打招呼：嗨，我叫××。学会语言协商：你能帮我？抱歉语言：不好意思打扰了。教会幼儿礼貌的用语，帮助幼儿克服在与他人交往中总是以自我为中心的缺点，激发孩子想要交往的欲望，提高幼儿人际交往能力。教师应该多组织一些语言互动的活动，比如谈话活动、讲述活动等，积极鼓励每个幼儿主动参与到活动中来，真正形成双向互动或多向互动。[7]只有具备一定的语言技能，才能更好地与他人进行愉快顺畅的交流。

2．教会幼儿学会分享与合作

要教会幼儿懂得去分享合作就要让幼儿亲自体会到分享合作所带来的喜悦感，教师要让孩子亲自体会到由于不协商合作而导致不能解决问题的失败感，或者让幼儿亲自体验由于分享合作，通过协商谈话而使问题能得到解决的喜悦感。[8]使幼儿在实践中亲自体验，才会引起幼儿的兴趣，同时也教会了幼儿以后再遇到问题时能通过协商来解决，在以后进入社会也能有经验去解决，也可以说通过幼儿同伴之间的关系的处理习得一些为人的道理，促进幼儿的社会化行为的发展。

3．要训练幼儿在交往冲突中解决矛盾的能力

在幼儿同伴之间的交往中，既有玩得愉快的时候，也有遇到各种冲突的时候，这也是社会交往中不可避免的问题，有的成人认为孩子之间应该愉快地玩耍，不应该打架吵闹，认为爱打架吵闹的孩子不是乖孩子，其实，在幼儿的交往中遇到矛盾是必然的，遇到矛盾也未必是件坏事，再遇到矛盾时有的幼儿喜欢向教师告嘴，有的幼儿则是先通过暴力行为来解决，有的幼儿则是通过互相进行语言攻击，各种各样的处理方式都有，但是幼儿的处理方式并不一定能真正地解决问题。这时候就需要成人的指点和引导，帮助幼儿在冲突中学会解决矛盾的能力。比如，我们可以给幼儿说说日常生活中交往时所发生的典型事例，也可以根据当时幼儿产生矛盾的场景和造成的伤害，让幼儿对此事进行思考和对当时的场景进行评价和议论，并鼓励孩子积极提出解决矛盾的方法，学会在交往中遇到问题时该有的包容和忍耐的心理，同时在解决矛盾时所应该有的和气的谈话，来获得解决矛盾的喜悦感，通过一系列的疏导来使幼儿懂得并不是暴力就能解决问题的道理。

4．教师应该扩大幼儿的交往范围

相信每个幼儿老师都深有体会，在幼儿的人际交往圈子里，有的幼儿无论和哪一个幼儿都能愉快地玩耍，都能和气地交往，而有的幼儿在人际交往中，只局限与那么一两个孩子，如果和那一两个幼儿闹不愉快了，就自己一个人独自玩耍，不会寻找其他幼儿进行合作，人际圈子很窄。还有的幼儿不会融入集体中，只会在一个角落看着别人玩耍或者只身待在一个角落自己玩自己的或者发呆。这些都有可能是与家庭背景与家庭教育有关，教师应该细心观察每个幼儿的表现，从而解决幼儿心理问题，进行心理疏导和通过各种活动来使孩子不被群体孤立。

【案例 2】　我曾经在一个幼儿园见习，有三名幼儿小刚、小华、小明，小刚看似是一个家庭条件不错的幼儿，其余两名看似是普通家庭的孩子，小刚就只和小华玩耍和游戏，可是过后不久，小华不愿意再和小刚玩耍，而是去和小明以及其他的幼儿玩耍，可是小刚就是非要只和小华玩耍，小华不愿意，他就死拽着小华的衣角和衣领，即使对方倒在地上还是不松手，顺着地上拖行，小明则为了分开扭成一团的两人则拉住小华的腿，看到倒地幼儿呼吸困难，我赶紧去拉开，小刚则对我说："老师他不和我玩，你去说说他嘛！"我叫他和其他小朋友玩耍，他不愿意，于是我问小华为什么不愿意和他玩，小华说小刚爱打人。

【案例分析】　从此事可以看出，幼儿在一些人际交往中对遇到的矛盾处理方法不当，需要教师的及时疏导和调解，孩子在人际交往中发生暴力行为，可能与孩子的家庭背景有关，教师和家长应该多次组织家园合作，以确保幼儿的心理健康发展。教师应该扩大幼儿的交往范围，减少类似情况的发生，幼儿在家庭中，家长应该扩大孩子的交往范围。注重培养孩子的人际交往能力，不应该一味地望子成龙，望女成凤，以免孩子养成只依恋家人的孤僻性格。家长应该经常带孩子出去游玩散步，遇到有困难的人要鼓励幼儿善于去帮助他人，自己有的东西可以和他人共同分享，会主动与他人去玩耍，加入别人的游戏行列之中，从而扩大幼儿的人际交往范围。在幼儿园，教师应该多组织活动，鼓励每个幼儿积极参与、合作、分享，促进幼儿之间的友好交流。以后的社会是一个开放而且互助的社会，良好的人际关系对今后适应社会是有着重大的影响的，所以要通过丰富多彩的社会交往活动，来促进幼儿之间的同伴关系，提高幼儿的交往能力，教会幼儿交往，促进幼儿的社会性发展。

幼儿之间的同伴关系在幼儿的成长过程中对其社会性形成起着不可估量的作用，幼儿良好的同伴关系可以促进幼儿的成长。幼儿平时会做什么，或者做什么会表现出什么样的情绪，成人可以从幼儿与其他幼儿的相处中发现，为了能更好地了解幼儿，促进幼儿心理健康发展，使幼儿的社会性能在与同伴的交往中得以促进，我们应该帮助幼儿建立良好的人际关系。

参考文献

[1] 陈帼眉，蒋勇. 幼儿教育心理学[M]. 北京：北京师范大学出版，2007：140.

[2] 陈帼眉，冯晓霞. 学前心理学参考资料[M]. 北京：人民教育出版社，1991.

[3] 邹涨. 同伴关系的发展功能及影响因素[J]. 心理发展与教育，1998（2）：39-44.

[4] 张文新. 儿童社会性发展[M]. 北京：北京师范大学出版社，1999.

[5] 张丽华. 父母教养方式与儿童社会化发展研究综述[J]. 辽宁师范大学学报，1997（6）：56-67.

[6][8] 张明红. 学前儿童社会教育[M].上海：华东师范大学出版社，2007.

[7] 邹泓. 社会技能训练与同伴关系[J]. 北京：北报社科版，1996.

专题三

幼儿科学与艺术教育

幼儿园游戏活动中开展数学教育的策略研究

张　娟

摘　要：就目前而言，幼儿教育越来越受到社会各界的广泛关注，尤其是数学教育。《幼儿园指导纲要（试行）》和《3—6 岁儿童学习与发展指南》都规定了幼儿数学教育的基本内容并且提出了相关要求。数学教育是幼儿园教育科学领域的主要内容，数学难度大，实现培养目标难，因此，研究数学教育的途径和策略具有重要的实际意义。本文介绍了幼儿园游戏活动的概况，分析了在游戏活动中开展数学教育的价值，主要探索了幼儿园游戏活动中开展数学教育的策略。

关键词：数学；游戏；价值

数学，对于幼儿来讲是很枯燥和乏味的，这源于数学自身的抽象性和逻辑性，然而数学又是一切学科的基础，具有应用广泛性的特点，这也就意味着学好数学的重要。《幼儿园指导纲要（试行）》和《3—6 岁儿童学习与发展指南》都规定了幼儿数学教育的基本内容并且提出了相关要求，要求幼儿感知并认识集合概念、数概念、运算能力、几何形体概念、量的概念、时间和空间概念等内容，比如基本的算数、比较、分类等。数学的学习过程因其自身的特性是枯燥的，所以，其教学难度和学生的学习和接受过程也是艰难的。数学的教学方法有很多，比如演示讲解法、观察比较法、游戏法、操作法等，但是，怎样更好地进行数学教学，就值得我们去探索和研究。

游戏是幼儿园教育的主要活动内容，游戏活动中本身就包含着一定的教育内容，并且能够通过各种形式展现出来。所以，我们可以利用游戏活动进行数学教育。在游戏活动中开展数学教育，更符合幼儿的学习特点，并且让幼儿在自己感兴趣的环境中进行学习，也更能激发幼儿的学习兴趣。数学离不开生活，生活中处处有数学，让幼儿在玩中学，在玩中获得知识。如何更好地在游戏活动中开展数学教育，就具有相当大的价值意义与现实意义，对此，笔者进行了一定的探索和研究。

一、幼儿园科学领域中的游戏活动

（一）游戏活动的定义

游戏活动是实现科学教育的重要途径之一，它是指幼儿运用一定的知识和语言，借助各种物品，通过身体和心智的活动，反映并探索周围世界的一种活动，具体来讲就是运用相关的物质材料和图片、玩具等物品，进行带有游戏性质的活动。

（二）游戏活动的种类

游戏活动可以根据游戏对幼儿发展作用的不同，和所涉及的学科的不同进行分类，以下是具体分类。

1．根据游戏对幼儿发展的作用不同划分

可划分为感知游戏、竞赛游戏、智力游戏、操作性游戏、情境性游戏和运动性游戏六种。

（1）感知游戏：指幼儿通过感觉器官来感知物体而开展的游戏。此类游戏的目的在于促进幼儿的感知能力的发展，具体的有视觉、听觉和触摸游戏三种。

（2）竞赛游戏：指通过竞赛来判别输赢的一种科学游戏。目的是发展幼儿思维的敏捷性和灵活性。

（3）智力游戏：指运用科学知识促进幼儿智慧发展的游戏。这类游戏通常以智力题目的形式出现，让幼儿能够在解题的过程中体味其中的巧妙和乐趣。

（4）操作性游戏：指幼儿在遵循一定规则的前提下，通过操作材料或玩具来获得科学经验和技能的游戏，具体地可分为分类、排序、配对、接龙和拼图游戏五种。

（5）情境性游戏：指教师根据科学教育目标的要求，创设相应的教学情景，让幼儿自主进行观察、思考，从其中发现事物间的联系，运用已有知识经验反映他们对事物的认识并且能够处理特定情景下遇到的问题。

（6）运动性游戏：指寓于体育活动中的科学教育的游戏，幼儿在活动中通过身体的活动，加深对事物及科学现象所产生的因果关系的理解。

2．根据科学游戏所涉及的学科不同划分

可划分为数学类、物理类、天文类、地理类和生物类游戏等五类游戏。

（1）数学类游戏：指教师根据纲要的要求，将数学知识渗透到游戏活动中的游戏。

（2）物理类游戏：就是严格按照物理规律移动，符合物理特性的游戏。

（3）天文类游戏：指寓于天文知识体验的游戏，幼儿通过各种各样感官感知天文知识。

（4）地理类游戏：指通过地理知识的学习和应用的游戏，例如组织幼儿比赛记忆地名。

（5）生物类游戏：就是教师根据要求，将生物知识运用游戏的形式展现出来的活动。

二、幼儿园数学教育的目标及内容

（一）学前儿童数学教育的目标

1．学前儿童数学教育的总目标

学前儿童数学教育的总目标是激发幼儿认识和探索的兴趣，使他们能够愿意并喜欢参加数学活动；引导幼儿在与环境的相互作用的过程中，获得有关数学知识的感性经验，使幼儿逐步形成一些初级的数学概念；培养幼儿观察、思考和解决数学问题的初步能力，学习独立选择数学活动内容并进行总结反思的能力，培养幼儿良好的数学学习习惯。

2．学前儿童数学教育的阶段目标

0～3 岁儿童的数学教育目标是能够听数字和理解数字的含义，并且能够连续数数；具备上下、里外、前后的方位意识；能够对声音和颜色的刺激有所回应；能辨别多少，比较高矮、大小、长短、厚薄等；能够根据东西的大小、种类、颜色进行分类；具备独立解决简单问题的能力。

3～6 岁儿童的数学教育目标是对周围环境中事物的数学内容感兴趣，有好奇心和求知欲，喜欢参加数学活动和游戏；能从生活和游戏中感受事物的数量关系，获得有关数学知识感性经验，体验到数学的重要和有趣；学习用简单的数学方法解决生活和游戏中的问题，能用适当的方法表达、交流操作和探索问题的过程和结果；正确使用数学材料，按规则进行活动，并且有良好的数学学习习惯。

（二）幼儿园数学教育的内容

学前儿童数学教育的内容面很广，大致可分为集合概念、数概念、运算能力、几何形体概念、量的概念、时间和空间概念等六种。

1．使学前儿童感知集合的概念

使学前儿童感知集合的概念，主要有四种教育内容，分别是：分类教育，就是按照物体的大小、形状、颜色、用途等不同的特征来进行分类；排序教育，根据物体的差异，比如大小、颜色、长短、粗细、高矮、先后多少等特征，按照一定的规则或次序进行排列；区别“1”和“许多”，能知道并理解“1”是自然数的基本单位，“许多”是含有两个以上元素的集合；比较两组物体的多少，让幼儿能够初步了解集合（组）和元素（个体）之间的关系，懂得“1”和“许多”的意义后，进一步教他们比较两组中个体的多少。

2．使学前儿童了解数概念的产生和发展

使学前儿童了解数概念的发展，例如计数能力的发展、对数序的认识。数序，即自然数的顺序、幼儿对数的守恒的掌握和幼儿对数的组成的认识。

3．让学前儿童学会基本的运算，提高运算能力

幼儿 10 以内加减运算概念的发展和教育：幼儿加减运算概念的发展，总的来说是从具体到抽象和从逐一加减到按群加减这两方面进行考察的。这实际上反映了幼儿思维抽象性逐渐发展的过程和水平。

4．让学前儿童学会感知几何形体的概念，认识基本的物体和形状

几何形体是对客观物体形状的抽象和概括。

5．使学前儿童认识量的概念

量是指客观世界中物体或现象所具有的可以定性区别或测定的属性。物体量的测量结果可以用数来表示，即数量。学前儿童认识的是一些基本的常见的量，如大小、长短、粗细、高矮、宽窄、厚薄、轻重、远近等。

6．使学前儿童掌握基本的时间和空间概念

让幼儿认识基本的空间方位的特点，比如先上下再前后、左右；以自我为中心到以客体为中心和儿童辨别空间方位的区域逐渐扩大三种，并且让幼儿能够认识基本的时间的特点。

三、幼儿园游戏活动与幼儿园数学教育

（一）幼儿园数学教育与游戏活动的关系

游戏是幼儿最基本的活动形式，幼儿的学习、生活等各方面都离不开游戏，甚至可以说，游戏寓于幼儿整个成长过程之中。在游戏中，幼儿能够自主地、根据自己的意愿进行活动，从而构建一个轻松、愉快的情境，在这种情境中进行教育，能够更好地集中孩子的注意力，充分发挥幼儿的主动性、积极性和创造性，使其能够更好地进行必要的学习。

数学内容的教学和学习过程是相对于其他学科较为复杂和困难的，所以数学教育，在教学活动中要比其他学科更注意方式方法，如果方法运用不恰当，很容易使学生丧失学习兴趣，这也就是很多学生偏科的主要原因之一。幼儿园教育是学校教育的开端，也是学生学习的开始，在这个重要的关键时期，学习兴趣与学习态度的培养尤为重要，这就更要求我们要寻求更好的教学方法，让幼儿能够更好地进行学习。在教学活动中注意方式方法的运用，尤其是数学教育，基础知识和基本能力对于每个学生来讲都是重要的，而幼儿教育又是学习的先行者，所以，在幼儿园的教学中，幼儿教师就要注意运用好的方法来培养幼儿的学习兴趣和态度。数学离不开生活，生活中处处有数学，针对幼儿园的数学教育活动，教学和学习活动要采取什么样的方式更为恰当，是一个值得我们去探索和思考的问题。

在平时的教学和学习中我们不难发现，很多老师会在游戏中进行数学内容的教学，在游戏中渗透数学教育，这会是一种行为有效的教学方式。所以，我们在教学时应当注意几个问题：一是数学活动要贯穿于幼儿的日常生活和游戏活动中，提高幼儿的学习积极性；二是注意运用操作法，加强幼儿的实际操作，发挥幼儿各种感官的作用，让幼儿能够自己主动、积极地去探索和学习；三是注意学习教具的投放与应用，要结合幼儿生活实际和游戏活动的情况进行相应的投放，符合幼儿的心理发展水平；四是在数学教学活动中，要尽量与其他领域的学科相结合进行教学。

（二）幼儿园游戏中开展数学教育的价值分析

1．可以满足幼儿的自主需要

大多数的游戏都是由幼儿自主发起的，其根据便是幼儿自己的兴趣、爱好，所以，幼儿在游戏活动中是游戏的主人，因此，在游戏活动中开展数学教育，幼儿能够充分根据自己的意愿自主进行游戏活动，极大地发挥幼儿的自主性，满足幼儿的自主需要。幼儿在自己感兴趣的环境中学习数学，能够更好、更快地认识和接受数学知识。

2．可以激发幼儿的好奇心

游戏是幼儿最基本的活动方式，也是一种特殊的学习形式。在幼儿阶段，幼儿有一定的好奇心，并且迫切地希望学得更多的内容。据此，我们在游戏活动中开展数学教育，将数学内容渗透到游戏活动中，并且教师引导幼儿主动参与、自主选择，使幼儿全身心投入到数学内容的学习中，这不仅能够增强幼儿的好奇心，更能提高幼儿学习数学的兴趣和主动性。

3．有助于幼儿数学想象力和创造力的提高和发展

在平时的教学过程中，一般情况下教师会根据一定的课程安排上课，让幼儿学习。然而，单单只是教授还不能满足幼儿自身发展的需要，这就要求我们寻找其他方式对幼儿进行训练。游戏无疑是首要的选择。因为幼儿能够在游戏的过程中，自由、随意地发挥，不断地尝试、思考，所以，在游戏中开展数学教育，能够让幼儿在主动学习和探索的过程中锻炼和提高想象力和创造力。除此之外，在游戏中进行教学还能够为幼儿创造轻松、和谐、愉快的学习氛围、调动学生的多种感官参与学习、激发学生的学习热情，让幼儿能够更直接地感知数学、认识数学。

4．可以培养幼儿正确的数学态度

游戏还可以帮助幼儿养成寻找和创造不同的思路、方法的良好学习习惯，而数学的学习更加注重态度和方法。幼儿在平时的学习过程中，通过自己的不断探索、尝试，能够在不经意间运用到新的、不同的方法来解决问题，并且还可以用这些方法或者思路去解决其他的问题，从而使幼儿树立自主探索态度和解决问题的能力，并且能够充分发挥幼儿的主动性和创造性。因此，在游戏中开展数学教育可以帮助幼儿树立正确的学习态度，同样，这一特点对我们对幼儿进行数学教育也是相当关键的，可以使幼儿形成正确的数学学习态度，这样我们才能对幼儿更好地进行教育，我们的教学活动也才得以顺利地开展。

5．可以使幼儿在生活中体验数学

幼儿的数学教学活动，应该建立在幼儿的认知发展水平和已有的知识经验基础之上，要贴近幼儿的生活世界，不能以成人的角度去设计教学活动，要充分关注幼儿的生活经验，他们平时能够接触到那些跟数学相关的内容，不能只说口述，让幼儿去想象，这对于幼儿来讲是十分困难的，甚至是不可能完成的，这就容易让幼儿丧失学习的兴趣，使得我们的活动无法继续开展。所以，这要求我们要注重把课堂上的知识与社会生活结合在一起，从而让幼儿在生活中感知数学，在生活情境中学到数学知识。游戏就是很好的表现方式，我们可以在游戏活动中开展数学教育，将我们的教学内容生活化，使幼儿从所熟悉的生活经验出发来学习数学知识，学得轻松又愉快。

（三）幼儿园数学教育的方法

幼儿园数学教育的方法主要有演示讲解法、观察比较法、游戏法、操作法、类推法和统计图表法等六种。

1．演示讲解法

边讲解、边演示的教学方法。

2．观察比较法

幼儿在教师引导下，对两个或两个以上的物体进行分析、比较，感知和找出在数、量、形等方面异同点的方法。

3．游戏法

这指使学前儿童数学教学活动游戏化的方法。

4．操作法

就是由幼儿动手操作教具，在与活动材料的相互作用的过程中进行探索和学习，获得对数学的感性经验、知识和技能的方法。

5．类推法

教师指导幼儿运用已有的知识、技能、经验，用判断和推理来求得新知识，做到举一反三。

6．统计图表法

通过观察，特别是通过测验、调查，对所得的大量数据材料运用统计的方法进行处理，从而把握事物的真相。

四、幼儿园游戏活动中开展数学教育的策略

（一）开展感知游戏，让幼儿在游戏中感知数学

感知游戏就是指幼儿通过感觉器官来感知物体而开展的游戏，我们可以根据幼儿的感官发展水平构建相应的游戏活动，让幼儿运用感官进行学习，例如直观的视觉感受比较大小、长短、胖瘦；运用触摸来体会重量的不同等。我们在活动中可以提供较为直观的教学用具，让幼儿自己运用各种感官进行探索和学习。例如，可以在小班投放不同种类的糖果玩具（根据颜色、形状、大小不同进行投放），开展分类游戏，让幼儿在游戏中通过观察、触摸不同的糖果玩具去学习分类的标准和依据，使幼儿学会基本的分类。

（二）创设游戏情境，让幼儿在情境游戏中认识数学

幼儿的思维以具体形象为主，那我们就可以在情境游戏中进行数学教育。情境游戏要求教师根据科学教育目标的要求，创设相应的教学情景，让幼儿自主进行观察、思考。这就要求教师为幼儿创设一定可感知的教学情境，投放相应的感性的教具和材料，让幼儿自主进行探索学习，让幼儿在取得丰富的感性经验的基础上获得基本的知识和技能。例如，让小班幼儿学习基本的数数 1 ~ 5，就可以创设小猴子摘苹果的情境。小朋友们扮演小猴子，挎着篮子去摘苹果，摘一个老师就带领幼儿数一个数，直到数到 5，然后对每个小朋友篮子里的苹果进行数数，多次重复，加深幼儿记忆，通过这样的游戏，让幼儿学会基本的数数。

（三）开展操作性游戏，让幼儿在游戏中体验数学

操作性游戏就是让幼儿在遵循一定规则的前提下，通过操作材料或玩具来获得科学经验和技能。我们在教学活动中，切忌将自己的知识灌输给幼儿，这种教学方法和教学环境下的幼儿学到的是“死”知识，这不利于幼儿的自主学习，同时也限制了幼儿的想象力，抹杀了幼儿的好奇心。在操作性游戏中，我们要将抽象的内容具体化，为幼儿提供教具和材料，在教师的指导下进行自主操作，让幼儿获得直观的体验和知识。如分类游戏、排序游戏、配对游戏、接龙游戏、拼图游戏等，通过这些游戏让幼儿自己去操作，在操作活动中掌握知识经验。例如，让幼儿学会使用直尺进行简单的测量，就可以给幼儿提供直尺和相应的测量小物件，在教师的指导下让幼儿自主操作，学习基本的测量技能。

（四）通过角色游戏，让幼儿感知数学

角色游戏中，幼儿可以根据自己的意愿进行角色扮演，在一定的情境中进行游戏，从而进行学习，这就使学习生活化，从中学到生活中存在的数量、空间和时间之间的关系。角色游戏最基本的情境就是娃娃家，在娃娃家中，幼儿可以扮演各种主题，通过不同主题的游戏活动，例如，医院、工厂、学校等场景，幼儿在游戏中学到的知识是多样的，并且，角色扮演会让幼儿感觉身处其中，学到的知识更为直观，印象也更为深刻。

（五）开展运动性游戏，使幼儿在运动中学习数学

运动性游戏主要指的是体育游戏，让幼儿通过身体的活动，加深对事物及科学现象所产生的因果关系的理解。体育游戏寓于各个年龄阶段的孩子的教学中，小班我们可以通过数糖果进行数数的教学，中班通过跳格子进行数的教学，大班通过赛跑或者捉小动物来进行简单的加减法的教学，在体育游戏中，不仅能够锻炼身体，更能够让幼儿在玩乐的过程中获得知识。例如，在小班进行小兔跳的游戏，教师喊哪个数字，幼儿就跳几下，这样不仅能够让幼儿加深对数字的记忆，更能够在游戏中增强幼儿的体质。

（六）利用亲子游戏，进行数学教育

家长是幼儿的第一任老师，在幼儿的教育中扮演着不可或缺的角色，这同时也就说明家庭教育的重要性。家长在平时要注意引导幼儿进行学习，例如在和孩子上楼时可以数阶梯数，与孩子玩老师学生的游戏等。亲子游戏的开展，不仅能加深孩子与家长之间的感情，也更能提高孩子的学习兴趣，更能杜绝孩子所认为的只有在学校才需要学习的错误观念。

五、小　结

总之，在游戏中开展数学教育有其必要性。在游戏中开展数学教育，可以满足幼儿的自主需要，可以激发幼儿的好奇心，有助于幼儿数学想象力和创造力的提高和发展，可以培养幼儿正确的数学态度，可以使幼儿在生活中体验数学，因此，教师在平时的教学中，更要注意在游戏中开展数学教育。

参考文献

[1]　练慧璟. 游戏活动中的数学教育[J]. 教育教学论坛，2012（13）.
[2]　魏彩霞. 如何提升数学操作活动的质量[J]. 新课程研究：教师教育，2011（8）.
[3]　梁慧琳. 幼儿园数学教育活动设计研究[M]. 北京：中国社会出版社，2010.
[4]　王阿卫. 在幼儿园游戏活动中渗透数学教育[J]. 家教世界：现代幼教，2014（8）.
[5]　刘胜曼. 幼儿园如何开展助学教育[J]. 新课程研究：教师教育，2008（9）.

折纸教学活动与幼儿空间能力的培养

李炼炼

摘　要：折纸的历史悠久，对幼儿的成长也非常有益。它可以提高幼儿的认知能力、动手操作能力、空间想象力等。本文主要针对折纸活动与幼儿空间能力的培养进行阐述。首先讲述折纸在教学活动中的作用，其次阐述如何采取有效的方法培养幼儿的空间能力，最后针对活动中的问题提出解决措施，使幼儿在折纸活动中能够得到相应的发展。

关键词：折纸活动；折纸儿歌；折纸图示；空间能力

折纸历史悠久，无确切的文献记载折纸具体是从哪个时期开始的，但是折纸在古时候就已经开始传遍各国，在教学上、几何建筑上都有重要的作用。外国教育家还将折纸与自己的教育学说结合起来，在自己创办的幼儿园中开设折纸课程。还有很多国家都成立了自己的折纸协会。折纸就这样广为流传，被世界各国用在了不同的领域。折纸活动还可以培养幼儿多方面的能力，如认知能力、想象能力、动手操作能力、空间能力等，尤其是培养幼儿的空间能力。所以作为幼儿教师，要巧妙地引导幼儿学习折纸，培养幼儿多方面的能力。

一、折纸在教学活动中的作用

折纸是深受幼儿喜爱的手工活动，折纸是用纸张按一定的折叠方法折出各种立体形象的造型活动。[1]折纸活动是手部的小肌肉活动，这项活动有利于幼儿发挥想象力，发展创造力，培养幼儿的良好品质，可以让幼儿接触几何图形，建立空间思维能力，对幼儿各方面的发展都有帮助。

（一）折纸可以让幼儿心灵手巧

苏联教育学家苏霍姆林斯基说过："儿童的智慧在他们的手指尖上。"可见幼儿通过动手可以增长他们的知识与发展他们的能力。幼儿通过折纸，可以锻炼手部的小肌肉，锻炼手指的灵活性，提高动手操作的能力。对于幼儿来说，此时他们正是身体迅速发展的时期，而平时对于小关节、小肌肉的锻炼较少，所以折纸刚好可以加强幼儿手部小肌肉的锻炼，让幼儿的小手更加灵巧。同时，折纸活动也是需要细心和耐心的，要在心平气和的状态下才能很好地完成折纸。但是幼儿的注意力不能很好地集中，缺乏坚持和决心，所以折纸对于培养幼儿的注意力和意志力而言是很好的活动。

（二）折纸可以培养幼儿良好的品质

在折纸活动中，有时候需要自己独立完成，有时候需要大家一起合作完成，有时候需要利用废弃的纸张，有时候需要父母的帮助，等等。在这样的活动中，幼儿能够懂得独立自主、分享与合作、勤俭节约，还能增进亲子之间的情感。现在的孩子大多是独生子女，被爷爷奶奶宠着、爸爸妈妈爱着，要风有风、要雨有雨，已经慢慢没有了这些品质。所以，在折纸活动中，可以慢慢培养他们的这些品质。当幼儿和同伴一起交流讨论怎么折或者一同合作的时候，幼儿意识到和别人交流的乐趣、合作的快乐，就会促进幼儿与别人交往的欲望，从而懂得怎样与他人相处。有时候，老师会安排幼儿回家和爸爸妈妈一起来完成折纸，或者把自己学会的折纸送给爸爸妈妈，这样父母和孩子之间有了更多的接触，有了共同交流的语言，从而增进亲子间的感情。通过小小的折纸，教师的适当引导，就可以培养幼儿这些良好的品质了。

（三）折纸可以培养幼儿的空间能力

幼儿空间方位的发展遵循先上下再前后、左右的特点。幼儿最先掌握上下这两个方位词，是因为垂直的上下方不管幼儿身体怎么移动，它都不会改变，对于幼儿来说，这是容易掌握的。而前后左右对于幼儿来说是较难的，因为它会随着身体的移动而改变，也会因为参照物的不同而改变。所以幼儿对于这种要随时选择不同的参照物来辨别的方位是较难掌握的。由于词语具有抽象性，幼儿往往不能把空间方位与具体的方位词相结合，他们通常是先掌握了空间方位才慢慢在实践中掌握具体的空间方位词。然而，在折纸活动中，每一步都会涉及空间方位与方位词，比如对边折、沿中线折、向反面折等。幼儿在折纸的过程中能够体会到折纸的方向，了解到空间方位，而且这些抽象的空间方位在幼儿动手折纸的过程中会变得具体形象，这样就便于幼儿了解和认识了。

二、如何运用折纸教学活动培养幼儿的空间能力

折纸是培养幼儿空间能力很好的活动，因为折纸直接与空间方位相联系，每一个折纸步骤都有一个空间方位与其对应，所以幼儿对折纸产生兴趣之后，教师才能进一步运用折纸活动培养幼儿的空间能力。

（一）创设良好的环境，激发幼儿折纸的兴趣

环境可以影响一个人的心情，在不同的环境下，会有不同的情绪体验。虽然折纸是一项简单易上手的活动，但也是一项极为枯燥的活动，而且幼儿的注意力不能够长时间的集中。所以一个良好的环境是很重要的，特别是对于幼儿，更要营造一种新奇、宽松、自在的环境让他们学习与成长。

1. 利用折纸作品布置幼儿的活动空间

幼儿的大部分时间是在幼儿园里度过的，要激发幼儿折纸的兴趣，当然是要让他们先接触。教师可以用折纸作品来布置幼儿的活动室，可以把折出来的作品做成吊饰，悬挂在教室

里。主题墙也可以用各种不同的折纸作品来装饰，让幼儿在这样的环境下耳濡目染，产生折纸的欲望。当幼儿看到这些漂亮的、栩栩如生的折纸时，自然也就产生了兴趣，有了学习的欲望。

2．在美工区投放折纸材料或半成品折纸

幼儿在美工区活动时，一般都是涂涂画画。所以可以在美工区投放一些彩纸，让这些色彩鲜艳的纸吸引幼儿的目光。当老师说这些彩纸可以折出各种各样的花朵、小动物、房子等时，幼儿就会积极地、迫不及待地想要用这些漂亮的纸来折出自己喜欢的东西。还可以投放一些半成品的折纸，让幼儿对这些折纸产生兴趣和好奇，有把它完成的想法。这样，幼儿在自己的好奇心下，对折纸产生极大的兴趣，才会认真地投入到折纸活动中去。

3．将身边的具体实物与折纸联系起来

幼儿的好奇心很强，对身边的事物都是很感兴趣又好奇的。想要幼儿对折纸感兴趣，引发幼儿“我想折，我要折”的欲望，就先让幼儿观察。如想要幼儿学习折蝴蝶，折小鱼，就先让幼儿观察美丽的蝴蝶或者可爱的小鱼，让幼儿对它们产生喜爱之情。然后老师再选择漂亮的彩纸，把蝴蝶或者小鱼折出来。当幼儿看到这么漂亮的蝴蝶或者小鱼居然除了画出来，还可以用纸折出来，顿时就会产生想学的愿望。在幼儿有了想学习的强烈愿望之后，教师再进行折纸教学就容易多了。而且，这样幼儿也会很快就投入到活动中，学起来也更轻松。

（二）引导幼儿进行有效的折纸活动

折纸不是一学就会的，想要折出漂亮的折纸那就更需要下功夫了，更何况是对于幼儿。所以采取有效的方法，引导幼儿进行有效折纸是很重要的。

1．由易到难，逐层深入，让幼儿树立信心

不管做什么事情，都是要从基层做起，打好基础，才能往更好的方向发展，折纸当然也不例外。折纸有很多基础型折法，如：对边折、对角折、集中一角折、四角向中心折、双三角形、双正方形、双菱形等。[2]先要让幼儿掌握这些基本的折法，再开始让幼儿学习折物体。而学习折物体当然也是要逐层深入、慢慢来的。如小狗头、纸飞机等，这些是比较简单的折纸，对于刚开始学习折纸的幼儿来说，从这些简单的开始，可以让幼儿树立信心，找到成就感。而且，很多折纸都是由基础折纸演变而来的，学好基础的折法，有利于他们学习更难的折法。

2．引导幼儿把折纸与情景相结合

折纸是一项比较枯燥的手工活动，但是加上情境的话，就有趣味性了。教师可以在进行折纸教学活动时，出示一幅情境图给幼儿讲解，如提问幼儿：“这幅图讲的是什么？里面的人需要什么帮助？我们怎么样来帮助他？”然后教师引出用折纸的办法帮助他，幼儿就会很热情地、很乐意地开始动起手来进行折纸。在折纸的过程中，他们会接触故事内容，这样有助于他们集中注意力，更加认真和具有目的性地去完成折纸。教师也可以引导幼儿在折纸时，结合自己创造的情境。如果幼儿折小花，小鱼等，可以引导幼儿表达出：“草地上开满了美丽的鲜花，池塘里有各种各样的小鱼在水里游，很多小朋友在花丛中、在池塘边玩得很开心。”

这样引导幼儿将折纸与情境相结合，不仅可以锻炼幼儿的想象力、表达能力，还可以为折纸活动增添更多的乐趣，幼儿也更轻松。

3．对幼儿的作品进行正向评价

教师的评价对幼儿的影响是很重要的。也许教师的一句话、一个动作、一个眼神都会深深地影响着幼儿。所以对于幼儿，我们要求的是过程，而不是注重结果，要进行正向评价。有些幼儿折出来的物体可能不像，可能出现很多边、角都对不整齐的问题。教师遇到这样的现象，可千万不要说："这是什么呀？什么都不像，你是怎么折的？"要是这样，这个幼儿以后可能都不会再想学习折纸了，而且对于幼儿的自尊心也有很大的影响。所以评价幼儿的作品，我们要去找到其中的亮点来进行评价。比如：他的哪些步骤是折得很好的，某一些地方是比较特别的。教师可以对于这些进行评价，然后再指出幼儿折得不好的地方，可以说："其他的都折得很好，只是这里的边角没有对整齐，如果把它对整齐的话，就更好了。"这样幼儿也很乐意去改正，也许还会更认真。

（三）巧妙运用折纸活动与幼儿空间方位相结合

折纸活动中会涉及很多空间方位，对幼儿的空间能力发展很有帮助。所以教师在进行折纸教学时，不要只是单纯地教幼儿学会折纸，而是要巧妙运用折纸活动来培养幼儿的空间能力。

1．让幼儿在动手折纸的过程中接触空间方位

幼儿在折纸过程中，会接触到很多空间方位与方位词，例如，"向上折""向下折""向里折""向外折"等，幼儿在折纸过程中就会慢慢了解到这些空间方位，提高空间认识能力。所以老师在进行折纸教学时，对于折纸过程中的空间方位要加以强调，在进行示范时还应伴随语言的说明。例如，"向下折"的时候，老师要给幼儿边示范边说："现在'向下折'"，幼儿看了之后，跟着折，嘴里也会跟着说。在他们动手的过程中，同时也得到语言的刺激，在头脑中很形象地出现这个"向下折"的方位，就有助于他们更具体地了解到这些空间方位。

幼儿自己动手的过程，也是手、眼、脑协调配合的过程。在幼儿学会了一些简单的折纸之后，老师可以安排幼儿经常去回顾，把自己学会的本领展示出来，把自己会折的折纸送给好朋友或者爸爸妈妈。在经常动手练习的过程中，幼儿常常接触到这些空间方位，潜移默化地就会在脑海中形成空间感，从而加深对空间方位的了解。

2．运用折纸儿歌引导幼儿对空间方位词的认识

儿歌是深受幼儿喜爱的歌谣，因为儿歌节奏明朗、有韵律，读起来朗朗上口，便于记忆，刚好适合幼儿的成长特点。所以，教师应该抓住儿歌的这一特点，运用折纸儿歌，不仅让幼儿对折纸感兴趣，还能让幼儿掌握儿歌中出现的方位词。

幼儿对于空间方位词的掌握要晚于具体的方位知觉，所以不能把空间方位与方位词相联系。如果让他们看到方位词做出相应的反应，他们的正确率就很低了。因此，教师在运用折纸儿歌进行教学时，儿歌中出现的方位词要加以突出和强调，让幼儿明确它的重要性。例如，折电灯的儿歌："一张纸片正方形，四个直角到中心。向后叠成三角形，两角前后到头顶。分开中间向外撑，又成小小三角形。上层朝下折一折，两角朝里叠一叠。小小尖角翻上去，一

盏电灯真有趣。”[3]这首折纸儿歌中，就涉及很多方位词。在教学折纸时，教师应先把儿歌中出现的方位词挑出来进行讲解和举例，然后再让幼儿动手折纸。这首儿歌中出现了“前后”“上下”“里外”这些方位词。教师可以先给幼儿举例说“前后”就像某某小朋友在你的前面，某某小朋友在你的后面一样。把儿歌中出现的方位词给幼儿举出实际的例子，便于幼儿理解和掌握。这样幼儿在折纸时，如果对儿歌中的方位词有不理解的，想到老师举的例子，很容易就会明白了。而且幼儿在想老师的例子时，就已经在头脑中建立了空间方位，再看到儿歌中出现的方位词时，就会很自然地结合起来。这样幼儿就容易把空间方位与方位词联系起来了，从而促进幼儿空间能力的发展。

3．通过折纸图示，让幼儿在头脑中建立初步的空间感

利用折纸图示让幼儿进行折纸练习对于幼儿的发展是很有帮助的。《3—6 岁儿童学习与发展指南》中提出，幼儿能按照简单的示意图正确取放物品。[4]可见让幼儿学会看图示的重要性。杨东海认为人们 83%的信息来自图像、图片。[5]让幼儿根据图像、图片来完成任务是很有优势的。由于幼儿处于具体形象思维阶段，让幼儿根据图示来进行折纸更具有直观性，幼儿更容易理解。通过图示，幼儿容易引起思考，更好地发挥想象力。所以幼儿通过示意图进行折纸时，有利于立体空间感的建立，促进空间想象能力的发展。

让幼儿看折纸图示进行折纸，首先要让他们了解一些基本的折纸符号。折纸符号不同于文字，它是用一些线条、几何图形和一些箭头符号来表示的折纸方向。所以在引导幼儿看图示折纸时，要先给幼儿介绍那些符号的意思，那些箭头表示的是什么意思。教师可以边示范边讲解，让幼儿能够看懂折纸的基本符号，幼儿才会有兴趣和有能力来进行看图示折纸。

在幼儿自己会看折纸示意图折纸后，教师可在美工区粘贴一些难易不一的折纸示意图，投放一些漂亮的彩纸。让幼儿在美工区活动时，自己看折纸图示琢磨，自己思考，自己动手。让幼儿去体会和感知那些箭头方向，更加深刻地通过折纸来认识空间方位，从而培养空间能力。

三、折纸教学过程中应该注意的问题

幼儿的动手能力和理解能力都处于正在发展的过程中，幼儿园所进行的活动都是为了促进幼儿的发展，所以不管是进行什么活动，都会出现不同的问题。折纸活动也是如此，这就需要教师采取不同的方法来解决，同时也能让幼儿得到更好地提升。

（一）采用童趣的语言引起幼儿的注意

幼儿在折纸的过程中，常常会出现边、角对不整齐，纸张抹不平的现象。当然这些问题也就影响了最终的结果，如不像、不漂亮等。所以在引导幼儿折纸时，对于这些问题就要采取相应的解决方法。可以用童趣的语言增加趣味性，引起幼儿的注意。例如，边对边说成“两条直线抱一抱”，角对角说成“两个角弟弟碰一碰”，反面折说成“向后转”，向下折说成“弯弯腰”，两边向中心折说成“拥抱中心线妈妈”。[6] 这样的语言具有趣味性，也便于幼儿理解，而且出现的空间方位也变得更加形象。所以运用童趣的语言是幼儿能够接受的，也能够引起他们的注意，对改掉一些容易出现的问题是很有帮助的。

（二）针对个别差异，因材施教

每个人的接受能力和理解能力都是不一样的。在折纸的过程中，有些孩子很快就学会了，而有些孩子可能重复很多次都还是不会。所以教师不要只关注一部分幼儿，而让另一部分幼儿脱离了集体。对于班上动手能力弱一点的幼儿，教师可以采取两个办法。第一，进行个别指导，对于能力强的幼儿，可以要求高一点，给他们布置难一点的任务。对于能力弱一点的幼儿可以降低要求，不用让他们完成整个折纸活动，可以完成一半，或者老师进行耐心地指导。第二，可以让动手能力强的幼儿当“小老师”来教能力差一点的幼儿，老师在旁边指导。让幼儿在教的过程中，也要用语言来表述，把每一步怎么折的都表述出来。这样两个幼儿都得到了进步，同时也巩固了他们对空间方位的认识。所以对于孩子的问题要针对他们的个别差异来解决，让每个孩子都能得到发展。

（三）折纸选题应贴近幼儿的生活

折纸活动不应该以老师的主观想法来给幼儿定题材，而是要根据幼儿的能力水平，以他们的喜好来给幼儿选题。有一些折纸确实很漂亮，但是在幼儿看来，他们不一定喜欢。所以老师在给幼儿选择折纸题材的时候，应该选择幼儿感兴趣的、经常见到的、认识的事物来进行折纸活动，这样幼儿才更有兴趣，也乐意去学习和认识。所以，在选择折什么的时候，要从幼儿的角度出发。也可以把准备要求幼儿折纸的物体提前让幼儿去观察，让幼儿先去认识，去了解，这样他们在折纸的时候才更有兴趣。

折纸教学不仅仅是让幼儿从中获得一些浅显的知识和技能，更重要的是让幼儿在自己动手的过程中去探索、去思考、去尝试，培养幼儿耐心细致的习惯。让幼儿学会看懂折纸图示，然后在自己动手的过程中培养空间能力，了解几何图形，初步的接触数学知识。所以幼儿教师在教幼儿折纸时，不仅仅是要教会他们怎样折纸，还要让幼儿认识空间方位，了解空间方位词，学会自己看图示折纸，培养幼儿的空间能力。只有多方面的发展，才能促进幼儿的进步，才能为幼儿以后的发展和终身学习打下坚实的基础。

参考文献

[1] 王琳，朱家雄. 学前儿童美术教育[M]. 上海：华东师范大学出版社，2006.
[2] 郭亦勤，王麒. 学前儿童艺术教育活动指导[M]. 3 版. 上海：复旦大学出版社，2014.
[3] 王玲. 一组折纸儿歌[J]. 早期教育：教师版，1990（11）.
[4] 中华人民共和国教育部. 3—6 岁儿童学习与发展指南[M]. 北京：北京师范大学出版社，2001.
[5] 杨东海. 读图时代图像阅读对学生思维方式的影响及教育对策[J]. 读写杂志，2011（8）.
[6] 诸芬芳，吴群芳. 大班幼儿折纸教学之浅见[J]. 新教育，2015（2）.

手工教学在学前教育中的作用

李晓丹

摘　要：随着社会的发展，国家越来越重视学前教育，人们越来越意识到手工教学活动在学前教育中的重要作用。手工教学在学前教育中的作用越来越突出，然而，各方面因素都可能影响手工教学的发展。幼儿的手工教育涵盖了幼儿与手工制作之间所发生的一切关系，包括幼儿对手工制作时候所做的思考、顿悟，幼儿对手工制作材料的操作游戏，幼儿手工创作过程与作品。

关键词：手工教学；作用；幼儿；学前教育

手工教学活动是指教师引导幼儿使用各种手工工具和材料，运用剪、撕、折、塑等手段制造出平面或立体的物体形象，从而发展幼儿动作的灵活性、协调性，培养他们的实际操作的能力以及工作的计划性和条理性的一种教育活动。手工教学活动在幼儿整个学前教育时期发挥着不可替代的作用，那么我们应该明确并最大程度地发挥手工教学活动对幼儿的积极作用。

一、在学前教育时期，幼儿手工能力发展的特点与阶段性

在幼儿园我们不难看出，手工教学活动常常受到幼儿的喜爱，开展此类活动，幼儿的积极性很高，大部分幼儿都能做到注意力集中，全身心投入。

在整个幼儿学前教育时期，幼儿的手工能力发展经历了三个阶段：① 2～4 岁的玩要阶段；② 4～5 岁的直觉表现基本形状阶段；③ 5～7 岁的样式化表现阶段。

在幼儿的发展期间，幼儿从刚开始的单纯肌肉运动慢慢发展为开始对物体的形象加以想象与思考，接着会开始按照幼儿自己的需求进行自行创造。让幼儿通过自己的经验慢慢积累，想象力不断丰富，开始自行创造，进而完成整个手工制作活动。

在幼儿的手工教学不同阶段，成人应该给予不同的指导。在玩要阶段，成人应该多鼓励幼儿，给幼儿提供充足的时间、材料、工具，但同时成人要特别注意教给幼儿正确使用工具的方法（特别是幼儿安全剪刀的使用方法）。在直觉表现基本形状阶段，成人应该想办法多鼓励幼儿，使之提高动手兴趣，并增加幼儿对自己作品的认可与成就感，鼓励幼儿不依靠成人帮助自主完成作品，增加幼儿自主动手能力。在样式化表现阶段，成人应该多鼓励幼儿使用不同的材料、不同的工具，依靠自己的想象去进行手工创作，此外也应该鼓励幼儿与其他小伙伴合作共力。

二、分析手工教学对以下因素的影响

1．手工教学与《幼儿园教育指导纲要》的关系及作用

在幼儿园中一切教学目标的制定，教学过程与实施都要紧紧依靠《幼儿园教育指导纲要》(简称《纲要》)。而手工教学活动在贯彻国家发布的《纲要》中也发挥了重要的作用，艺术是五大领域的一个重要领域，而手工活动是艺术领域的重要组成部分。因此，手工教学活动作为艺术领域的一部分，紧紧围绕《纲要》中艺术领域的目标制订、内容与要求开展。

依据《纲要》上的目标：① 手工教学活动能够帮助幼儿初步感受并喜爱生活与艺术中的美。② 手工教学活动能帮助幼儿喜爱参加此类活动，并让幼儿大胆表现自己的情感和体验。③ 手工教学活动能让幼儿用自己的方式进行手工创作活动。

依据《纲要》上的内容和要求：① 手工教学活动能引导幼儿接触周围环境和生活之中的美好的人事物。② 丰富幼儿的感性经验与审美情感，激发他们表现美、创造美的情趣。③ 手工教学活动能让每个幼儿都得到美的熏陶与培养，最大限度地激发幼儿的艺术潜能。

2．手工教学与美术教育的关系及作用

美术教育是艺术领域的一部分，而手工则是幼儿园美术教育中不可缺少的一部分。幼儿园美术教育的主要内容包括三个方面：绘画、手工与美术欣赏。手工教学作为幼儿园美术教育中三大部分组成之一，在学前教育中发挥了不可替代的作用。这三个活动既相对各自独立，又有着自身的特点，且常常会在一个教学活动中同时进行，这是幼儿美术学习与体验的三个重要的活动形式。

在这三大内容里面，绘画活动与手工活动的重点与作用是培养幼儿的创造力与想象力，而且幼儿的手工教学活动与绘画活动对于教师给幼儿的指导而言也有许多相同的地方，两者都要尊重幼儿的能力发展，又要提供幼儿思想与创造力的表达机会，还要给予幼儿适合的表达方法与技巧。而美术欣赏能力其实是在美术教育的三大主要内容里面都有体现。所以，幼儿的一个手工教学活动的完美完成也要依靠绘画能力与美术的欣赏能力。此外，幼儿的手工活动又有着自身的特色，对于整个教学活动而言，手工教学活动更加侧重于对活动所需材料的使用、对于制作作品时所用的方法与程序的学习，幼儿的手工教学活动要追求更为完整的作品形式。

例如，在这次见习时期观摩的中班《手摆鱼》的手工教学活动中，教师的主要目标是让幼儿进行手摆鱼的制作。在实际的教学活动过程中，首先，教师要先引导幼儿想象并画出手摆鱼的外形结构，此处运用到了绘画内容。接着教师要让幼儿使用剪刀剪出手摆鱼的轮廓，此处运用到了手工内容。然后教师请幼儿按照自己的想象去为自己的手摆鱼进行装饰，此处便是美术欣赏能力与手工能力的共同作用。

这三个内容紧密联系不可分割，但同时又发挥着各自的特色与作用。手工教学对于幼儿的美术教育活动而言更是有着重要的地位。

3．手工教学与区域环境的关系及作用

在幼儿园中，手工作品常常与园内环境布置与班级环境密不可分。在幼儿园中，我们不难看出手工作品在整体环境中的作用。如在我们这次实习所在的幼儿园中不难看出，幼儿园整体环境布置常常依靠教师的手工作品，但教室环境的布置除了依靠教师的手工作品以外，还有很多幼儿作品的投放。如班级主题墙面的布置、班级区域的布置。在班级各个区域活动都离不开玩教具的投放，而这些玩教具大多都为手工制品。

如在极具代表性的美工区区域环境创设中，有各种泥工、纸工、废旧物品制作等，均离不开手工制作。我们可以在美工区投放各种材料（花纸、剪刀、胶水、彩笔、废旧纸壳、豆子等），让幼儿通过粘贴、剪画、拼凑等技巧制作手工作品。

而在这次的实习活动中，我们共参与了三面主题墙的创设活动，都使用了幼儿的手工作品，如秋天主题《硕果累累》中，我们用了幼儿的手工制品（农夫的果园）作为装饰，“农夫的果园”是幼儿利用揉、捏、按、压、粘等方式把彩色纸条做成各种蔬果粘贴在既定框架上而完成作品。在主题《圣诞之夜》中，我们用了幼儿的手工涂色作品（圣诞老人小挂件）。在主题《相亲相爱一家人》中，我们使用了幼儿的手工作品（与家人自制的相框与照片），这幅作品是幼儿利用彩带环绕卡片制成相框，在相框的中间贴上幼儿与家人的合照。此外，我们创设了一个幼儿成果展示区，把幼儿的作品加以展示。一方面可以发展幼儿的手眼协调能力及手指手腕的精细动作发展能力，另一方面把幼儿的手工作品投放于班级环境中，也可以让幼儿享受到成功的喜悦，继而增加幼儿的体验制作兴趣，激发幼儿的动手兴趣，从而丰富与发展他们的想象力与创造力。

让幼儿的手工作品与环境息息相关，无疑，这才是幼儿与环境的最大互动。

4．手工制作材料与社会环境的关系及作用

在进行手工制作活动过程中，我们需要很多材料以支撑整个活动。这些材料的来源是多途径的，例如，在这次的实习学校，我们在学校的资源室里发现了很多废旧物品，可作为手工制品的原材料，如废旧手提袋、空的饮料瓶、矿泉水瓶、鞋盒等。而在园内走廊上我们也发现了很多用废旧材料做成的手工作品，如我们看到了一幅画，场景是小鱼在水里游泳。在这幅画中相框用的是鞋盒盖，小鱼的气泡用的是矿泉水瓶盖。虽然用的材料是废旧的，但是作品依旧很完美。

在进行手工制作时，我们可以尽量采用废旧材料，这样不仅可以节约制作成本，减少园内财政支出，也可以提高材料的利用率，为保护环境做出自己的一份贡献。这样，不仅可以美化环境，又可以缓解废旧物品给社会环境带来的负面压力。

废旧材料来源于生活，利用废旧物品进行手工制作，更加有助于幼儿在生活中寻找制作的源头与灵感。在此过程中更加让幼儿懂得保护环境的重要性，树立热爱环境、保护环境的意识与责任，做一个文明的小朋友。

5．手工作品与家长及幼儿的关系及作用

上面我们曾提到过手工作品常常被用来装饰园内环境与班级环境，当对一个学校进行评估的时候，手工作品也常常发挥着不可替代的作用。幼儿的手工作品不仅可以显示一个学校的教学水平，也可以直接影响此园在家长心中的地位。幼儿园对幼儿进行手工教育的途径主要分为专门的手工教学活动和渗透的教学活动，专门的手工教学活动在幼儿学龄前的整个教育活动中占据主要的地位。专门的手工教学活动是指教师有目的、有计划地安排幼儿在特定的时间与场合组织幼儿进行手工教学活动。这个过程往往教师占主导地位，幼儿作为活动主体紧紧依靠教师制定的教学准备、教学设计、教学组织和活动指导而开展。在幼儿进行手工创作时往往就是验证教师教学水平乃至幼儿园教学水平的时刻。这不仅是对于老师且对于幼儿园而言，都是重要的。因为这也是家长依靠幼儿作品判断教学成功的关键性时刻。

幼儿是学前教育的教学主体对象。国家开设学前教育也是要更好地为幼儿服务，所以幼儿是一切活动的重点。苏联教育家苏霍姆林斯基曾经说过："手是思想的镜子，是智力与才能的刺激物，是意识的伟大培养者，是指挥的创造者。"可见，手工对于幼儿成长的巨大意义是不可替代的。手工教学活动是幼儿在自我发展过程中表达与表现的一种方式，在这个教学活动中，幼儿会根据自己对生活的感知与体会，用自己特有的方式、用艺术的形式表现出来。这个过程是幼儿自己根据固有经验想象的结果，在整个活动的过程中，这个过程是重要且不可缺少的。若是幼儿对作品没有加以自己的想象，整个手工教学活动就会黯然失色很多，教学活动也会丧失原有的意义。

艺术作品讲究美与和谐，幼儿对美的感觉是幼儿对视觉艺术领悟与认识的开端。幼儿的审美经验在他选择性地使用颜料与挑选色彩的时候就已经开始。我们会发现幼儿通常偏爱色彩鲜艳的物品，这个时候其实他们已经在进行审美的选择。而在手工制作活动中，幼儿挑选材料的质地、形状、色彩的时候就是在进行审美的选择。

幼儿在对手工材料进行操作的时候便是开始利用自己的想象对物体开始"造型"。这个过程对幼儿来说，刚开始可能只被认为是一个好玩的游戏，手工材料对幼儿来说也只是一个玩具而已，与其他的玩具并没有什么不同。但是慢慢地，幼儿会从对原材料的玩耍阶段过渡到直觉创作阶段，继而发展为依靠自己的想象对物品加以创造。接着，幼儿开始慢慢地关注作品的内容。这个过程不仅是幼儿的感受力、创作力、表现力和理解力的发展阶段，也是幼儿借助手工语言来表达他们对于周围环境的认识与情感思想表达的过程。幼儿进行手工活动的过程其实是幼儿在与外界交流互动的过程。在这个过程中幼儿也享受着这个过程所带给他们经验的积累和发自内心的满足与欢愉。利用这个过程，幼儿开始有自己的审美意识并慢慢形成自己的审美判断标准。

不只如此，手工教学活动还能够帮助幼儿多走进大自然，走向户外，去从最美好的大自然中寻找制作的灵感与源头。且手工教学活动还能够帮助幼儿增加文化知识，如在此次实习中，笔者在设计大班的手工制作活动《圣诞老人》时，先以故事的方式导入，给幼儿讲述了圣诞节的时间、起源以及圣诞老人的传说等。剪纸活动还有助于幼儿学习中国传统艺术，幼儿可以知道剪纸是中国传统民间艺术之一。在手工制作《我会做月饼》活动中，幼儿可以知道中秋节是农历八月十五，且月饼是中秋节特有的标志，由此便可以增加他们对传统节日以及风俗习惯的了解。不知不觉间不仅可以提高幼儿动手能力，还能增加他们的经验见识，丰富他们的知识水平。

笔者从以上五个大的方面分别阐述了手工教学活动与各因素之间的关系，但事实上，他们之间的联系不可分割、彼此支撑、互为前提。

三、手工教学可能出现的问题与解决策略

首先，在幼儿创作手工作品的过程中我们需要注意的是，幼儿园中任何区域的布置都是以促进幼儿的自主性发展为前提的，评价环境创设是否优秀的标准也并不是我们成人眼中的“漂亮”与“不漂亮”。评价区域环境应该以这个环境是否可以与幼儿进行有效的互动为主要前提，以幼儿在这个区域中能否自主操作并加以思考创作为主要的依据。所以，若是让幼儿的手工作品与环境息息相关，无疑，这才是幼儿与环境的最大互动。对于幼儿手工作品中有的“漂亮”和有的“不漂亮”，那作为未来教师的我们应该如何看待并处理此问题呢？首先，我们应该明白的是，幼儿在手工发展的各个阶段表现不同，在这个发展过程中幼儿从最初的单纯玩耍阶段到可以利用材料去完成自己的想法与创意。在这个漫长的过程中幼儿不断学习与模仿，不断发现问题解决问题，不断思考并根据自己的想法加以创作。在幼儿进行手工发展的这个过程中作为未来的教师我们应该从幼儿的作品里面看到的是，幼儿丰富的想象力与创造力；幼儿的操作能力与表现力；幼儿表现出来的兴趣与探究欲；幼儿的童真心与童趣；幼儿在这个阶段敢于表现自己的自信心；幼儿在创作过程中的认真与勤奋等，所以对于幼儿的手工作品中出现的“漂亮”与“不漂亮”，或是“像”与“不像”。我们应该对幼儿的要求是“基本像”即可，重在这个手工活动过程的意义，而不在于物体的形态特征。

在前面我们探讨了很多手工教学与各个因素之间的关系，但我们的一切重点都是为了如何促进手工教学的发展，根本出发点是如何更好地促进幼儿的全面发展，进而推动整个学前教育的发展。那么我们应该采取怎样的措施呢？

（1）对社会而言，社会应该给予幼儿足够的理解与支持，并坚信学前教育对幼儿整个人生所起的重大作用。鼓励手工教学活动，给幼儿提供更多的手工教学活动所需的扶持与帮助。

（2）从幼儿园方面来说，应该做到更好地为幼儿服务，为幼儿创设良好的手工学习环境，从园区环境布置上也要更加贴近幼儿，在关于手工教学大致方针政策制定上也要符合各个年龄阶段幼儿的特征，对教师的要求与培训工作也要做好。

（3）作为家长，我们应该理解与信任幼儿园，正确理解学前教育对幼儿整个人生的影响，包括性格和行为习惯等。并在幼儿进行手工活动时给予帮助与鼓励，及时发现他们的进步并加以肯定，支持他们的兴趣与爱好等。

（4）作为教师，我们更应该提高自己的综合素质与专业技能，学会从幼儿的手工作品评价中分析幼儿的能力发展水平、个性品质，发现幼儿的兴趣爱好和内心的需求。深入了解幼儿之后，教师才能更好地给予幼儿针对性的指导，才能更好地促进幼儿手工能力的发展。教师可以采用上面我们提到的教学方法进行手工教学活动，但不管教师选择采用哪种方法都离不开教师对教学内容、教学目标和幼儿手工能力发展水平的把握，以及对教学活动过程的设想与活动的预测等。因此，教师要根据实际情况灵活并综合地运用各种教学方法。

（5）① 在教学工具上，我们除了可以用传统的教师口述方式以外，还要充分利用声、电、光等多媒体的使用。现在大多数幼儿园都配有现代化多媒体设备，教师可充分利用这一点进行教学活动。② 在教学手段上，应该给幼儿设置情景教学法，情景的导入可以帮助幼儿尽快投入教学活动状态；在导入的方式上我们可以使用服饰、头饰、背景音乐、故事等。③ 在教学方法上可以采用语言传递法、观察法、演示法、动作模仿法、探究法、情景法、联想法等。可以在一个教学活动中采用多个方法以更好地达到教学效果。

其次，幼儿的安全是重中之重。在教师进行手工教学活动过程中，不可避免，我们会用到剪刀、颜料、胶带、白乳胶等工具，这个时候教师更应该关注幼儿的安全。在进行活动材料的选择上一定要适应本班幼儿的年龄，要以幼儿为主。在剪刀的选择上应选用幼儿安全剪刀，更要时时提醒幼儿不拿剪刀对向自己或是他人；在使用颜料过程中要提前准备好纸巾与手帕，尽量避免颜料沾染到幼儿自身或是他人衣物；在胶带或白乳胶的选择与使用上要根据教师制定的活动过程而定，材料投放量要适中以最大限度地减少浪费。

最后，在活动过程中，我们可能会发现有的幼儿不能做到全身心投入，那么作为教师的我们更要懂得反思自身并加以改善。作为教师要给幼儿创造一个良好的环境，制定的活动要更加具有趣味性，使幼儿更加积极主动地投入活动中，让幼儿更加主动地发挥想象力与创造力来完成作品，对于幼儿来说，自己创造出来一幅好的作品，可以增加心中的自豪感，激发想象力、创造力、观察力，进而提高幼儿的综合能力。对于教师来说，得到了家长的认可，才能激起教师心中的幸福感，让教师在以后的工作中更加努力并积极主动地寻找教学方法，完善教学策略。对于幼儿园来说，只有教学成果得到了家长的认可，才能巩固幼儿园在家长心目中的地位。也只有得到了家长的认可与支持，才能让幼儿园在竞争中立于不败之地，也有助于增加家长对学前教育作用的认可，继而有效促进国家学前教育的永续发展。

四、总　结

手工教学活动在学前教育中发挥着重要的作用，对幼儿的综合水平发展也起着不可替代的作用。为了幼儿美术活动的更好发展，我们应该结合社会、家庭、幼儿园三个方面的环境，采用正确且积极的态度对待教学活动中可能出现的问题，以更好促进幼儿手工发展，进而实现手工教学在学前教育中的有效作用。

参考文献

[1] 唐燕. 幼儿园教育活动设计与实施[M]. 上海：华东师范大学出版社，2013.

[2] 中华人民共和国教育部. 幼儿园教育指导纲要（试行）[M]. 北京：北京师范大学出版社，2001.

[3] 中华人民共和国教育部. 3—6 岁儿童学习与发展指南[M]. 北京：首都师范大学出版社，2012.

[4] 夏力. 学前儿童科学教育活动指导[M]. 上海：复旦大学出版社，2005.
[5] 李军. 学前儿童健康教育[M]. 北京：科学出版社，2010.
[6] 张琳. 幼儿园教育活动设计与实践[M]. 北京：高等教育出版社，2010.
[7] 张俊. 幼儿园科学教育[M]. 北京：人民教育出版社，2004.
[8] 黄瑾. 幼儿园教育活动设计与指导[M]. 上海：华东师范大学出版社，2007.
[9] 张明红. 学前儿童语言教育[M]. 上海：华东师范大学出版社，2010.

奥尔夫音乐教学法在学前儿童音乐教学中的应用

陈　曦

摘　要：近些年，随着国家对学前教育进行的一系列改革，社会各界对幼儿教育的重视程度越来越高，各种生动有效的教学方法正被教育界逐步接受，并应用于教学之中。而奥尔夫音乐教学法以其独特的影响力，开创了当下幼儿园音乐教育的新理念和新方法，在学前儿童音乐教学中也起着十分重要的作用。本文对奥尔夫的音乐教学法进行了简要介绍，并分析了奥尔夫音乐教学法在学前儿童音乐教育中的应用。

关键词：奥尔夫音乐教学法；学前儿童；音乐教学；应用

奥尔夫音乐教学法是德国作曲家、音乐教育家卡尔·奥尔夫（Carl Orff，1895—1982）创立的音乐教育体系和教育法。它赋予了学前儿童音乐教育崭新的、反古典的教育观念和方法，已经对许多国家和地区的学前儿童音乐教育产生了深刻的影响。其所倡导的音乐理念是从音乐产生的本源和本质出发，即“诉诸感性，回归人本”，他认为音乐是“接近土壤的、自然的、肌体的、能为每个人学会和体验的，适合于儿童的”。[1]

学前儿童的音乐教育是在幼儿参与音乐实践活动中进行的，其内容是实现幼儿音乐教育目标的重要中间环节。它是启迪音乐思维的萌芽点，因此如何将教学法和教育内容相融合，促进幼儿们身心发展和音乐的全面结合，进而达到提高他们自身的音乐素养的良好教育效果，是我们需要探讨的一大重点。

一、奥尔夫音乐教学法

奥尔夫认为，表达本身的思想和情感，是人类最基本的、最原始的本能欲望，并渴望通过语言、歌唱、舞蹈等方式自然地流露出想表达的情感，这是人原本拥有的一种能力。而对人进行音乐教育的首要任务，就是不断地发掘和展现这种本能的表现力，让人更加顺畅和自然地展示出这样的能力，而表现得好坏则不是最终的目的[2]。

对此，奥尔夫的教学理念要求学前儿童“动”起来，“综合式、即兴式”学习音乐。他还指出，学前儿童在学习中必须学会用自己的身体去感受音乐。并在此基础上充分利用这一特点进行声势教学。利用“引导创作法”，充分展现探索、模仿和即兴创造这几个环节的作用。作为一名幼儿教师，我们几乎都有过这样的体验，学前儿童在课堂上一“动”起来，气氛就活跃多了，并且对知识的接受也比平时要快。儿童在教师的引导下跟随着音乐节奏而“动”，此时的他们体验到学习的快乐，并且在无意识的情况下接受一系列音乐能力的训练。这种愉快的能力培养方式，是长时间在音乐教育领域进行探索而得出的，是对中国传统音乐教育方式有益的幼儿音乐教育。

（一）奥尔夫音乐教育体系

首先，它是一个崭新的教育体系，其关键思想是元素性。原本的音乐在教育行为上是将语言、动作、声势等融为一体，注重人对音乐最基本的感受和体验，并以个体的自身发展特点为出发点。在教师引导下，幼儿自发进行探索，发现自身的优缺点，在这个过程中培养幼儿的创新能力和自信心，同时与其他幼儿在相互的交往游戏活动时所展现出的合作精神、反应能力，在这个不断学习的过程中促进学前儿童人格的全面发展。因此，它所致力的音乐是将各种异彩纷呈的艺术形式完美有机地融合，以达到促进全面发展的教育目的。在音乐教学实施过程中，要把种种活动进行有效的结合，将音乐教育与生活相联系，并与其教育目标紧密联系。

（二）奥尔夫音乐教学法的特点

奥尔夫音乐教学法这种通过把音乐与舞蹈、动作和语言等一系列要素结合在一起的综合性艺术教学模式是它最主要的教学特色，具有以下特点[3]：

1．元素性

所谓“元素性音乐教育”就是从原始的、初级的音乐入手，让每个幼儿都可以参与并加以再创造。

2．从儿童出发

关注孩子的心理世界的想法和其本身的意愿是该教学法最为显著的特点。这样的教育状态下，儿童不会产生对音乐的排斥感，将音乐学习视作负担，这样则能更加全身心地投入音乐的海洋之中，快乐地学知识、无压力地成长。

3．参与性

在形式多样的音乐教学活动中，学龄前幼儿需要自行体验，用心去领悟其中的各种乐趣。孩子是教育的主体，音乐同样是必不可少的条件。

4．即创性

奥尔夫认为，即兴的方式是一种有感而发的表达形式，是展现心灵深处对音乐看法的最直观的方式。

5．本土化

即要求我们重视其内在的多元性，音乐教育要从自己国家的各个民族独具特色的音乐文化出发，以个体所在地域的特色歌曲、幼儿歌谣为来源，并在此基础上对其他种类的音乐进行参考、借鉴，将不同特色的音乐文化融入一体，表现为追求原本的、多样性的以及各具特色的教育模式。

（三）奥尔夫音乐教学法的课程内容

奥尔夫受当时一系列新思潮的影响，萌发了一种别具一格的音乐教育思想，其主要内容则包括以下几方面：

1．嗓音造型

包括歌唱活动和节奏朗诵活动。

2．动作造型

包括律动舞蹈以及声势训练等。

3．声音造型

包括奥尔夫乐器在内的乐器演奏活动。

二、奥尔夫音乐教学法在学前儿童音乐教学中的应用

（一）在音乐节奏教学中的应用

音乐中的节奏是指在音乐运动中声音的长短。更深地说，它来源于自然和有生命的物体运动的节奏。而在幼儿的音乐教育教学活动中，发掘和实施形式多样的节奏教学是十分必要的，只有通过实施适当的教学活动，儿童才能逐步发展对音乐的感知能力，自发地跟随音乐表现自己，才能更好地为日后的音乐学习打下良好的基础。奥尔夫的活动则是以节奏为基础，遵循节奏第一的原则，伴随着个体自身的动作以及唱、奏、动等要素于一体，既能唤起学前儿童对音乐学习的激情，又能调动他们对音乐的喜爱之情。如何更好地将此法应用于节奏的教育教学中，是诸多幼儿教育工作者和研究者所迫切关注的问题。在幼儿园音乐节奏教学中，我们可以从以下几个要点入手：

1．通过听对幼儿进行节奏训练

让幼儿用耳朵去聆听日常生活中的声音，如细雨敲打石头的声音，燕子嗷嗷待哺时的叫声、风吹动柳树的声音之类，从而使节奏的学习变得生动有趣又贴近生活，有据可循。例如钟表摆动中的“嘀嗒、嘀嗒”声可以代表八分音符节奏；水龙头滴水时的“滴、滴”声能代表四分音符节奏。在聆听这些日常生活中的声音的过程中让幼儿对声音进行一些模仿，待其熟悉之后，教师再引导幼儿跟着声音一边做击掌动作一边走动，从而让他们去体验不一样的节奏所产生的不同体验。同时幼儿教师也要注重节奏训练的多样化，避免节奏训练过于单一，让幼儿产生倦怠感。在教学中，教师可以从幼儿们喜欢的小动物着手，将不同的叫声收录起来，在播放时，让幼儿去猜测是何种动物并引导他们自发的学习，然后对照声音进行走路姿态的模仿，同时发出有节奏的声响，通过动耳朵、动脑、动手、动脚的方式让幼儿既学到有关的音乐知识，又愉悦身心。这样的方法适用于所有的年龄班，教师只需要根据自己本班幼儿的实际发展情况做出相应的调整即可。

2．通过语言的方式进行节奏学习

教师可以选取一些节律动强度比较显著的歌谣来训练和发展幼儿的节奏感，先从初级的简易节奏型开始，慢慢地向有难度的童谣过渡。例如：平时在进行儿歌的学习过程中，教师可以

先引导学龄前儿童有意识地熟悉歌词内容，有节奏地引导幼儿对教师的朗诵进行模仿，通过语调的抑扬顿挫变化，让幼儿认识音乐中蕴含的节奏，在幼儿有一定熟悉程度的基础上，融入拍手，跟着教师的节奏，边拍手边朗诵，最后在幼儿已经能够熟练朗诵的基础上教幼儿进行歌唱，同样地融入拍手或者跺脚的方式。也可以从幼儿自身发展出发，让幼儿自行领悟节奏，展现自我，教师在一旁进行一些引导，给孩子们最大的表现空间。例如儿歌《小白兔》的节奏教学：

儿歌《小白兔》的节奏曲谱

♫ ♩| ♫ ♩| ♫ ♫| ♫ ♩|
小白 兔， 白又 白， 两只 耳朵 竖起 来。

♫ ♫| ♫ ♩| ♫ ♫| ♫ ♩||
爱吃 萝卜， 爱吃 菜， 蹦蹦 跳跳 真可 爱。

这是一首节奏十分鲜明的童谣，由八分音符和四分音符组成，教师可以先用听说法教幼儿说《小白兔》歌谣，在教的同时边用手拍节拍|♩ ♩|，等到幼儿基本会将儿歌连起来说的时候带领幼儿围成一个圈，同时引导幼儿的脚步也随着节奏走动，最后将拍手改为念儿歌节奏或者按照幼儿喜欢的方式来进行表演，让每个孩子都在熟悉歌谣的基础上了解节奏并掌握方法。这样的训练方式适合用于中大班的幼儿。

3．通过身体的动作进行节奏学习

儿童在学习儿歌时，可以通过自己身体有规律的动作，例如“拍手、拍腿、跺脚、摇头”等方式来表达自己对音乐的理解，或者自己来为音乐伴奏，下面就以儿歌《幸福拍手歌》为例：

幸福拍手歌

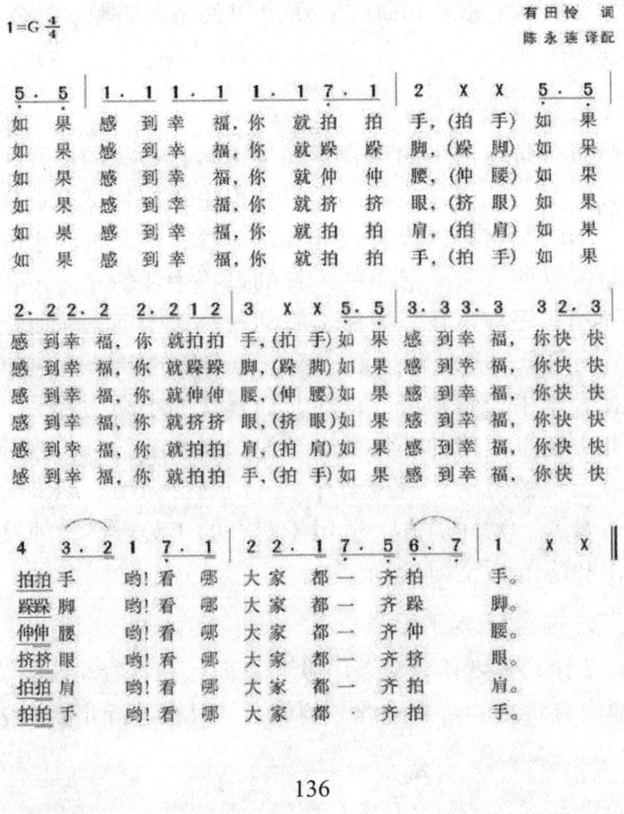

教师可以先给幼儿播放儿歌，由于此歌曲节奏感十分强，许多幼儿听完一遍以后就能跟着歌曲节奏一起进行拍手或者跺脚的动作，这时教师可以根据大部分幼儿的表现来调整上课的内容和进度，例如，可以让幼儿自行进行分组表演，或者找到自己要好的小伙伴一起进行表演，并且变换动作。在这个过程中教师根据幼儿的自身表现来进行点拨和引导，使他们能自主地律动起来，用律动来表达自己的独特见解，在轻松愉快的氛围里学习，唤起学习的兴趣。

4．幼儿自发的跟随音乐进行节奏学习

这一要点的提出建立在对奥尔夫音乐教学法内涵的理解之上，幼儿教师最大限度地尊重幼儿的内心想法和感受，尽量减少干预行为，让幼儿能跟随音乐自主地摆动起来。日常生活中可以看到，许多婴幼儿在一岁以后，在不经意间听到一些节奏律动感强的音乐时，便会跟着音乐一起动起来或者摇头跺脚等，种种行为无不向我们告知，幼儿对音乐的节奏是有其特殊的感受能力的。而作为一名幼儿教育工作者，我们要善于发现幼儿身上不同的闪光点和对音乐的领悟能力，在此基础上展开音乐教育活动。区别于以上的活动，儿童自发地进行节奏体验学习需要的是教师给其营造一个轻松安全的学习音乐的氛围，以一个故事背景为基础，也可以是根据儿童话剧的改版，也可以投其所好引用幼儿喜欢的卡通片、动画片等，让幼儿乐于表达和表现自己。然后在适当必要的时候进行一个引导和总结，活动的过程中，将最大的自由权交给幼儿。例如，可以在班上举办一个小舞会，小朋友们可以邀请跟自己关系好的小伙伴一起跳舞，也可以邀请老师当他们的小伙伴；也可以组织幼儿对动画片中的人物进行模仿表演，教师作为组织者参与其中，听从幼儿的一些指导和建议，融入幼儿的世界，从而使幼儿减少对教师的敬畏感，以便更好地在活动中放开自己，开心地进行学习和互动。这样的教学方式，更加尊重幼儿的主体地位，教师减少了干预，一方面能够让幼儿更加主动轻松地游戏学习，另一方面教师也能在这个过程中更好地对幼儿进行观察。但这并不是说彻底地将局面交给幼儿掌控，教师依旧要时刻注意着幼儿的举动，既要让幼儿感到安心舒适，又要保证幼儿活动过程中的安全问题，两者兼顾。

（二）在歌唱教学中的应用

歌唱教学也有着不能忽视的地位，同时它也是教师在幼儿园开展音乐活动的主要手段。要想使学前儿童的音乐教学活动取得一定的效果，就必须对歌唱教学进行强化。教师应根据幼儿的年龄发展趋势，在充分考虑幼儿自身条件限制的基础上来对他们进行合理的引导，从而让幼儿学会用正确的方式进行歌唱。在这里以音乐的四要素音高、音量、音色、音值为切入点，这些要素在教育教学中都是必不可少的。在奥尔夫音乐教育体系中，十分重视通过游戏的方式进行嗓音、呼吸训练等方法来对幼儿进行歌唱训练，并从儿童的心理发展特点出发而选择的从 So，Mi 入手，以及用五声音阶为孩子们创作歌曲，这些都是我们幼儿教育工作者可以借鉴和适用于教学之中的。在这里就以儿歌《大鹿》的歌唱教学为例：

大鹿

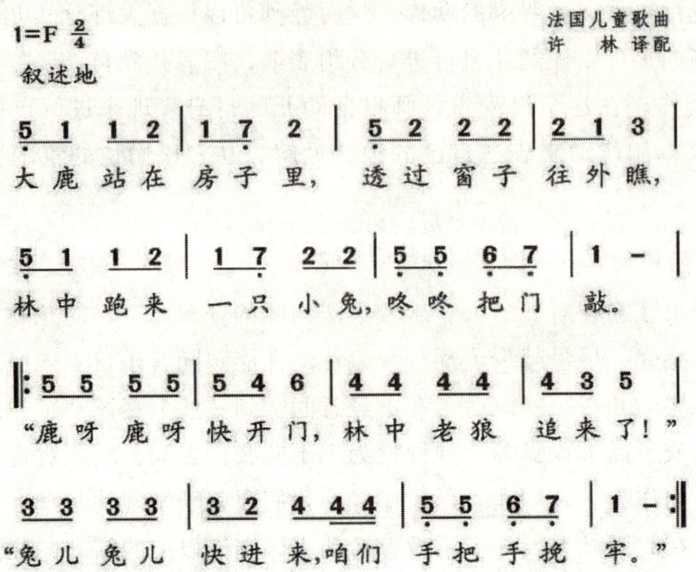

儿歌的教学目标：能用基本准确的节奏和音调唱歌。能用律动或者简单的舞蹈动作来表现自己的情绪或者故事的内容。[4]

《大鹿》这首儿歌是一首两段体结构的歌曲，前后的音高不同，故事性较强，整首歌也具有一定的情节性和表演性，总共出现的角色有三个：大鹿、猎人、小兔。因而教师在教唱歌曲时，可以通过讲述故事的形式让幼儿进行角色扮演。按照幼儿的不同嗓音，将全班分为三个小组，一部分扮作猎人，一部分扮作大鹿，还有一部分则是小兔，教师则可以充当旁白。大家共同表演一个主题，先由教师范唱《大鹿》或者播放音频文件，询问幼儿歌曲的内容，通过此方式叙述故事，带领幼儿熟悉故事内容。接着教师就可以让幼儿分组进行角色的扮演，从故事中去感受大鹿、小兔和猎人的不同心情，为歌唱时的情绪情感打下基础。然后教师用听唱法直接教唱歌曲，幼儿熟悉了歌曲的旋律以后，按照之前的分组，开始进行分组演唱，开始的部分由扮演大鹿的孩子演唱，后面旋律急促的部分则由扮演小兔的幼儿演唱，中间的情节部分则可以让扮演猎人的小组来呈现，在表演结束以后，教师可以引导他们分组交换表演，带着自身的情感体验，循序渐进地引导幼儿进行嗓音的训练，为日后的教学活动打下更好的基础。

（三）在乐器教学中的应用

乐器方面的教学同样也是一大重点。以我国的古典乐器古筝为例，它是我国古老的弹奏乐器之一，源远流长，深受民众追捧。近年来，越来越多的人开始醉心于古筝学习，掀起了古筝学习的热潮。但是一些经验不足的古筝教师依旧采用传统的“师傅怎么教，徒弟怎么学”的死板教学方法，课堂枯燥无味，根本无法引起低龄儿童的学习兴趣，因而现今许多古筝教师开始将古筝教学与奥尔夫音乐教学法相结合，利用奥尔夫音乐教学法的教学特点，比如其即创性和开放性，给传统的古筝教学带来了新鲜的思想和活力。

奥尔夫音乐教学法在古筝教学中的应用可以从以下几个方面得以展现：

1．在对教师行为的模仿上

初学的儿童在学习的过程中难免有许多困惑的地方，然而由于个体因素的限制，无法完成对音乐的改造，此阶段最好的办法是根据教师的教授，对教师的演奏动作节奏等进行模仿。例如，在教一首全新的乐曲时，教师会事先整体弹一遍，让学生对乐曲的旋律有初步的了解，而后再引导学生识谱，在识谱基础上进行唱谱，同时将声势动作加入其中，先由教师做示范，进而带领学生展开练习。例如，在有四分音符和八分音符的乐谱之中，可以设计拍手和跺脚的声势动作，四分音符做跺脚动作，八分音符做拍手动作。在一对一的古筝教学中，学生在弹奏中遇到困难时，教师一般会带领学生慢速地弹奏一遍，讲述弹奏过程中的难点，在学生依旧无法领悟的时候，教师手把手进行教学，而此时，学生便会对教师的动作节奏等进行模仿，以达到弹奏的效果。在集体课教学中，则可分成小组进行动作练习，让学生之间进行互动、相互探讨，增加课堂的趣味性。

2．音乐的即兴创编和表演上

例如初级古筝曲《在北京的金山上》，歌曲表达的是西藏人民创造新生活的情景和对毛主席、对党的敬爱之情。由于是初级，因而指法十分简单，基本上都是由抹、托和大撮组成。全曲的段落划分和节奏基本上没有什么大变化，因而学生可以根据自己对乐曲的不同理解，相应地加入自己擅长的指法，融入自身的情感，加入一些自己喜欢并善于运用的指法如：利用刮奏表示潺潺流水，用和弦表现鼓声、用扣摇指来表现风声等从而实现对乐曲的创编。并可以尝试和其他的同学交流学习心得，对自己创编的乐曲进行演奏，在此基础上加深自己对古筝学习的理解与热爱，以此来激励自己。

奥尔夫的原本性音乐教育观念最核心的要点之一就是即兴性，即即兴创作。奥尔夫说："我追求的都是通过要学生自己奏乐即通过即兴演奏并设计自己的音乐，以达到学生的主动性。"[5]在古筝教学中，教师可以通过即兴创作的练习，来培养学生做指挥和养成学生看指挥的演奏习惯。幼儿的古筝教学活动，更多的是将教学与游戏融合，而非受迫于家长和教师的威严，将其视作一项任务去完成。在进行团体上课时，教师可以先让琴童自发地在古筝上敲击拨弄，让他们自己去发现不同的声音，去探索古筝不同的部位发出的声音也有差异，从而产生想要了解的欲望。教师可以用提问的方式，引导儿童在古筝上拨弄出他们想要的声音，在儿童无法制造出自己想要表现的声音时，教师可以为其做出必要的展示，从而提高儿童的学习兴趣。例如：如何去表现刮大风时的声音、小溪流水的声音，打鼓敲响的声音等等，让儿童自发地去创造节奏，甚至教师可以引导儿童用古筝弹奏音乐来进行相互间的交流，让他们愿意主动地去发现音乐的魅力，在游戏中激发他们主动探索的欲望。对于儿童来讲，反复进行相同的一件事会使他们很快丧失兴趣，因而在古筝的教学中，教师必须根据儿童不同年龄段的特点有针对性地进行授课，让琴童们能够在学习中自主地发现更多的即兴创作方法，提高他们的积极性和主动性。

奥尔夫音乐教学法是适用于学前教育的教学之中的，它具有很强的灵活性和包容性，以及强大的实用性。[6]它从儿童的角度出发，更多地关注儿童的想法，减少了他们对音乐学习的倦怠感，让孩子们在音乐教学活动中能够充分地展示自己，增强对音乐的领悟力。在即兴的学习过程中探索并体验乐趣，在轻松愉悦的游戏氛围中学到知识。教师在进行教学的过程中应当将促进幼儿的身心发展放在首位，真正做到从儿童出发，致力于发展我国的学前教育事业，为我国教育事业的发展献出自己的微薄之力。

参考文献

[1] 郭亦勤. 学前儿童艺术教育活动指导[M]. 2版. 上海：复旦大学出版社，2014.
[2] 金波. 浅谈三大国际音乐教育体系中国化[J]. 美与时代（下），2010（12）：93-95.
[3] 白艳. 奥尔夫音乐教学法在学前教育专业音乐教学中的应用[J]. 教育与职业，2012（32）：158-159.
[4] 中华人民共和国教育部. 3—6岁儿童学习与发展指南[M]. 北京：北京师范大学出版社，2012.
[5] 李旦娜，修海林，尹爱青. 奥尔夫音乐教育思想与实践[M]. 上海：上海教育出版社，2002.
[6] 张帆. 放飞思想让音乐更灵动——论奥尔夫音乐教学法在学前音乐教育中的运用[J]. 中国校外教育，2015（8）：166-166.

专题四

幼儿园课程与活动

民族民间游戏资源在幼儿园中的运用与研究

何孝利

摘　要：传统民间游戏作为民族文化遗产，对儿童早期发展和幼儿园教学活动都具有重要意义。这项研究通过民间游戏的界定、传统民间游戏的教育价值等，进行访谈、 观察和分析，探讨游戏在幼儿园运用中存在的问题，进行个案探索，找到一个解决的办法，使得民间游戏更好地融入幼儿园的活动中，促进儿童智力、情绪、能力的发展。

关键词：民间游戏；开发；运用

一、民族民间游戏的概念及分类

（一）民族民间游戏的概念

民间游戏是由广大的劳动人民根据生活中经历的人和物自己创编的，通过自己的口述，传授给下一代，并获得儿童的喜爱。它有着浓厚的地方特点和民族气息。贵州是一个少数民族聚居地，以苗族、布依族为主。民族民间游戏也因此具有苗族、布依族的特点，游戏的玩具材料简单、廉价，在生活中方便寻找；游戏的玩具具有娱乐性、趣味性和随意性；游戏的玩法简单、易懂、易学。有助于促进幼儿的身心全面发展，提高幼儿的德智体美全面发展。自古以来人们对民间游戏也有不同的定义。乌丙安先生对民间游戏内涵的观点为："民间游戏是指流传于广大人民生活中的嬉戏娱乐活动，俗称玩耍。"游戏是游艺民俗中最常见、最普通、最有趣的娱乐活动，"它主要流行于少年儿童中间和节日里成年人娱乐节目之中"。

（二）民族民间游戏的分类

1．语言类游戏

通过口头语言的表述和传授，采用结构简单、语言易懂的词语，结合幼儿的年龄特点而创编的游戏，目的是促进幼儿语言表达能力的发展。

2．益智类游戏

它指的是通过借助外在的物质材料，运用幼儿的手和脑两者并用，进行思维训练，促进幼儿智力的发展。

3．运动类游戏

它指的是通过跑、跳、走、爬、钻、踢等粗大动作为主要的游戏方式，让幼儿在运动中体验游戏的快乐，促进幼儿身心健康的发展。如布依族的抬轿子游戏。

4．表演类游戏

收集生活中有趣的人和事，利用生活中常见的植物，自己自制民间游戏玩具、表演工具和少数民族的服饰进行表演。

二、民族民间游戏在幼儿园中的教育价值

1．有利于“勤俭办学”

现代教学游戏或许需要更广阔的游戏场地、非常昂贵的教学道具（也就是游戏玩具），而这些对于经济条件一般或者较差的幼儿园或农村家庭而言，都是不可能实现的。而民族民间游戏不需要对场地有特别的要求，一般不需要购买教具。大部分民族民间游戏的教具都是可以自制的。例如，丢石子，只要在马路上捡上几块不扎手的石子，就可以进行游戏了。又比如，丢沙包，只需要将一块破旧的布料缝上，装进一些粗粮或沙子，就可以制成一个非常完美的沙包，这一切材料都可以通过幼儿自己完成。

2．有利于合理安排一日活动时间

一般情况下，幼儿教学过程中，不要轻易让幼儿感到枯燥与乏味，所以学校要合理安排较多的课程，以游戏为幼儿园的基本活动，缩短幼儿的等待环节。当然，一天中的时间合理分配就成为这个环节的重要问题。怎样合理分配教学时间？怎样合理分配教学内容？从而完成幼儿园的一日活动安排。

在安排一日活动时，教师们要采取合适的方法去解决两大问题。第一，教学内容及活动内容需要动静结合、动静交替。第二，各个教学环节之间怎样自然过渡，减少在过渡期间幼儿的等待时机，因为如果过渡时间过长，幼儿的等待时间就相对过长，就会造成管理难度的进一步增加。因此，要找到合适的方式方法去解决存在的问题，利用民间游戏使整个教学的过程、管理过程会变得简单又顺利。下面我就简单举例一些“动”的游戏，我们可以利用民间游戏“静”的游戏作为大家在以后工作中的教学参考：①“动”的游戏：滚铁环、坐轿子、挤牙膏、切西瓜、舞狮子等。②“静”的游戏：木头人、数绵羊、斗鸡、狼和羊、拍贴画等。

在教学过程中，合理安排一些民族民间游戏，既可以达到更好的教学效果，又可以合理利用这些民族民间游戏来丰富幼儿的童年生活。当然，这也做到了合理安排一天的教学任务，使幼儿在幼儿园的一天变得有趣，变得更有意义、接受学习、善于交流。其实这样的教学过程也潜意识地开发了幼儿动脑的习惯，为以后的学习做了有利的铺垫，也达到了劳逸结合的教学方式及教学任务，有利于完成教学。

3．有利于幼儿未来的发展

其实大部分民族民间游戏对于幼儿来说都是一个较好的锻炼机会，因为大部分民族民间游戏都是有益于幼儿的身心健康发展的。如坐轿子这个游戏，既可以锻炼幼儿的体力，又可以加强幼儿对身体稳定及平衡性的控制。当然，在游戏过程中，最好有家长或者大人在场参与保护幼儿。又如数绵羊不仅可以加强幼儿对数字的敏感度，还可以使孩子养成一种好的休息习惯及作息方式。

幼儿在小时候多参与到民族民间游戏中来，既可以锻炼身体，又可以开发幼儿对事物的好奇心，从而使得我们有机会善诱幼儿往正确和理想的道路上发展，为日后幼儿身体上的健康成长和智力上的迅速发展做好铺垫，这样，即使幼儿健康快乐地成长了，又使得我们在教学的过程中不至于那么枯燥乏味，使得教学内容更加丰富多彩。当然，丰富多彩是好的，但不能过多加入，因为那样会显得教学内容不是那么协调和平衡，或者说，没有照顾到重点教学内容，因此，适当加入即可。

三、当前民族民间游戏资源在幼儿园运用中存在的问题

1．幼儿缺少对民间游戏的了解

现在幼儿接触的大多都是高科技的电子玩具，这些电子玩具属于成品玩具，它不断代替民族民间游戏玩具。而民族民间游戏的玩具大多是幼儿的父母自制送给孩子或是幼儿自己制作的，不管是幼儿自制的，还是家长制作的，幼儿都能体验制作玩具过程的快乐。但父母忙于自己的工作，没有时间和精力制作玩具送给孩子，他们更愿意花钱买市面上的玩具。

2．幼儿缺少了游戏的玩伴

人民的生活水平不断提高，农村生活变成了城镇化的生活，邻里之间少了联系，孩子只能跟自己的兄弟姐妹玩，而很多家庭都是独生子女，进行民族民间游戏需要两个以上的人，因此民族民间游戏的存在没有了基础。幼儿只能在幼儿教师的引导下进行游戏，他们回到家里不知道如何进行民族民间游戏。

3．幼儿园没有创设室外民间游戏的场地

民间游戏虽然不受场地的限制，但是很多民间游戏在进行的过程中受游戏玩法的限制，如跳房子，有些少数民族地方俗称“跳海”游戏，它需要幼儿在地上画一个房子，可是幼儿不会画房子，幼儿想玩没有条件也没有办法去玩。

四、幼儿园开展民间游戏的个案探索

幼儿园开展民间游戏活动对幼儿身心发展和幼儿园教学发展都有着十分重要的意义，可以通过相关的民间游戏的收集与分析，深入了解民间游戏，找到适合幼儿发展的民间游戏，邀请相关感兴趣的人员并分享经验，以促进对民间游戏的深入探索研究。探索研究可以分为以下几个方面：

1. 幼儿的游戏环境和生活环境

民间户外游戏活动中，由于幼儿所处的生活环境总在家庭中，而幼儿园没有意识到家长对民间游戏的传承起到很大的作用，使得幼儿园的工作与家长的教育脱离。

2. 民间游戏在实践过程中存在的问题

民族民间游戏在实践的过程中会出现不同的问题，比如，游戏具有危险性、变化性及潜

在安全问题等，在游戏过程中，因为幼儿年龄太小，不理解游戏的规则，更不懂什么是危险，不懂得游戏的变化性。没有具备随游戏变化而变化的能力，所以在游戏中往往会遇到很多潜在的危险。

【实例 1】 滚铁环，在滚铁环的过程中，幼儿难以控制铁环的速度，在铁环运动的过程中，铁环速度会越来越快，幼儿也会随铁环越跑越快，由于幼儿的稳定性较差，易造成幼儿摔倒受伤等。

【实例 2】 木头人，在木头人游戏中，当伙伴数到 3 时，由于幼儿有一种迫切的求胜欲望，会在第一时间以全身之力去追伙伴，在这过程中，幼儿容易失去平衡，导致撞伤伙伴或者自己身体失控摔伤等。

五、民族民间游戏在幼儿园有效运用策略

（一）民族民间游戏的挖掘和整理

《幼儿园教育指导纲要》强调："游戏是幼儿园活动的基本运动，应因地制宜地为幼儿创设游戏条件。"幼儿园应当因地制宜创设游戏条件，提供丰富、适宜的游戏材料，保证充足的游戏时间，开展多种游戏。民族民间游戏是幼儿最喜欢的游戏活动，它有利于训练和发展幼儿的基本行为动作，如走路、跑步、跳跃、钻爬、投掷、攀登和平衡等。能让幼儿在游戏中体验童年的快乐，培养他们对各项运动的兴趣，促进幼儿德、智、体、美全面发展，我们应该继续发扬和传承民族民间游戏文化，并对民族民间游戏文化进行开发、利用。

由于民族民间游戏存在的时间已经很久了，有些民族民间游戏随着时间的推移也在不断流失。民族民间游戏开始被高科技游戏代替，如子弹玩具枪代替了自制的玩具手枪，遥控车代替了以前用黄泥自制的车子，动画片代替了幼儿与同伴在户外的游戏等。这不仅仅是幼儿对民族民间游戏的遗忘，其实幼儿教师对民族民间游戏知道的也越来越少了。所以我们应加大对民族民间游戏的了解，认真开发和挖掘民族民间游戏，把民族民间游戏运用在幼儿园中，并纳入幼儿园的教育计划中，发挥它的最大价值。

1．搜集民族民间游戏资源

我们可以到乡村中向同辈或老一辈的人了解他们童年时的游戏，并记录下来。或是寻求家长的帮助，请他们说说自己了解的民族民间游戏，并且把它记录下来。也可以通过图书馆、网络等收集民族民间游戏。

2．对民族民间游戏资源进行分类整理及管理

民族民间游戏的挖掘并不是收集完就完成了，我们还需对民族民间游戏资源进行整理和分类。通过民间游戏的性能、特点和用途，可以把民族民间游戏按照建构类游戏、智力游戏类、语言游戏类、运动类游戏、社会生活类游戏、表演类游戏等进行分类，然后根据幼儿的年龄特征，根据不同游戏的游戏规则和方式方法，整理符合幼儿这一时段的游戏。

3．对民族民间游戏进行归纳总结

民族民间游戏的种类不一样，游戏玩法也不一样，有些游戏有一定的危险性，我们要对

民族民间游戏进行验证，考虑游戏是否符合幼儿的年龄特征和身体发展特征，是否有利于促进幼儿的身心健康发展。像袋鼠跳、跳竹竿、老鹰捉小鸡、过家家等游戏都非常适合 3～6 岁的孩子，但要注意游戏的安全。

（二）民间游戏的运用策略

目前民族民间游戏的种类多、游戏的玩法各不相同，不同地区的游戏也有属于本地区的民间文化。然而人们对民间游戏渐渐淡忘，取而代之为现代的电子游戏和手机游戏。因此把民族民间游戏有效运用到幼儿园中已经成为现在研究的问题。民间游戏在幼儿园的有效运用可以采用以下几个策略：

1．大量收集本地区的民族民间游戏

民间游戏来源于民间，游戏内容多，对民间游戏的收集要深入民间，寻问年迈的老人并联合一切可以联合的力量收集和对民间游戏进行整理。将民间游戏运用到幼儿的一日生活中，缩短等待环节，可以好好利用五大领域的特点，把民间游戏合理融入五大领域之中，合理安排教学活动。例如，将独山的“花灯”“斗牛”；青岩古镇的“地戏”；石阡县的“独龙戏珠”“茶灯”“狮子灯”；黎平县的“抬官人”“扮侗戏”等民间游戏融入幼儿园的教育活动中。

2．完善民间游戏在幼儿园的配套设备及师资力量配备

民间游戏的材料和内容大多数来自民间，因此幼儿园的游戏配备设施应制作并收集相应的民间游戏玩具给幼儿游戏。教师是幼儿园开展民间游戏和办学的依靠力量，没有教师，再具有特色、创意的想法也只是纸上谈兵。幼儿教师的总体教学水平和个人能力有利于提高幼儿园的办学质量，而民间游戏在幼儿园的开发过程中也离不开教师的力量。

3．根据幼儿园自身的发展需要

随着幼儿园的大量出现，幼儿园之间不断竞争，提升教师的科研能力和教学水平才能在竞争中占优势。很多幼儿园已经引进各种关于游戏类的教育设备，在寻找幼儿园的新机遇。贵州是个少数民族聚居的地方，具有广泛的民间游戏资源和经验基础，完全有利于“民间游戏”的开发与利用。

4．从幼儿的自身需要出发

幼儿园接收的是 3 岁到 6 岁的幼儿，这个阶段的幼儿处于直接思维和具体形象思维的阶段，认知水平低，生活经验少，动作正在不断地发展。因此民间游戏在运用的过程中要根据幼儿自身的特点，从幼儿的生活经验出发，促进幼儿的全面发展。

5．将民间文化融入幼儿园的环境建设中，促进和提高幼儿对民间游戏的热爱

幼儿园的环境创设材料全选用具有民间特征的材料，在幼儿园的走廊可以打造成某个民族的文化，如采用布依族的蜡染来装饰，进行整体设计，户外的操场也可以利用民间材料创设有民族特色的户外游戏器材，开发和利用绿色环境，提供民间灌溉的工具，如竹筒、木瓢等。

六、结束语

可以说，民族民间游戏是对我国五千多年历史的传承，它们在民间代代流传，对社会、对幼儿都有着很大的影响。现在的高科技游戏玩具，大多数是对民间游戏玩具的改造和创新。把民族民间游戏合理运用在幼儿园的教育课程中，有利于促进幼儿德、智、体全面发展，有利于增强幼儿的自信心和民族自豪感。

参考文献

[1] 教育部基础教育司. 幼儿园教育指导纲要解读[M]. 南京：江苏教育出版社，2002：36-51.
[2] 张建岁. 民族民间游戏在幼儿园中的应用[M]. 北京：高等教育出版社，2012.
[3] 虞永平. 文化、民间艺术与幼儿园课程[J]. 幼儿园教改，2014（1）：12.

幼儿园生成性活动的价值探析

董玉萍

摘　要：生成性活动作为幼儿园活动的重要组成部分，在受到人们关注和重视的同时，对其价值的研究也引来诸多教育人士的目光。在幼儿园活动中，生成性活动与预设性活动是两种不同的活动方式，生成性是生成性活动的基本特性。本论文运用观察法和个案研究法等，在具体的实例中分析研究其教育价值。

关键词：生成；生成性活动

当今，我国幼儿园在实施生成性活动的过程中仍然存在一些问题，首先是教师对生成性活动没有自己独特的见解，即没有足够的认识，不知道如何去把握活动；其次是教师的经验不足，在活动实施的过程中，基于经验和自身的见解认识不够，导致效果不佳。《幼儿园教育指导纲要（试行）》中指出："善于发现幼儿感兴趣的事物、游戏和偶发事件中所隐含的教育价值，把握时机，积极引导；关注幼儿在活动中的表现和反映，敏感地察觉他们的需要，及时以适当的方式应答，形成合作探索式的师生互动。"[1]这需要幼儿教师进一步加深对生成性活动的认识和把握。

一、生成性活动

生成，在教育领域经常会被研究者谈及，在《现代汉语词典》中的注释是"形成""产生"。[2]在幼儿园，生成性活动是为了实现活动的目标，在教师、幼儿和环境等多种因素的相互作用下形成的一种动态的、非预期的活动[3]。在幼儿园活动体系中，生成性活动和我们平时看到的预设活动是不一样的，是教师和幼儿在预设活动实施的过程中，幼儿对活动内容的关注点超过了教师原有的预设，教师重新对活动内容进行价值定位，生成适宜于幼儿感兴趣的活动。

二、生成性活动的特征

生成性活动与我们平时所见到的预设活动是不一样的，生成性活动的目标具有不确定性，教师要做的就是在实际具体的活动过程中，以幼儿的关注点为出发点来修改活动目标。其活动的内容是根据幼儿在活动中的关注点，视幼儿的注意点和需要为活动内容的来源，范围广。[4]预设活动中，教师是根据自己预设的情节和方法，付之于实践，按部就班地进行操作，幼儿只是活动内容的参与者，这就体现了师幼在活动中地位的重要性。由此，我们可以看出生成性活动的以下几种特征：

（一）目标的生成性

生成性活动的目标具有不确定性，它不同于预设活动中教师事先设定的行为目标，在生成性活动中，教师要根据具体的实际情况调整目标，关注幼儿的兴趣点，生成目标。

（二）内容的开放性

生成性活动的内容是教师根据幼儿的兴趣点和关注对象而选择活动内容，内容来源不仅仅是教师事先设计的内容，还要将幼儿的注意点和需要作为活动的内容来源，范围广。

（三）师生地位的平等性

在生成性活动中，幼儿作为活动的主体，通过和教师的平等对话，能够积极参与到活动的设计和决策中，教师与幼儿的地位是平等的。

三、幼儿园生成性活动的实施案例

在现有的幼儿园活动体系中，生成性活动以幼儿作为活动的主体，其活动研究也受到了普遍的关注。本文立足于生成性活动的价值研究，将对具体的案例进行论述，以达到研究分析的目的。

【案例1】 一次教师预设的中班《玩具来比赛》的社会领域活动中，材料准备上，教师收集了十多个装有电池的电动玩具。教师此次预设的活动目标是培养幼儿的社会交往能力，与幼儿友好相处。

导入时，教师通过出示不同的玩具达到了吸引幼儿注意的目的，在幼儿对玩具感兴趣的同时教师开始讲解玩具的玩法，但幼儿的兴趣点完全放在了玩具上，并没有听老师的讲解。此时，已经有部分幼儿开始讨论起来，小a说："我有这个托马斯的玩具，我妈妈给我买的"，小b说："我还有变形金刚，还有恐龙"，小c也加入了讨论之中："我的恐龙玩具会下蛋"，幼儿开始向同伴介绍自己的玩具。教师此时发现幼儿对玩具很感兴趣，但同时也超越了活动的预设，教师开始慢慢计划生成活动。教师立即让有这种玩具的幼儿a上前来，向其他幼儿演示玩具的玩法，希望通过师幼的互动和讲解，帮助其他不会玩的幼儿学习如何让玩具动起来。幼儿c周围的幼儿都被他能下蛋的恐龙玩具吸引了，不断地询问会下蛋的恐龙是什么样的。教师分别请了幼儿b和幼儿c讲解他们的玩具。出于幼儿对玩具的兴趣和需要，教师在此生成性活动中以科学探究为重难点，以小组（4～5人）为单位，每组一个玩具，让幼儿探索玩具的玩法。

当每组幼儿探索出玩具的玩法后，再通过小组间玩具的交换探索以达到对多个玩具的认识。小 e 是个活泼好动的孩子，因为在自己小组里始终得不到玩玩具的机会，他一会儿去其他组逛逛，一会儿和同伴争抢玩具。教师参与到小 e 的小组里，告知幼儿要学会分享。但仍有像幼儿 e 一样的幼儿，四处乱窜，争抢玩具，场面异常混乱。教师还没来得及实施比赛活动，幼儿已经开始玩起了比赛游戏，教师在幼儿的游戏活动中草草地结束了活动。

【案例分析】 在这次《玩具来比赛》活动中，教师作为活动的制定者和组织者，发展幼儿社会性的目标并未达成，在之后生成过程中也没有足够的玩具材料来支撑，导致活动效果并不佳。

当教师在导入环节注意到幼儿对玩具的兴趣超过预期时，教师及时采取了措施，改变了原有的教育活动计划，让幼儿扮演教师的角色，讲解玩具的玩法，再通过科学探索活动，以小组的形式让幼儿自由探索。此时教师已经有生成活动的想法，并开始着手生成新的活动，将重点放在了玩具的科学探究上，满足了幼儿对玩具的兴趣和需要。但是可以看出教师准备不足，即使通过小组活动进行探究来弥补材料的不足，也还是发生了争抢和四处乱窜的现象。

实施过程中，教师在出示玩具后，幼儿对玩具的兴趣引起了教师的注意，教师通过科学探究活动满足其需要，从这一点可以看出教师的应变能力很强，有生成活动的想法和计划，同时让幼儿对玩具的玩法进行讲解，一方面发展了幼儿的语言组织能力和口语表达能力，另一方面也体现了教师对幼儿主体地位的尊重。但是考虑到玩具材料只有十几个，并不是所有的幼儿都有机会参与活动，以至于幼儿的兴趣和需要还是没有得到满足。在教师对活动反思上，教师将效果不佳的因素归结到材料的不足中，即使注意到了孩子的关注点，生成了与幼儿相适应的活动过程，但是未能满足所有儿童的需要。

此次活动的值得肯定的是，教师对生成性活动认识比较深厚，关注了幼儿的主体地位，教师能够在原有的活动实施过中根据幼儿的兴趣及时进行调整，但是在实践中，教师缺乏生成性活动的经验，教师的实际操作能力有待提高，在进行科学探究前，教师需要讲解探究活动的规则和注意事项，以此可以尽量避免上述争抢和乱窜的现象。当幼儿自主生成游戏活动时，教师可以从引导幼儿建立规则，过渡到原有的教育计划当中，通过比赛达到教育目标，而非草草地结束。

【案例 2】 户外活动时间，幼儿都在滑梯和平衡木处玩耍，小 A 和小 B 在一旁拿着树枝在嬉闹。教师走了过去，并没有打断他们，而是在一旁观察。小 A 说："我的金箍棒比你的大，哈哈！"小 B 继续摆弄着树枝说："我的是个小旗子。""你的这个还是个大大的数字 1。"小 A 说。小 B 遂将树枝折成了两段说："看，变成 2 了。"幼儿被他俩的嬉闹吸引过来，陆续围了起来，询问他们是在干什么，看着他们是怎么玩的，孩子们开始搜集户外的树枝树叶，试着玩不同的树枝游戏。

象形游戏：幼儿根据树枝的形状，想象出不同的物体。小 C 拿着树枝"宝剑"和小 D 玩击剑游戏，小 E 将弯弯的树枝折成圈，围在腰间作腰带……

半成品玩法：把树枝当作半成品材料，可以折成不同的形状，也可以一根根排列，数数。

原本的户外自由活动以游戏活动而结束。

【案例分析】 整个户外树枝探索的过程中，教师将自己的角色定位为引导者和观察者。从开始的小 A 和小 B 简单的树枝想象，到后来越来越多儿童参与其中，教师已经不适宜作为观察者了，随即作为引导者自然地参与进来，引导幼儿探索树枝的玩法。

当两个幼儿开始进行游戏活动时，教师刚开始只是打算观察幼儿的游戏活动和游戏行为，当越来越多的幼儿对树枝感兴趣并参与进来后，教师并没有制止和干涉幼儿，而是出于安全考虑，此时的教师转换了角色，以引导者的角色参与到了活动中来，不仅尊重幼儿的主体地位，而且引导幼儿发挥想象尝试不同的树枝玩法，让幼儿在自己已有的经验基础上建立游戏规则，满足幼儿的兴趣和需要，并告知幼儿不能用树枝戳其他幼儿的眼睛，也不能用树枝打人。此次的树枝想象活动是儿童在探究的过程中自己主动生成的，在户外，幼儿有机会走进自然，有机会去探索周围的事物，去寻找他们感兴趣的事物，在和同伴的互动中容易生成活动。

此次活动来源于幼儿的实际生活，教师并未因为安全因素而制止游戏，而是作为观察者和引导者，让幼儿自由探索，发挥幼儿自己的想象，想象树枝是什么样子的，愿意主动地参与到活动中来，使得幼儿的主体地位得以充分体现。在活动的实施过程中，教师建立了平等的师生关系，满足幼儿的好奇心，让幼儿自己想象树枝像什么，可以怎么玩，创造不同的游戏玩法，体验成功的喜悦，感受快乐，树立信心。

从整个户外树枝探索的过程来看，教师并不是此次树枝活动的决策者，也没有组织此次活动，幼儿才是主动对树枝进行探究的探究者、是此次户外树枝活动的主体。

四、幼儿园生成性活动的价值分析

（一）从幼儿方面进行价值分析

生成性活动把儿童作为活动研究的主体，在对活动作出价值分析与反思时也需要考虑到幼儿这一因素。通过具体案例分析，从幼儿方面分析生成性活动价值，对生成性活动价值具有重要意义。

1. 幼儿学习的主体地位得以体现

在上述案例《玩具来比赛》活动实施的过程中，教师在活动导入的过程中关注到了幼儿对玩具非常感兴趣，并以玩具探究为新的教育活动契机，生成了幼儿感兴趣的、乐意参与的活动，使幼儿在玩具的探究过程中处于主体地位。在上述两个案例中，教师作为引导者使得幼儿的主体地位得以体现，让幼儿对树枝进行充分的想象，满足了儿童对玩具的需要和树枝的探究欲望。

2. 幼儿乐于参与生成性活动

在《玩具来比赛》活动过程中，当教师将重点放在了玩具的探究上之后，幼儿活动的积极性大大提高，更加积极主动地参与到玩具的探究过程中。在上述户外活动案例中，幼儿对户外树枝游戏活动的兴趣得到了满足，使得对活动的兴趣和积极性大大增强，喜欢并主动参与到幼儿生成的活动中。

3．建立平等、对话的师幼关系

在上述户外生成的游戏活动中，教师以引导者的身份与幼儿共同探讨树枝的玩法，通过与幼儿的简单对话，帮助幼儿尝试树枝的不同玩法，让幼儿在平等的师生互动中获得智慧的启迪。简单的师幼对话，不仅体现了幼儿的主体地位，也促进了教师和儿童良好关系的建立。

（二）从教师方面进行价值分析

幼儿教师是幼儿活动的支持者、观察者，在对活动作出价值分析和反思时也要考虑到教师这个重要性因素。因此，在探究生成性活动的价值时也需要考虑到教师这个重要角色。

1．成功地生成活动后，教师获得强烈的成就感和价值感

教师通过生成性的活动满足了幼儿的兴趣和需要，体察到了幼儿的情绪变化，促进了师幼之间的互动。通过成功的生成性活动，如上述的户外活动，教师增强了自信心，也会反思经验不足、能力不够等原因带来的困难，成为教师专业发展的动力。[5]

2．生成性活动促进教师的儿童观、教育观的发展

在上述案例《玩具来比赛》活动结束后，教师通过活动反思对生成性活动在儿童观和教育观上有了深入的认识，对幼儿作为活动主体的重要性有了更深刻的见解。可见，通过对生成性活动的反思可以帮助教师树立正确的儿童观、教育观，促进教师提高专业化水平。

3．促进教师通过多种活动方式实施生成性活动

通过上述《玩具来比赛》活动和户外游戏活动的案例分析，我们会发现，不管是在具体的活动实施过程中，还是在户外，教师都要以幼儿的兴趣和需要为教育起点，尊重幼儿的价值主体地位，根据幼儿的年龄特征，结合幼儿身心发展水平，在幼儿已有的经验基础上，通过多种活动方式实施生成幼儿感兴趣并具有教育意义的活动。

（三）从幼儿园活动方面进行价值分析

随着生成性活动在幼儿园活动中所受的关注越来越多，通过对生成性活动的价值研究，在一定程度上可以帮助幼教人员正确认识幼儿园活动。

1．在活动目标方面

生成性活动的目标具有不确定性，在上述案例《玩具来比赛》后半部分中，教师并没有提出具体的目标，活动目标比较模糊。生成性活动的目标是在具体的活动方案实施过程中，例如《玩具来比赛》，教师根据幼儿对玩具的关注点，临时计划的，边进行边设计。

2．在活动过程方面

生成性活动的内容不像其他活动的内容，它不是一成不变的，如《玩具来比赛》，教师临时改变了原有的比赛活动的内容，从社会领域活动转向了科学领域活动；活动实施策略和方法也非固定不变，需要教师根据儿童的关注点临时规划。

3．在活动评价方面

预设活动以活动目标为评价的标准，其目标的达成情况是衡量活动效果的关键性因素，评价内容单一；而生成性活动的评价受诸多不确定因素的影响，如教师的教育材料准备、环境的创设情况以及儿童的精神状态等，没有客观的评价标准，亟待丰富和完善。[6]

生成性活动的目标、过程以及评价方面都从新的视角对活动进行了阐释，丰富了幼儿园活动内容。幼儿园活动还在进一步发展和完善，对生成性活动的研究和探索也将进一步丰富幼儿园活动的内容和理论知识。

五、结　语

生成性活动还在进一步发展和完善，生成性活动的实施也受到了越来越多的关注。在活动的生成过程中，也存在着许多亟待解决的问题：在具体的过程中，如何确定和把握的生成性活动目标；幼儿园教师是否能恰当地运用好生成性活动的理论，是否还需要教师的预设；如何把握生成性活动中幼儿的兴趣倾向等。随着时代的进步，幼儿园教育在慢慢得到人们重视的同时，有关生成性活动的教育价值探析也成为以后幼教工作者和研究者的探究方向。

参考文献

[1] 中华人民共和国教育部. 幼儿园教育指导纲要（试行）[M]. 北京：北京师范大学出版社，2001.
[2] 罗竹凤. 汉语大辞典[M]. 上海：汉语大辞典出版社，1991.
[3] 冯晓霞. 生成课程与预设课程[J]. 早期教育，2001（8）：2-4.
[4] 夏如波. 幼儿园生成课程实施策略的研究[D]. 上海：华东师范大学，2006.
[5] 赵文平. 生成性课程价值研究[D]. 重庆：西南大学，2008.
[6] 曹华. 对幼儿园生成课程的思考[J]. 当代教育论坛，2006（9）：57-58.

幼儿游戏开发与利用研究
——以都匀市为例

林妮娜

摘　要：游戏是幼儿非常喜爱的一项活动。在游戏中，幼儿的认知水平、身心素质能得到发展和提高。游戏指引着幼儿认识世界、感受世界，是幼儿忠实的小伙伴。游戏的开发和利用对幼儿教育活动的开展和幼儿的健康成长十分重要。幼儿游戏的开发和利用存在不少问题，幼儿教育的有关各方应正视之，并积极地采取有效措施开发和利用。

关键词：幼儿游戏；开发；利用

《教育大辞典》对游戏的解释："游戏是儿童的基本活动，是适合儿童年龄特点的一种有目的、有意识的，通过模仿和想象，反映周围现实生活的一种独特的社会性活动。"[1]游戏是幼儿自主自愿的活动，是令幼儿感到快乐的活动。当今，幼儿游戏的开发利用因为种种原因仍然存在着一些弊端，如何更好地开发利用幼儿游戏，成了当今幼教事业上的一个艰巨任务。

一、幼儿游戏开发与利用现状

（一）幼儿游戏开发与利用取得的成就

1．幼儿游戏理论体系的完善

1996 年国家颁布的《幼儿园工作规程》对幼儿游戏进行了详细的阐述。2016 年 3 月 1 日颁布新的《幼儿园工作规程》第 29 条明确指出："幼儿园应当将游戏作为对幼儿进行全面发展教育的重要形式"，又进一步肯定了游戏的价值。这几年，我国幼儿游戏在开发和利用上取得了较大的进展。理论成果上，北京师范大学的刘焱教授所写的《幼儿园游戏教学论》，是我国第一部幼儿园游戏与教学指导用书。该书完整地描述了幼儿游戏的特点、作用以及游戏指导和制约条件，为幼儿游戏的开发和利用提供了扎实的知识理论基础。中国学前教育委员会在 1998 年下设了"游戏与玩具委员会"，定期对教师进行关于游戏的相关理念、指导方法的一系列培训。这些相关著作的出版、组织的成立都为幼儿游戏的开发和利用奠定了坚实的理论基础，也促进了大批优秀教研人才的发展，更好地推动了研究队伍对幼儿游戏的进一步开发和利用。

2．幼儿游戏的迅速发展

（1）民间游戏。民间游戏是具有浓厚的生活气息、带有各地民族风味的传统游戏。随着当今社会的信息化和时代化，电子游戏逐渐成为幼儿的游戏娱乐方式，因此不少人认为玩民间游戏对幼儿来说太落后、太土气。但是，在近几年对民间游戏的开发和利用中，逐渐发现民间游戏操作起来简单、易学，又不受场地的限制，所利用的教具也是生活中随处可见的。例如“翻花绳”里面用到的花绳，还有“丢沙包”“滚轮胎”里面利用到的沙包、轮胎，这些简单的物品就可以让幼儿进行游戏。再者，从都匀市第四幼儿园、都匀市第二幼儿园以及都匀市小苹果幼儿园教师的访问调查中得知，民间游戏已经逐渐贯彻在幼儿的晨间活动、户外活动以及区域活动之中。都匀市第四幼儿园的晨间活动是让幼儿拿着画有民族特色的簸箕、勺子进行早操。都匀市第二幼儿园在下午的户外活动中会组织幼儿进行“炒豆豆”“切西瓜”“丢沙包”等民间游戏。都匀市小苹果幼儿园在表演区、美工区会放置带有民族色彩的衣服、陀螺等。民间游戏不仅能激发幼儿的好奇心和探索兴趣，还能提高幼儿的创新能力和数学思维能力，而且还能让幼儿的身体得到锻炼。民间游戏的这些价值得到广大群众的肯定，使得幼儿园里也逐渐对民间游戏加以改造和利用。这些因素让民间游戏慢慢地被传承下来，可见民间游戏在被开发和利用上取得了不错的成绩。

（2）手指游戏。手指游戏是幼儿跟随儿歌的韵律节奏做出手指动作的游戏。著名教育家苏霍姆林斯基曾说:“儿童的智慧在他的手指尖上。”哲学家康德也曾指出:“手是身体的大脑。”[2]人类手指间的运动和大脑有着密不可分的关系，当幼儿的手指在进行活动时，其实是大脑思维在转动。这才有所谓的“心灵手巧”之说。对手指游戏进行开发和利用不仅能促进儿童手、眼、脑之间的相互协调以及语言能力的发展，也能促进幼儿数学思维的灵活性和培养与他人的合作意识。再者，对都匀市第四幼儿园、第二幼儿园以及小苹果幼儿园的教师访谈调查中了解到，这三所幼儿园在幼儿进餐之前都会播放手指游戏的视频，让幼儿进行手指游戏的操作。网络上的优质课程中也有手指游戏。从这些可以看出手指游戏这几年发展越来越迅速，越来越多的教育工作者选择手指游戏。

（3）区域游戏。区域游戏是幼儿在不同区域内进行自主游戏的活动。如都匀市第四幼儿园、第二幼儿园、小苹果幼儿园在教学活动结束过后，都会让幼儿自行选择区域开展游戏。针对本园区域材料的安排，幼儿园会根据儿童的年龄特点进行整体的基础投放。教师再进一步根据本班幼儿的实际情况对玩教具的添置进行调整。这两个方面都体现幼儿园和教师对区域游戏开发中游戏材料的投放、游戏空间的安排越来越有针对性。区域游戏的地位随着幼儿园越来越重视，正在不断提高，教师对区域游戏的指导方法也在不断进步。在区域游戏中，幼儿逐渐提高自己在集体生活中的适应能力，锻炼自己与同伴的交往能力，丰富自己的人际关系，形成分享合作的情感意识。幼儿心理上的满足感也在儿童自发地、主动地进行游戏时得到提高。

（4）角色游戏。角色游戏是幼儿借助已有的生活经验，通过模仿和想象进行角色扮演的游戏。角色游戏对幼儿内心世界的情感发展、思维的创造能力有很大的帮助。在当今的幼儿园教学活动中也开始频繁利用角色游戏这一环节参与教学，角色游戏在对课堂气氛的烘托，对课堂教学内容的丰富上更有利于换位思考，达到教学的目的。可见对角色游戏进行开发和利用有利于幼儿在生活和学习上更好地发展。

（二）幼儿游戏开发与利用存在的问题

1．开发的游戏种类少、玩的方式单一

在对都匀市第四幼儿园、第二幼儿园以及小苹果幼儿园的游戏开展的实际情况中了解，幼儿们一日生活中的游戏以民间游戏、手指游戏、体育游戏为主。这三所幼儿园在饭前都会播放手指游戏的视频让幼儿进行学习，但是大部分教师播放的手指游戏视频都是重复的。幼儿们前面几天还会集中注意力跟着视频进行学习，后期阶段就和同桌交头接耳。某次询问个别幼儿为什么不跟着视频进行学习，幼儿的回答是他已经学会了，一直看这个很无聊。在幼儿园里，幼儿游戏开展的单一性和重复性，容易让幼儿觉得无趣，束缚他们的个性发展，让他们的身心发展受到局限，也容易导致对游戏的开发利用停滞不前。

2．游戏改造与幼儿发展适应度不够

游戏是幼儿生活中必不可少的一部分，对幼儿的身心发展起着相当关键的作用。在幼儿对这个世界的认知还处在开始的阶段，教师就是一名重要的引路人了。游戏又是幼儿喜爱的一项活动，教师就更应该借助游戏这个辅助工具引导幼儿去学习、感受。但是，有些教师并没有意识到幼儿游戏对幼儿的重要性，没有费心思去思考如何更好地开发和利用幼儿游戏帮助幼儿成长，以至于在开发和利用幼儿游戏的过程中，没有根据当今幼儿的实际发展情况来制定游戏策略，只是照搬照抄以前老旧的游戏规则，导致游戏的真正目的没有达到。如都匀市第四幼儿园的一次课外活动中，教师组织幼儿进行“炒豆豆”的民间游戏，游戏规则是两个幼儿手拉手，跟着“炒豆豆”的童谣晃荡小手，在念到最后一句“炒好豆豆翻一翻，翻儿翻，翻一翻”。幼儿就两个人手拉手，头朝着同一方向的手臂下钻过去，身体翻转 180 度，变成背靠背的样子。在游戏进行的过程中，大多数的幼儿无法完成这个翻转动作。教师一直在旁边进行教学讲解以及示范之后，幼儿还是无法完成。最后教师没有对游戏规则进行改编、创新就直接让幼儿结束了游戏。因为教师没有考虑到班上幼儿的实际发展情况重新制定游戏规则，才会导致该游戏进行不下去，无法达到游戏的真正目的。

3．游戏开展时间少，难以保障幼儿游戏开展

本次参与调查的有都匀市第四幼儿园、都匀市第二幼儿园以及都匀市小苹果幼儿园，受访人数有 45 人，具体见图 1。

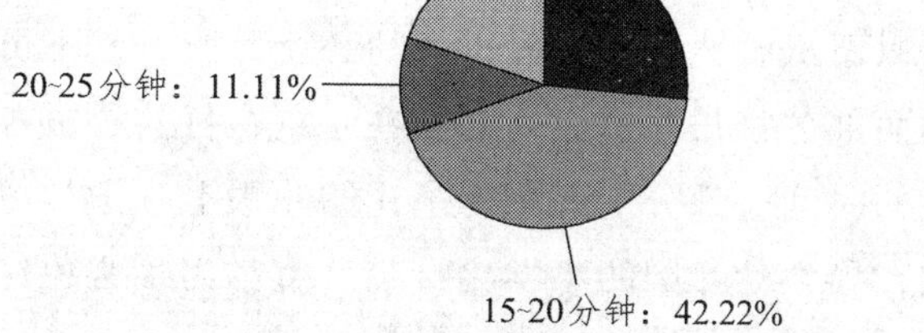

图 1　幼儿游戏开展的单位时间统计

针对幼儿游戏开展的单位时间的统计，有 12 名教师选择开展游戏的时间为 10 ~ 15 分钟，占整体的 26.67%。10 ~ 15 分钟的游戏时间对幼儿来说太仓促，无法达到一定的游戏效果。而选择相对充足的 25 ~ 30 分钟的游戏开展时间只有 9 名教师，占整体的 20%。在对这三所幼儿园进行实地考察时也发现，有些班级有时候一天开展幼儿游戏的次数只有 1 次。从这些数据可以看出，幼儿进行游戏的时间并没有得到有效保障。游戏时间的多少直接影响游戏的数量和质量。儿童在进行游戏时选用玩具材料、角色分配以及游戏规则的构思都是需要一定的时间。如果游戏时间过短，次数过少就容易导致幼儿刚刚进入游戏状态就得被迫停止，导致游戏的真正目的无法达到，游戏效果差强人意。游戏是幼儿释放天性的小伙伴，能增长幼儿的生活经验。如果幼儿游戏开展的次数较少，时间较短，幼儿就缺少了体验游戏快乐的方式，这也不利于幼儿的身心发展。

二、幼儿游戏开发与利用程度低的原因分析

（一）教师因素

1．认为教学比游戏更重要

本次参与调查的有都匀市第四幼儿园、都匀市第二幼儿园及都匀市小苹果幼儿园。受访的教师人数有 45 人，具体见图 2。

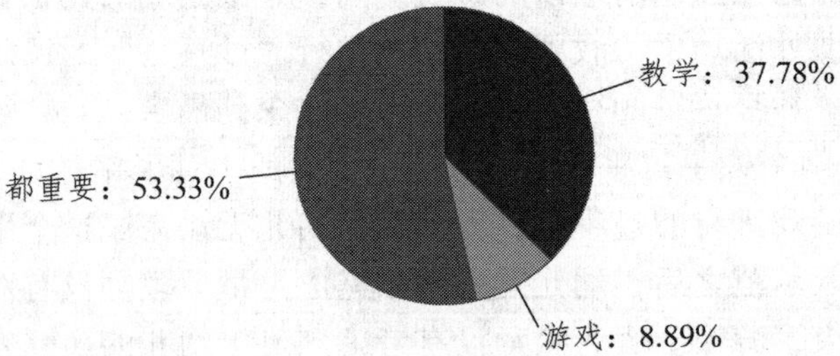

图 2 “您认为教学和游戏哪个更重要”调查结果

图 2 中针对教学和游戏的重要性，受访的 45 名教师当中认为教学比游戏更重要的就占了整体的 37.78%。认为教学和游戏一样重要、相辅相成的有 24 名教师，占整体的 53.33%。从数据可以看出大部分幼儿教师对幼儿游戏的作用持有肯定态度，但是还有部分教师认为教学相比游戏还是更为重要。我国心理学家陈鹤琴曾指出：“游戏就是工作，工作就是游戏。”拉查鲁斯艾加克也曾说过：“游戏是松弛心理疲劳和压力的休闲活动。”从国内和国外这些著名心理学家所持的观点可以看出游戏是幼儿成长中的必要手段，是不可或缺的，是促进幼儿全面发展的重要形式。然而部分家长为了让幼儿赢在起点，替孩子报各种补习班进行日复一日的学习，剥夺孩子游戏的时间。部分幼儿园为了让幼儿跟上小学学习生活的节奏，会加深教学内容，增加教育次数，导致幼儿园的小学化日趋严重。为了避免这种倾向，教学活动应借助幼儿游戏进行开展。

2．开发、创新游戏的能力较低

对都匀市第四幼儿园、第二幼儿园以及小苹果幼儿园的幼儿教师学历及游戏开展情况进行调查，受访人数有 45 名，具体见图 3～5。

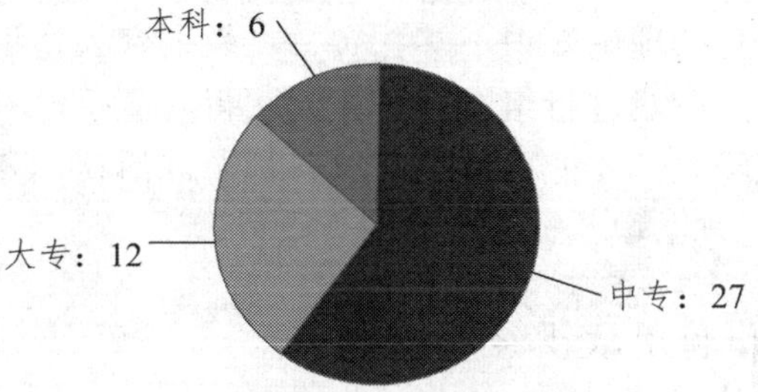

图 3　“您的学历”调查结果

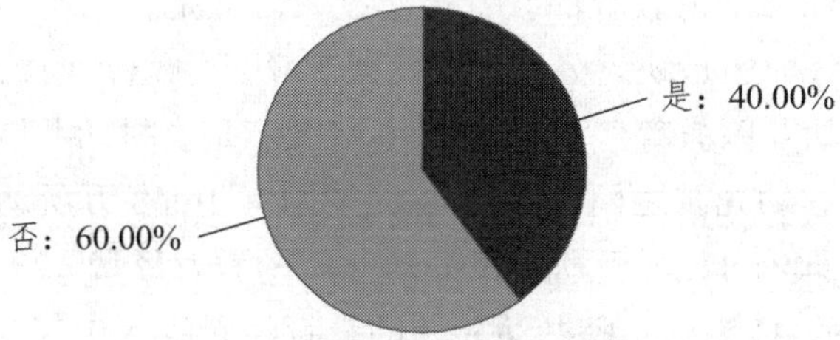

图 4　“您是否经常开发、创新幼儿游戏”调查结果

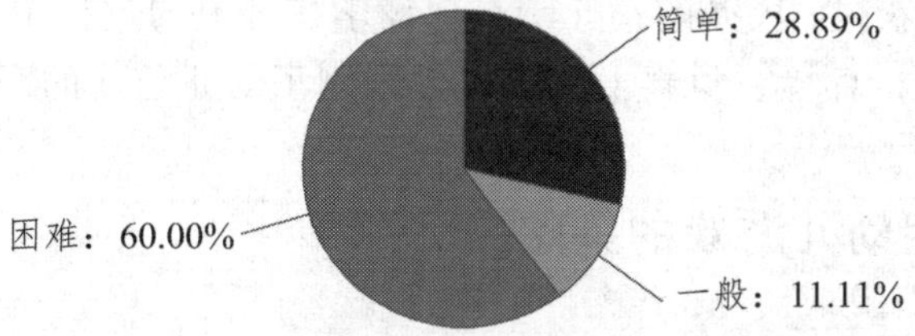

图 5　“您认为对幼儿游戏进行开发和创新困难吗”调查结果

在参与调查的 45 名教师中，本科学历只有 6 人，中专学历的有 27 人，大专学历的有 12 人。问到“是否经常开发、创新幼儿游戏”这一问题，参与回答的 45 名教师中，选择“否”的占整体的 60%。针对“在幼儿园对幼儿游戏进行组织、创新是否困难”这一问题，参与回答的有 45 位幼儿教师，其中认为困难的占整体的 33.33%。从以上调查数据可以看出，大部分教师所受的教育程度还是较低的，认为要对幼儿游戏进行开发和利用还是有一定难度的。由于教师的幼儿游戏理论知识不够扎实，对游戏的了解不够系统、全面，容易导致对游戏进行开发过程中没有科学的游戏方法作为指导。再加上组织游戏的实践经验不够丰富，要对幼儿游戏进行创新就更加困难。整个幼儿游戏的游戏顺序、游戏时间、游戏的注意事项的安排都是需要考虑的，没有好的准备前提就很难达到好的游戏效果。

（二）幼儿园选拔教师的要求较低

从图 3 受访的 45 名幼儿教师的学历统计图我们可以了解到，中专学历的有 27 人，大专的有 12 人，本科的只有 6 人。进一步访谈调查中还发现这 6 位本科幼儿教师还是近两年才入园的。这一点表明幼儿园里大部分幼儿教师的学历水平还是较低。在对这三所幼儿园的实地考察中发现，幼儿园在对幼儿教师进行招考的时候，只需要面试而不用笔试，对于幼儿教师必须掌握的五大技能，也只是简单考查某个技能。从幼儿园教师的学历和幼儿园教师招考的方式可以看出，幼儿园选拔教师的要求偏低。这就难以保证教师的专业知识和专业能力达到教书育人的标准。教师自身的理论知识不够扎实，在教书育人过程中容易出现知识性错误。技能经验的欠缺导致对幼儿游戏进行组织和操作无法得心应手。一名幼儿教师只有具备扎实的理论基础和丰富的技能经验，才能更好地开展各种游戏活动，才能更好地对幼儿游戏进行开发和利用。

（三）游戏的开发和利用缺少经费支持

当今，学前教育事业的发展得到越来越多人的重视。国家为了促进学前教育更好地发展，颁布了一些教育法规来保障学前教育的教育经费投入。但是，在城乡幼儿园之间、公办和民办幼儿园之间，财政的分配还是缺乏公平性。根据李祥云、魏萍教授在 2011 年对全国幼儿园的调查显示，我国城市幼儿园教育经费为 676.10 亿元，是农村幼儿园（343.48 亿元）的 1.97 倍。在公办幼儿园和民办幼儿园之间，2011 年，全国有 16.68 万所幼儿园，其中公办幼儿园有 5.14 万所，民办幼儿园有 11.54 万所。民办幼儿园的教育经费 423.48 亿元，占全国幼儿园教育经费 1018.58 亿元的 41.58%，民办幼儿园的教育经费收入中仅有 2.78%来自公共财政预算经费。[3]由这个调查分析数据可以看出，在农村和民办的幼儿园教育财政上的投放还是存在着不公平现象。导致农村、民办的幼儿园在建设学校环境的过程中，幼儿活动的场地狭小、投放的游戏玩教具稀少，环境、材料上的不足都限制了幼儿游戏的开发和利用。

三、开发和利用幼儿游戏的策略

（一）提高教师开发和利用游戏的能力

1. 加强培训学习

教师应该正视自己在游戏组织方面上的不足，发挥自身的主观能动性，进行反思和总结，积极主动地对幼儿游戏进行学习。在理论知识方面，可以积极地参与学校组织的培训，购买一些幼儿游戏方面的专业书，或者网上查阅具有代表性的论文扩大自己幼儿游戏的知识面。对幼儿游戏行为的观察是教师实施有效指导的前提条件，在游戏进程中仔细观察儿童的各种行为表现和在不同类型游戏中的发展水平，根据实际情况及时调整游戏方案，以便于游戏顺利进行。在每次游戏结束后进行客观、准确地自我评价，进行反思，改正缺点。从而不断地积累游戏的实际操作经验，提升自身对游戏活动的组织能力。当具备了一定的幼儿游戏理论基础和实践能力，就有助于对游戏进行更好地开发和利用。

2. 提高对游戏的认识和创新能力

教师应该改变只有教学最重要的思想观点。2011 年国家颁布的《幼儿园教师专业标准（试行）》就提出教师应该将游戏作为幼儿的主要活动，创设丰富适宜的游戏环境，发挥游戏的独特作用。幼儿年纪尚小，在他们心智刚刚萌芽的阶段让他们接受大量晦涩难懂的知识，压抑幼儿玩的天性，容易让幼儿产生厌学的情绪。应该将玩与教相结合，两者相长，借助游戏让幼儿在自由宽松的氛围下学习，实现真正的玩中学。

时代在不断地发展，幼儿也在不断成长变化，以前的游戏并不代表就适合当下孩子的发展。教师对于老旧的游戏不能一味地照搬照抄，应该以当今幼儿的实际发展水平、心理需求特点作为基础，对不符合要求的幼儿游戏进行系统性的了解、探究，寻找创新点和突破口，才能更有利于幼儿游戏在原来的基础上得到更好的开发和利用，找到更适合幼儿的游戏，让他们能够真正地在游戏中得到成长和快乐。

（二）提高对教师的选拔要求

2010 年 9 月，江苏某幼儿园大班的老师殴打班上幼儿，先后打了三次，整个过程持续 30 多分钟。2012 年 10 月，浙江省某市的民办幼儿园的小二班老师在活动室里强行揪住一名幼童双耳向上提起，同时让另一名女教师用手机拍下。教师的无证上岗和师德败坏导致“虐童事件”的频频发生。这就要求幼儿园在对教师进行选拔和考核时要保证每位入园的教师都具备教师资格证。除了具备相应的教师能力，教师的师德更是重中之重。一名教师只有真正从心底关爱幼儿，热爱幼教这份职业，才能鞭策自己，对自己严格要求，端正自己的教育态度和规范自己的教育行为，提高自身的专业知识和能力，认真地完成教学任务，更好地为幼儿游戏的开发和利用提供帮助。

（三）增加专项经费和投入

材料是游戏的物质支柱，是游戏的工具。幼儿的思维以具体形象性为主，离开了材料，幼儿无法调动已有的知识经验，游戏就难以进行。符合幼儿年龄发展、兴趣需要的游戏材料能吸引幼儿的眼球，能激发幼儿的好奇心和探究欲望。好玩、有趣、丰富的东西自然而然地会让幼儿全身心投入。从幼儿已有的生活经验出发选择游戏材料，会更贴近幼儿的实际操作能力，又对幼儿的能力发展有一定的促进作用。教师开展幼儿游戏也就更简单、直观，幼儿参与游戏的状态、取得的游戏效果也会更好。根据幼儿参与游戏的表现，有利于发现更适宜幼儿和幼儿更喜欢的游戏，能更好地对幼儿游戏展开针对性地开发和利用，进一步对幼儿游戏进行补缺补漏。

冯晓霞介绍，我国政府对学前教育投入大概只占到教育经费的 1.3%，而国际水平是 3.8%[4]。从这个数据看出，和世界相比，我国对幼教事业的教育经费投入还是相当少的。而且有个别教育工作者存在贪污教育经费的现象。对于这些情况，政府应该保证学前教育的教育经费支出，健全用人体系。对教育经费的支出应该加强管理、监督，防止教育官员的贪污腐败。学前教育是每个人成长的起步，是基础教育的重要组成部分。游戏又是幼儿发自内心喜爱的活动，游戏的材料和环境的配置需要一定的教育经费作为支撑，充足的教育经费可以改善游戏环境，创造丰富的游戏条件，完善游戏基础设施，保证游戏在开发和利用过程有更多的机会和提升空间，真正实现游戏对幼儿的教育价值。

参考文献

[1] 许丽珍. 从游戏视角看幼儿教育[J]. 教育与教学研究，2012，26（3）：126-128.
[2] 胡艳丽. 少儿左右脑智力开发手指操[J]. 出版广角，2013（Z1）：111.
[3] 李祥云，魏萍. 我国学前教育财政投入的现状、问题与政策建议[J]. 财政经济评论，2013（2）.
[4] 冯晓霞. 我国教育经费仅 1.3%投入幼教 远低于国际平均值[J]. 长三角教育，2009（4）：3.

幼儿园区域活动与主题活动优化整合的实践研究

秦金所

摘 要： 如何将区域活动与主题活动进行优化整合，已成为当前学前教育的一个重要课题。文章结合幼儿园教育教学实践，从当前幼儿园教育现状出发，以《幼儿园教育指导纲要》为依据，用观察法、比较法、案例分析法和文献研究法，对幼儿园整合教育的现状做出了研究调查，并分析了其成因，提出了相应的策略。

关键词： 学前教育；区域活动；主题活动；优化整合；实施策略

随着现代教育理念的转变和新版《幼儿园教育指导纲要》精神的深入人心，主题活动和区域活动的优化整合已成为幼儿园教学的主流。如何将区域活动与主题活动进行优化整合，已成为当前学前教育的一个重要课题。把主题活动融入区域活动中，在区域活动中体现主题活动，尽可能地利用空间、环境、材料，因时、因地地把资源应用起来，把不同领域知识有机联系，把综合性、趣味性、活动性寓于整合活动中，才能在幼儿教育活动中真正实现集体教学与个别教学优势互补，使两者相得益彰，取得最佳的教学效果[1]。而就目前幼儿园整合活动开展现状而言，不难发现还是有诸多问题的。为此，笔者结合近年来的研究现状和自身实践教育经验进行探讨。

一、相关研究综述及分析

近几年，我国许多教育者进行了关于幼儿园整合课程的实践研究：北京科学教育研究院的汪荃等人所进行的课题“以游戏为基本活动的课程模式的研究”，就区域游戏和主题游戏的融合进行了深入而系统的研究。他们打破了以传承知识为核心的传统课程观，吸纳了方案教学、项目教学和光谱方案等整合性课程范式的课程理念，研究讨论出了区域游戏与主题游戏融合的课程新模式，为大多数一线教师提供了一整套方便掌握的、可操作性强的、把区域游戏与主题游戏进行有效融合的策略和方法[2]。该项研究为幼儿园和幼儿教师带来了新的策略和方法，但是研究的课程整合了不同国家的先进教育思想，这些思想固然有它的可取之处，可是研究的目的是为了在我国使用，为了满足我国大部分地区的幼儿园使用。该研究强调的是把传承知识作为核心区，整合国外的先进教育理念，并没有把幼儿的主体性放在第一位，没有真正考虑到是否满足幼儿身心发展的特点和规律，也没有从我国国情出发，虽然教育是相通的，并没有真正意义上的地域之分，但是由于国情不同、幼儿的身心发展也存在差异。所以并不是把好的教育理念融入整合教育就是最好的教育策略和方法，而是需要找到真正能够满足幼儿身心发展需要、满足幼儿的学习兴趣、适应于我国基本国情、以当前的新课程改革为依据的幼儿园教育方法和手段。

扬州市范水幼儿园开展的“关于区域学习活动与集体教学活动的整合研究”，他们大胆设想把区域活动巧“嫁”于集体教育活动，并且把区域活动在形式上、内容上与集体教育活动进行相应的整合，将区域活动的指导方法迁移转嫁到集体教育活动中，改革集体教育活动，使集体教育活动也能“活”起来，变得多姿多彩，成为孩子们体验生活的实践场、自由畅想的大舞台[3]。该研究直接把区域活动巧“嫁”于集体教育活动中，并不一定就满足幼儿的需要，二者虽然是相辅相成的关系，但也存在其相悖的地方，并不是所有的区域活动都能够在集体活动中进行，必须因时、因地、因材地灵活应用，只有把二者进行优化整合，具体情况具体分析，对研究的问题进行反复的思考和探究，才能发现真正适合幼儿的教学方法和手段。

二、目前幼儿园活动整合的现状分析

目前幼儿教育活动虽然还是以分科为主，但是也有许多幼儿园和学者做了关于整合课程的课题研究，通过深入的调查研究，得到了大量的成果，这些成果为幼儿园课程整合的未来发展打下了坚实基础。但是由于现代社会来自各方面的压力也比较大，一些幼儿教师会有疲惫感，会对任何事情都报以随意、懒散的态度，不会把精力投入到更多的生活细节中，而大多数人们对整合课程的认识还存有偏差，因此在实施上会存在一些误区。

第一，由于分科课程的一直存在，课程整合大多局限于某一门学科内某一部分的小范围整合，因此学科或领域之间缺乏有机整合[4]。虽然幼儿园不用面临像小学和初、高中那样的升学压力，但是每一个幼儿园都会有要完成的教育教学目标。我国大多数幼儿园把知识的学习和掌握作为首要目标来完成，只考虑任务的完成速度和多少，没有考虑幼儿的真实需求。比如有些幼儿在入园时还不满三岁或者在认知能力和身体发育上与同龄幼儿相比有显著差异，对于这样的幼儿，教师只按教学进度来进行教学，而没有考虑到其差异性，结果只是完成教学任务，并没有达到教学效果。

第二，区域活动的目标并没有与主题活动目标相整合。他们还忽视了一个最重要的问题，教育不仅仅是知识的单纯传递，更需要人的参与。在整个教育活动中教学是最关键的环节，而教学是由教师的教和学生的学一起组成的教育活动。如果教师只是一味地去完成教育部规定的教学的既定目标，而没有顾虑到幼儿的学习情况，那么这样的教学也就失去了原本的意义。例如，有些教师在教学的过程中只一味地去传授知识，并没有考虑到幼儿是否能理解和接受，这样的教学只起到照本宣科的效果，无实质成效。

第三，在开展教育活动时，教师更多的是把精力花在了为幼儿上小学的准备上，并没有把目标放在幼儿身心的发展上，也没有去思考和探究主题与区域的整合是否合理，只是去完成已有的教育目标。因此，区域活动和主题活动的目标和内容是相背离的。他们只是一味地去教幼儿要学习的东西，而没有从幼儿发展的整体性、阶段性和差异性出发[5]。在这个经济知识时代，知识是永远也学不完的，只有做到真正喜欢学习、学会学习，才能使人终生受益。

对于一个人的学习来说，兴趣才是最好的老师，学习只有真正发自内心的喜欢，才能将其转变为内在驱动力和学习的原动力，只有真正喜欢，才会主动地、积极地去学习[6]。在课程改革的新形势下倡导“教不如不教”“授之与鱼不如授之与渔”，一个人如果通过学习获得了探索解决问题的方法，那么，他就有可能不断运用这些方法去寻求尚未知晓的知识，探求解决各种新问题的方法。

第四，还有一些幼儿教师把整合教育误以为是把各个不同领域的知识融合在一起，没有从实际出发，也没有把主题目标和区域内容真正地整合在一起，使得教育活动不能够很好地完成，甚至设计的活动完全没有可操作性、探索性和游戏性。例如，在开展“小兔家的房子”这一教学活动时，教师在教学过程中都进行了构成房子的形状、让幼儿用积木搭建房子，同时还进行了画房子的活动。该活动看起来丰富，但是在操作中没有主次，使整个活动过程混乱不堪。该教师把整合教育理解为是不同领域糅杂在一起的活动。

第五，整合课程对教师的要求太高，大多数教师不能用好课程。由于课程中活动设计涉及的领域可能比较多，基本会在各领域跳来跳去，没有主次之分，这会让教师在教学时很难把握。因此在教师进行活动的过程中很容易因为没有把握好而出差错，特别是刚进幼儿园工作的新教师。

第六，对于现今的教育现状来说，我国城乡幼儿园的差异还是很大，整合教育课程对幼儿园各项设施的要求太高，对幼儿自身的学习和认知水平也有较高的要求，但是农村幼儿园总体面积不大，班级又多，每个班级的人数也很多，这样的现状导致教学活动很难得到有效的开展。目前整合教育课程对环境和班级学生数量有较高的要求，所以并不能很好地在农村开展，因此只将重点放在城市示范性幼儿园。

第七，根据调查，现在还有较多地区的家长存在一种思想，他们觉得孩子之所以要上幼儿园不是孩子本身应该要去，而是因自己工作忙，没时间带孩子，所以把孩子送去幼儿园，完全把幼儿园当作一个暂时寄养孩子的地方。这样的家长认为孩子在幼儿园能够吃饱，不和其他幼儿产生冲突就行了。由于一些这样的观念存在，当教师在开展活动需要家长支持和配合时就比较困难。所以这也是导致幼儿教育得不到更好发展的因素之一。

出现以上现象的原因有：

第一，正在一线岗位上的幼儿教师的教育观念可能还停留在以前他们读书的那个时候，学习只是老师一味地在讲，学生只是抬着头听。他们把自己已有的学习经验用在了幼儿的身上。这种教育理念完全不符合当下的教育现状，尤其是在幼儿教育中。

第二，教师的教育观念没有转变，教育教学能力、经验不够，没有把整合教育的理念真正掌握，只是表面地把各领域融合在一起，认识太过于表面和片面化。

第三，没有从根本上去了解幼儿的需求，目标制定太过草率，没有真正做到从幼儿的实际情况出发，材料准备太过单一、随意，并不在意幼儿是否有兴趣去玩投进区域的材料，不符合现代教育理念中“以人为本”的观念。

第四，教育资源的匮乏，城乡差异大，不能大面积地把整合教育实施到每一个幼儿园。

第五，家长对幼儿教育的认识不够到位，还存在一些偏差和误解。

三、区域活动与主题活动优化整合的策略

（一）转变教师的教育观念

树立新的、符合当前发展的教育理念，把幼儿身心发展的特点及兴趣、需要放在首要位置。教学要从教育发展的实际和幼儿已有的生活经验出发，不要过分依赖于课本。做到教育理念取之于课本，教学经验来源于实践，把主题与区域做到真正的优化整合。幼儿园虽然也面临升入小学的压力，但这并不是幼儿园教育最终目的所在。幼儿园教育是为了一个人的长远发展做准备，而不单单是为培养一个合格的小学生作准备。

例如，在开展以“节日”为主题的活动时，教师不可能把每一个节日都告诉幼儿并且让幼儿理解。教师是做不到这样的，因此只能把节日的主题目标融入区域活动中，并结合幼儿的认知和生活经验，把他们熟知的比如春节、中秋节、端午节和国庆节等融合到区域活动中。教师通过区域把准备的与节日有关的材料投放到区域中，并通过创设相应的环境，让幼儿在区域活动中感受节日、了解过节需要准备的东西，并让幼儿自己动手操作材料，体会到活动所带来的乐趣。在活动中教师要时刻关注幼儿的兴趣、需要。例如在中秋节快要来临时，家家户户都要准备月饼，有各式各样的，还有不同口味的，教师可以让幼儿和家长一起准备幼儿喜欢的样式和口味，组织一场“大家一起过中秋”的主题活动。还可以邀请自己的爸爸妈妈来，看看爸爸妈妈们是怎么合作互动的。

例如，“大家一起过中秋”这一主题活动，可以由不同的家庭轮流表演他们家是怎么过中秋节的，把准备好的服饰换上，把不同口味的月饼道具拿出来，由一个人来分发，然后爸爸或者妈妈来给小朋友讲述中秋节的由来。家庭表演结束后，还也可以让幼儿进行角色扮演，激发他们的创作灵感，同时也培养了幼儿的表演才能，增长了知识。让幼儿去展现自我，增强他们的自信心。

（二）区域活动材料投放需突出主题目标

当时我进行实践研究时所在的班级是小班，并在幼儿园开学两个星期才去的，所以班上已经有许多区域材料。当时的主题是微笑，于是一去幼儿园我和一起搭档的另一个老师就在准备设计“微笑”这一主题活动。我们决定在开展“微笑”这个主题活动中，可以让幼儿讨论，之后教师告诉幼儿什么是微笑；教师在准备材料时可以准备一些关于其他情绪的表情图片。比如，伤心、愤怒、大笑、流泪等不一样的表情，让幼儿分辨，并让幼儿表演，这样可以更直观地让幼儿感受什么是微笑。

例如，在开展区域活动“神奇的房子”这一活动时，教师应该给幼儿提供足够多的积木和大、中、小不同的房子模型，让幼儿从观察房子的形状到能自已用积木搭建不同样式的房子。该活动不仅让幼儿学会搭建房子，还让幼儿认识到房子是由正方形、长方形、圆形等形状构成的。开展这样的活动，让单一的主题活动通过区域活动的补充，延伸出更有意义的其他活动，学习到更多方面的知识，达到一举多得的效果。

（三）材料投放要不断更新和创新

幼儿天生就有探索潜能，有自我发展的能力。过于单一、乏味、一成不变的游戏材料会使幼儿失去发现、探索的欲望。随着新鲜事物的不断出现，会不断激起幼儿对新事物的探索欲望，认知能力也随着新事物的出现得到大大的发展和提高[7]。幼儿园的主题活动一定要定时更换，每个主题活动涉及的内容都应该是不同的，可以是有关于天气的，有关于家的，有关于汽车的，有关于蔬菜的，有关于糖果的，有关于水果的，等等。在投放材料时，我们也不能将所有材料一下子投放完，而是有意识地分时间段和幼儿的学习情况来投放，在察觉幼儿对已有材料失兴趣时，再投入一些新的材料。

例如，在开展“水果精灵”这一主题活动时，可以分不同种类投放不一样的水果，比如第一个星期投放核果类水果（桃、李、杏、梅、樱桃等），第二个星期投放坚果类（栗子、核桃、开心果等），第三个星期投放柑橘类（柑、橘、柚子等），第四个星期投放浆果类（草莓、石榴、猕猴桃等）。通过不同时间段投放不同的材料，不仅使幼儿认识到不同种类的水果，同时能增强其观察能力和探索欲望。

（四）创造动态区域环境

让幼儿分阶段去了解、探索每一件事物，这样的动态过程会增加幼儿的探索欲望。如在自然角中让幼儿自己种植植物。

在开展“神奇的植物”科学教育活动中，教师可以先收集一些生活中常见植物（如洋葱、向日葵等）不一样的花种，把它们每个生长阶段的资料和图片给幼儿，初步了解其生长过程和特点，再让幼儿和家长一起准备自己想要种植的植物种子，让幼儿观察自己的种子并用表记录下来。观察完之后再让幼儿自己把种子种上，贴上属于自己的标签，隔几天来给它们浇一次水并注意观察它们的变化。最后让每个幼儿总结自己种植的过程植物发生的变化。在开展科学教育“一年四季的变化”的主题教育时，可以单独用一块区域来进行环境创设，把春、夏、秋、冬分为四次创设，在以春天为主题时可以在墙上贴一些图片（不同的花、和家人朋友春游的照片等），秋天可以用凋零的树叶做贴画，还可以收集秋天丰收的果实等。

（五）创建幼儿展示舞台

幼儿天生就是表演家，他们渴望得到他人的赞赏和关爱，所以教师在制定活动计划时可以不完全使用成品材料投放到活动区域中，可以只给他们创建一个框架，让他们自己去补充自己感兴趣的材料。比如可以以“绘画”为主题，让幼儿画他们自己想画的东西；还可以以“小设计师”“小厨师”等为活动主题。

在开展以“我是小厨师”的主题活动时，教师可以和家长提前做好沟通，说明我们最近开展的活动需要得到家里的支持和配合，让家长给幼儿准备一些他们想要做的食材，并且尽量配合幼儿的喜好，让幼儿参与到食物制作过程中，比如可以做水果沙拉、水果拼盘，也可以做几个家常菜，也可以包饺子等。在制作的过程可以拍一些照片，把照片洗出来。幼儿把照片带到幼儿园展示，并说一说他们家的特色，最后把照片贴在准备好的照片墙上。

组织开展这样的活动，对教师、幼儿和家长来说都是有益的，教师可以不用满堂言，幼儿也可以感受到参与活动的快乐，家长在日常生活就能参与到孩子的教育，了解到孩子近期的发展。

幼儿教育是整个教育体系的基础，直接关系到幼儿自身的发展和国民整体素质的提高。从幼儿园课程的发展现状来看还存在许多不足之处，目前仍处于待发展和完善的理论阶段，通过对整合课程的实践研究获得一些可行的方法和策略，希望能够帮助教师转变教育观、儿童观和教师观。只要用心去发现、感悟、思考，最终将教育理念转化为教育实践，加上幼儿园主题活动和区域活动的优化整合得到国家、教育部门和一线教育者的支持、肯定和不懈努力，一定会得到很好的发展，相信幼儿园整合教育的普遍实施在不久的将来会取得令人满意的成果。

参考文献

[1] 陈少熙. 主题活动与区域活动整合的实践研究[J]. 文教资料，2007（9）.
[2] 刘儒德. 问题式学习：一条集中体现建构主义思想的教学改革思路[J]. 教育理论与实践，2009.
[3] 李槐青. 当前幼儿园科学教育中的问题及对策研究[D]. 长沙：湖南师范大学，2006.
[4] 徐梅. 浅谈如何培养小学生学习语文的兴趣[J]. 信息教研周刊，2014（7）.

乡土资源在幼儿园教育中运用的实践研究

陈虹先

摘　要：人们的生活离不开环境，我们周围的一切资源，都会给孩子们带来快乐，生活在农村的孩子，每天都在地上奔跑，家乡的一草一木陪伴孩子成长，周围的一切为幼儿提供了丰富、宽阔、趣味的活动场所。笔者着眼于农村地区幼儿园的实际情况，调查、分析和挖掘黔南地区的乡土资源，围绕本地乡土资源在各项活动中的运用情况进行了探索与总结，旨在发挥乡土自然资源的价值，给孩子们幼儿园带来独有的快乐。

关键词：乡土资源；民风习俗；学前儿童

一、研究概述

（一）乡土资源的概念

由于本研究主要涉及乡土资源在幼儿园中的运用情况这一核心内容，由此所提到的文献主要围绕乡土资源相关理论进行总结。在已有的研究中，黄浩森把“乡土”概括为：“乡土”不是凝固的，而应该是动态的，它不仅仅是一个空间上的名词，更多是个体内在的生活表征，包含着区域特点和经验意识，它随着一个人居住和成长的过程以及对此的认同和关怀的程度而变化不定。

基于已有研究，笔者针对研究的内容、范围，采取操作性定义，主要讲述都匀市H幼儿园运用乡土资源的实际情况。因此，本研究中的乡土资源主要指黔南地区幼儿园教育中运用的资源，是幼儿出生、成长或幼儿园所在地的自然生态和文化生态方面的资源，涵盖全面，范围广阔，内涵丰富，形式多样。

（二）乡土资源的内涵

黄浩森认为，乡土资源是由“乡土”“资源”共同组成的，乡土资源是指一个地区中蕴含丰富教育价值的自然资源、人力资源以及社会资源，主要包括区域地理、地域特色、古迹、自然景物、历史沿革、社会变迁，以及当地的传统文化、民间艺术、民风习俗等内容。[1]

（三）研究对象的选择

笔者通过前期调研，了解到都匀市H幼儿园在园长的带领下，不定期开展一些乡土资源进幼儿园的活动，实施效果好，幼儿感兴趣，家长支持。例如，大豆、黄豆、花生、折耳根种子和树叶画等一些利用本地区资源的活动。黔南地区资源丰富且具有鲜明的特点，这里的资源充足，其中，特色建筑有银饰店、毛尖小镇、茶坊；自然资源有蟒山、青云湖、花卉基地、菜园；民族文化有苗族、布依族、水族等民族的民族文化、民歌民乐、文学，以及名胜古迹、特产等。综合以上分析，笔者决定选择该幼儿园作为本研究的研究对象。

该幼儿园的具体情况如下：

位于黔南州都匀市，1983 年建立，隶属都匀市教育局，是一所公办幼儿园，都匀 H 幼儿园是孩子成长的摇篮，是教师成长的绿地，是园长谱曲的平台，2002 年顺利通过了省专家的评估，成为省级一类幼儿园，幼儿园正式教职工人 28 人，其中专业技术人员 23 人，专任教师学历合格率为 100%，园内共开设 15 个班，设有大、中、小年龄班级。其中大班 6 个，中班 4 个，小班 5 个，幼儿总人数 735 人。

二、乡土资源在幼儿园教育运用中的价值分析

（一）丰富教育资源，构建园本课程

乡土资源具有的价值：

第一，贴近幼儿生活，幼儿熟悉。从乡土资源的概念知道，乡土资源是幼儿生活所触及的资源，幼儿在与父母生活中对于周围的这些事物相对熟悉，不至于陌生。

第二，幼儿教师利用时就地取材，花费时间较少，方便。相对课本上提及的资源，本地区的民族文化、民间游戏以及民俗或者语言，教师需要使用时方便快捷，就地取材，省去很多寻找资源或者购买的时间，减少很多人力物力。

近年来，我国出现出了许多关于幼儿教育的教材，这些观念和前沿的内容，展现时代发展的风采，得到了大批幼教工作者的喜欢，但由于我国疆域广阔，地理环境的差异使这些教材在使用时存在着一些的局限，一般幼儿活动用书中关于“雪”“冰”课程活动及其游戏，在南方很难实施，而我们的幼儿需要了解和认识有关季节的知识，了解南北差异和各个季节的特征，因此，幼儿教师通过挖掘本地丰富的自然、民族、社区、等乡土资源填补教育资源，构建园本课程。园本课程指每个幼儿园在独特的内外条件相互作用下所呈现出来的课程的独特性特征。

（二）保护本地区资源，萌发幼儿热爱家乡的情感

中华人民共和国教育部颁布的《幼儿园教育指导纲要（试行）》（简称《纲要》）中明确指出：“环境是重要的教育资源，应通过环境的创设和利用，有效地促进幼儿的发展。”这里的自然环境就是幼儿园环境。[2]利用孩子生活周围的民风习俗、艺术、游戏等在课堂上活动，在教师与幼儿的互动、幼儿与幼儿的相互交流中，孩子亲身感受家乡真实存在的一切，这样能够增进幼儿对家乡的认识了解，萌发孩子对周边事物的关爱和保护的情感，保护本地区资源，萌发幼儿热爱家乡的情感。

（三）激发幼儿的学习热情，促进幼儿全面发展

我们都知道，兴趣是最好的老师，对幼儿也同样如此，感兴趣的就会玩很久，爱不释手，充满好奇，不感兴趣的就不会去触及，因此，为了吸引幼儿的注意力，教师除了利用幼儿园教材外，还可以将幼儿在家玩的玩具，家长自制的玩具带入校园，孩子在自选活动时根据爱好和喜欢，玩自己带来的玩具或者跟好朋友交换玩，在这过程中，教师可以适当引导，这样既利于孩子成长，又增加孩子的情感交流。孩子在这一过程中体会到乐趣，激发幼儿的学习热情，以此让孩子在玩中成长。

乡土资源在幼儿园教育中的合理利用，在利于促进幼儿动手能力、表达能力、创新能力等能力的发展，有利于幼儿学会发现和欣赏日常生活中的美，以此培养幼儿的审美能力，有利于幼儿进一步了解家乡的方方面面，激发幼儿对家乡的热爱之情。

三、乡土资源在幼儿园教育中运用的实践探索

（一）乡土资源在环境创设中的运用

幼儿每天从早上来到学校，就在里面活动，因此，给孩子一个健康、美观大方的环境是教师必须做到的，幼儿园的环境创设是非常重要的。

研究者发现，都匀市 H 幼儿园的环境是非常有特色的，这主要是在园长的带领下，各班教师带领自己的学生创设的，我们发现，墙面上挂满了很多绘本跟美术作品，这些作品是孩子在家跟爸妈一起去公园玩了所画的，真真切切让孩子在快乐中学习（见图 1、2）。《纲要（试行）》中明确指出：“环境是重要的教育资源，应通过环境的创设和利用，有效地促进幼儿的发展。”这里的自然环境就是幼儿园环境。由此可以看出该园注重环境创设，另外在植物角发现许多孩子从家里带来的各种植物，在创设环境时不断从视觉上强化美术的活动信息，在走廊和互动墙面上，幼儿的美术作品和老师的手绘作品随处可见，室外的环境如操场，除了使用大型活动场所的工具外，让幼儿带来在自己家里和他爸爸妈妈一起制作的手工作品，还有自己喜欢的玩具、植物，进行布置，如此将幼儿的作品展示出来，可以让他们产生一种成就感，从而更加喜欢这种环境，让自己不陌生，达到一种在这种环境中，能够有一个良好的发展的效果。

图 1

图 2

（二）乡土资源在集体教育活动中的运用

在都匀 H 幼儿园的教育活动中，研究者通过与大、中、小班教师的沟通，得知该园在利用乡土资源时采取就地取材的原则，在最近这一个月内，开展乡土资源的主题活动，研究者根据各班的情况挑选了几个她们开展的主题，写出其中的一个活动方案，画出主题网络图，展示出以下活动课程体系供参考说明。

另外，笔者还参加各年龄班开展的活动，并画出主题网络图：

1. 小　班

因这里的都匀毛尖是我国十大名茶之一，闻名中外，我们的教师为了让小班幼儿充分了解都匀毛尖制作的整个流程，特以茶为话题，开展“认识茶叶”“参观茶坊”等社会活动，让孩子在活动中认识茶叶，培养幼儿对都匀毛尖茶的认识。

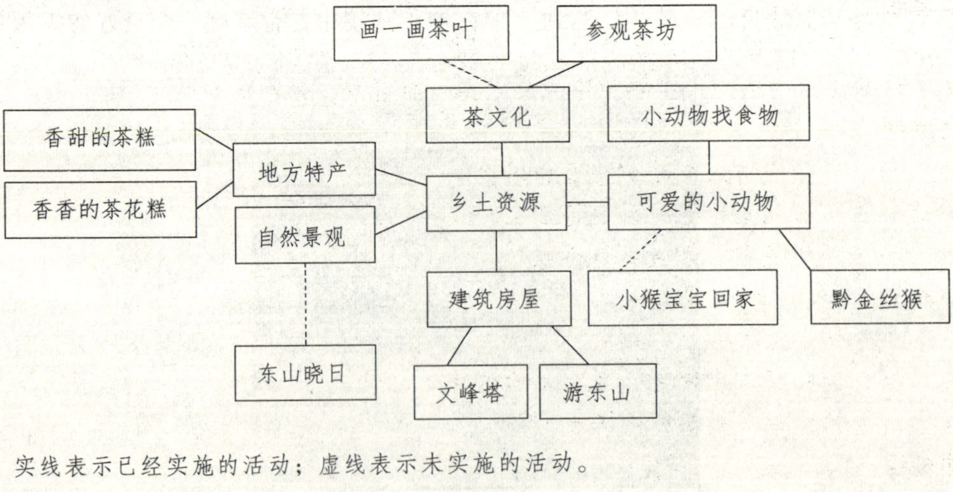

注：实线表示已经实施的活动；虚线表示未实施的活动。

图 3

这里山清水秀，自然风光优美，少数民族聚居，民间服饰漂亮，开展以上活动利于孩子了解本地区的山水、民俗、语言。

2．中　班

活动："青云湖""青云的传说""观看青云湖""我爱青云湖""怎样钓鱼""神秘的石板街""探秘蟒山""斗篷山的故事""重访东山""快乐的小动物""我爱斗篷山""我们家乡的布依族、苗族""多彩的民族服装""苗族银饰""布依之歌""学习苗话""到苗族、布依族小朋友家做客""家乡的民间工艺""漂亮的银饰品""都匀毛尖茶""美丽的彩虹桥"。

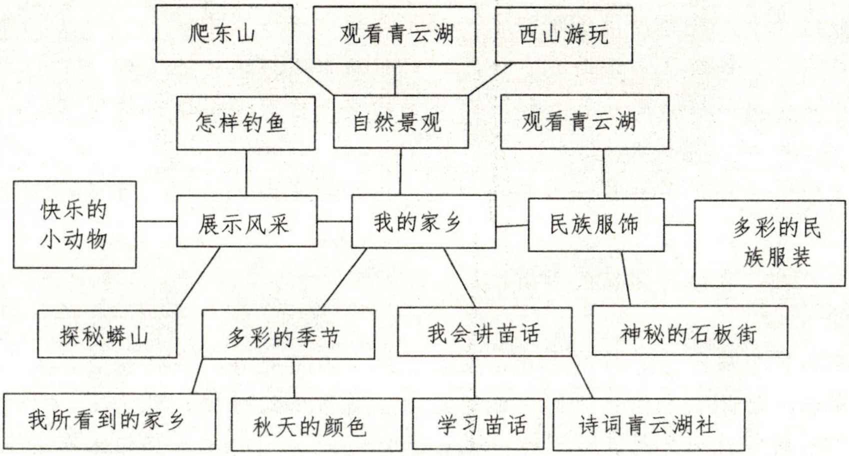

图 4

3．大　班

活动："水族之乐""做客三都""我的水族小伙伴""漂亮的水族服饰""折纸""端节与卯节的故事""三月三""布依六月六""美丽的蟒山""我喜欢的蟒山""虫鸣鸟唱""高高兴兴过春节""美丽的石板街""漂亮的剪纸艺术""家乡的桥"。

活动案例：家乡的桥（大班）

活动背景：

因剑江穿过都匀市城区，江上有很多桥，因此享有"高原桥城"美誉，为了让幼儿了解这里桥的名称跟桥的构造，产生热爱家乡的情感，特开展"家乡的桥"活动。

活动目标：

1. 通过活动，知道桥的名称、构造和用途
2. 能说出都匀市几座熟悉的桥的特征
3. 感受桥带来的便利，喜欢魅力桥城

活动准备：

1.《高原桥城》纪录片
2. 七彩桥，百子桥，风雨桥，立交桥的图片
3. 各种形状的积木，彩笔，纸若干

活动过程：

1. 说说你见过的桥

（1）谈话。

谁能告诉我，我们居住的城市叫什么？她有一个美丽的名字叫什么？你知道为什么叫高原桥城吗？你去过都匀的哪些桥？她叫什么名字呢？

（2）播放纪录片。

我们从纪录片里看到了这里有好多好多的桥，知道它们的来历，现在我们来看看这些桥。给幼儿介绍百子桥、彩虹桥、西山大桥。

2. 了解桥的基本构造

（1）幼儿自由分组。

（2）按分组坐下，教师提供各种积木，幼儿自行搭建一座桥。

（3）搭建好了，每组请一个幼儿上台跟大家分享本组搭建桥的结构。

（4）拿出斜桥跟吊桥，向幼儿介绍桥的基本构造、桥面、桥墩、护栏等。

3. 了解不同桥的作用和特征

我们刚才欣赏了那么多桥，谁能告诉大家，桥是拿来做什么的，百字桥，风雨桥，它们有什么不同？

孩子自由讨论，说出不同之处与用途。

活动延伸：

（1）在建构区中展示各种桥的图片，幼儿可按上面搭建各种各样的桥。

（2）请家长和幼儿利用休息时间去江边走走。看看桥的种类、颜色。

活动效果：教师就地选材，通过本活动，让幼儿对自己的家乡都匀市有一个初步认识，了解“高原桥城”，知道桥的用途和构造，同时，让幼儿搭建桥，让孩子的思维得到发展，这是一个利用乡土资源进行教学，效果很好的一个活动。

通过以上H幼儿园的这些集体活动的开展，可以看出该幼儿园在集体教育活动中对乡土资源的运用还是比较不错的，接下来，我们看一下在其他活动中运用的情况。

（三）乡土资源在区域活动中的运用

在区域活动中，研究者发现，幼儿园处处运用了该地区的资源。

生活区：大中班开设“农家乐”，小班开设“娃娃超市”，将蔬菜、水果、农作物放置其中，供幼儿自由探索和开展游戏，教师还将花生、玉米、粮食投放在生活区，供幼儿进行剥皮、捏开、掰动等动作的练习，这些可加深幼儿对农作物的了解和小肌肉的练习（见图5）。

图5

益智区：添加核桃、蚕豆、黄豆和绿豆等乡土材料，供给幼儿开展智力活动（如数一数、捡一捡、夹一夹等），展示在幼儿园中，在玩之中认识农作物，并通过这些活动开发幼儿智力和促进幼儿小肌肉作的发展。

美工区：投放丰富多样的乡土材料，如蛋壳、橘子皮、贝壳、竹子、稻草、泥巴、石头、木棒等，制作各种各样的手工艺品，供孩子自由进行探索活动，将民间剪纸和雕刻作品放置在美工区，供他们欣赏民间艺术形式，孩子在动手操作的过程中，加深对各种乡土材料的认识，提高孩子动手操作能力和创造能力（见图6）。

图6

自然角：我们利用从家里带来的种子在植物区开展种植活动，将挑选好的种子放进泥土中，其中有石蒜、葱、豆芽、土豆、玉米、豆子、兰草等，种植后让幼儿每天去记录，关注它们成长，这样来培养幼儿责任意识，通过观察发现植物的生长发育，记录植物成长，此外，还有小蝌蚪的变化，让幼儿懂得关爱小生命，培养幼儿的爱心（见图7、图8）。

图7

图 8

（四）乡土资源在其他活动中的运用

除了在集体教学活动中运用，乡土资源运用的地方还有很多，比如在户外活动，一日常规都有运用，孩子每天在户外活动的时间是很长的，在这段时间里 ，对于小朋友来说，他们比较感兴趣的主要是游戏，游戏的种类很多，除书本上的游戏外，该幼儿园教师通过摘抄资料、绘制意图、写游戏玩法等方式收集本地区的一些民间游戏，将这些游戏玩法、规则编辑成册，带领幼儿在课外活动中玩，同时将整个游戏录下来，制作成影碟，在教室电视中播放，让孩子学会这些民间游戏，这些游戏主要有跳皮筋，滚铁环，躲猫猫，芦笙舞等。其中，男生更喜欢滚铁环，这里所说的铁环是用胶水管或者铁水管合在一起，用铁丝做一个环，然后就可以在宽阔的地方推着走了，女孩子通常喜欢躲猫猫，藏着让小伙伴们寻找。

幼儿早上来学校和放学等家长接时，也可以用乡土资源，因为该地区少数民族众多，班上的幼儿大多数是苗族、布依族或水族，在幼儿家中，爷爷奶奶大多说苗话、布依话，孩子在家中的时间多，也跟着家人学习苗话、布依话等家乡话。三都还有自己的水族文字，鉴于此，老师，除了在活动时间教孩子说普通话外，在其他时间也得跟小朋友们讲一些关于苗族、布依族古老传说的故事和方言，这样不仅能够让幼儿感兴趣，也有利于孩子学习自己的传统文化，丰富自己的语言和继承发扬语言、民族传说与服饰。

四、建　议

从幼儿园运用乡土资源我们知道了它的许多优点，但从目前来看，在我国幼儿园中运用的情况不容乐观。随着课程的改革，运用本地方资源必然成为一种趋势，针对本研究，笔者从幼儿园中运用的角度提几点建议：

第一，幼儿园领导、制订好合适的计划。幼儿园园长及其教导主任，每学期制订一些乡土资源相关的活动，并进行评比，例如，环境创设，主体活动以及自编的课间操。

第二，教师落实到位，积极配合幼儿园开展相关活动。在选择乡土资源时，结合幼儿的发展水平跟本地方特色选择教育资源，有针对性地进行教学。

第三，家园合作，社区合作。只有家、园、社区共同开展，才能更好用好乡土资源，希望家长支持并鼓励家长积极投身我国的基础教育。尤其是农村地区的教育，家长可在周末或者假期带孩子到黔南州民俗博物馆内，讲解一些资源，让孩子产生兴趣，为乡土资源活动的开展打下基础，激发幼儿的参与热情。

笔者相信，在不久的将来，我们的乡土资源活动一定会在幼儿园开展得越来越多、越来越好。

五、结　语

本文以都匀市 H 幼儿园乡土资源在教育中运用的情况为例，在笔者进入幼儿园，了解该园乡土资源运用的基础上，分析乡土资源的价值及该园在运用本地区资源中的教育价值，根据都匀市第二幼儿园在各项活动中运用到的具体情况，结合对乡土资源运用到教育活动、区域活动、户外活动以及其他活动中，了解乡土资源开发的必要性和乡土资源的重要作用。

在对都匀市 H 幼儿园调查期间，笔者深切地感受到幼儿园园长和幼儿园教师们开展活动的热情，当然，乡土资源运用的地方还有许多，通过本研究，笔者从这里看到了幼儿园对本地区资源的运用呈现良好的趋势，研究者期望更多幼儿园运用本地区资源，充分利用乡土资源的价值，运用到更多的活动中。

参考文献

[1] 李长吉. 乡土知识及其教育应用研究述评[J]. 当代教育与文化，2014（6）：1.

[2] 中华人民共和国教育部. 幼儿园教育指导纲要（试行）[M]. 北京：北京师范大学出版社，2001.

[3] 王颖莉. 农村幼儿园乡土课程资源开发与利用的问题及对策的个案研究[D]. 长春：东北师范大学，2011.

[4] 靳美玲. 幼儿园园本课程方案现状研究[D]. 沈阳：沈阳师范大学，2012.

[5] 管馨怡，王华. 浅谈乡土教育资源在幼儿园教育中的运用[J]. 中国农村教育，2014（12）：42-44.

[6] 郑妍. 大理市乡土教育资源在幼儿园教育活动中的应用分析[J]. 大理学院学报，2012（2）：111-114.

专题五

幼儿教师教育

幼儿教师职业倦怠的成因及对策研究

杨　丹

摘　要： 幼儿教师职业倦怠是指幼儿教师在工作中不能顺利应对的一种心理状态，表现在身体和心理倦怠、情绪耗竭和成就感较低等几个方面，直接影响了幼儿教师的积极教育行为。幼儿教师是孩子的启蒙者，而职业倦怠现象不仅对教师自身的身心健康构成威胁，还会间接影响幼儿健康的心理品质形成。本次课题重点探讨幼儿教师职业倦怠的成因，提出相应的对策。

关键词： 幼儿教师；职业倦怠；成因；对策

一、问题提出

随着社会的快速发展，教育事业在蓬勃兴起的同时，教育问题呼之欲出，人们的关注度与重视度也随之而多。党的十七大以来，本着科学发展观、以人为本的战略，教育也成为改革的重点。近几年来，在教师事业问题的关注上做了一些积极的工作，但这些工作都只能有限地缓和教师在工作中的不满情绪，始终不能从根本上解决教师职业倦怠这一问题，尤其是幼儿教师行业。幼儿学前期的发展是为人一生的发展做准备的，也是人身心发展的关键阶段，如今幼儿教师职业倦怠的现象逐渐增多，这将直接影响学前儿童的身心健康并严重阻碍我国教育事业的发展。

教师职业是教育事业的支撑者，最初的教师是将一些人聚集在一起，是人类社会出现社会分工以后的一种社会现象。教师是教书育人的专业工作者，需要投入大量的情感和精力教育和照顾学生。在这种社会变革的时代下，技术不断进步，观念不断更新，在21世纪全新的教育教学体制中，充满新的挑战。与此同时，教师的思想、行为也要与时俱进，又因其教学成就无法及时呈现，压力越来越大，教师个体一时很难适应，就很容易产生职业倦怠的现象。

二、幼儿教师职业倦怠的内涵与特征

（一）教师职业倦怠的内涵

教师职业倦怠的内涵是什么？一般是指教师在工作中不能顺利应对工作带来的压力时而出现的偏激反应现象。[1]这种现象在长期会产生情绪、态度和行为的衰竭状态。本次课题在研究教师职业倦怠的含义时有以下考虑，具体体现在三个方面：工作中的情绪衰竭、应对措施非人性化以及个人教学成就感低。而工作中的情绪衰竭是此类表现中的主要方面，有职业倦怠现象的教师时常表现出疲劳感、心情烦躁易怒、容忍度低并且情绪易紧张敏感。情绪衰竭，表露出一种无力感，缺乏激情与活力；对生活冷漠悲观。非人性化的教师表现为：不愿与儿童接触；对儿童的行为给予冷漠、厌烦、无视的态度；甚者还会对他人有攻击性的行为，与同事关系也不融洽；对儿童的回应有挖苦、谩骂或是不恰当的惩罚。[2]个人成就感降低表现为：教师对他们的教学工作没有期待，感觉做与不做没有多大影响，对幼儿的生活也没有多大改变；他们常常会感到自卑，将在工作中不顺利的结果归结于自己能力有限、没有动力，于此产生无力感。[3]

（二）教师职业倦怠的特征

第一，根据本人在实习过程中与老师们的交谈，结合资料来分析，幼儿教师职业倦怠的现象在当下是存在的，虽说整体职业倦怠现象的程度还不是很严重，但教师情绪衰竭的表现较为严重。只有自己经历了才知道，幼儿教师面对的是对一切充满未知与好奇的孩子，这将时刻提醒他们什么事情该做，什么行为危险。除了根据园里的教学计划施展教学活动，创设和谐温馨的内外环境，还有日常生活教育，照顾他们吃喝拉睡，承受着教育制度和园内保教两大重任的压力，从而体会到的身心衰竭、疲惫和无力感，这也促使他们经常抱怨“工作太累”“量太多”“时间长”“说话太多”“面对孩子总是提心吊胆”。

第二，初入工作不久的幼儿教师，职业倦怠倾向并不明显。教龄在 5 ~ 10 年的时间段，幼儿教师职业倦怠倾向达到高峰，而这个时间段也正是工作有无成就的关键期；加上教研和教学任务繁忙，同时，还要兼顾家庭，饱受来自工作、家庭的双重重担，[4]渐渐地没有教学热情和工作积极性；来自工作以外的压力也逐渐加深，最终导致工作热情衰退和教学手段非人性化的程度加强。教龄在 15 年以上的幼儿教师职业倦怠倾向逐渐降到最低的程度；积累到了足够的工作经验，而且个人对待未来发展倾向的心态也比较稳定，随之其倦怠的程度也在缓慢减弱。因此，幼儿教师职业倦怠的倾向是呈波动的趋势。

三、幼儿教师职业倦怠的现状表现

（一）生理、心理方面

一般所表现出来的症状有：常常失眠、多梦、食欲不振、工作时间长了易疲劳；更有甚者出现生理系统不畅、神经系统失调，身心情况也会出现异常。[5]如果这种身心疲惫和压力呈现过多并不被重视，那它将会慢慢侵蚀并消磨幼儿教师的耐心、爱心和责任感，危害他们的身心健康。教师情绪会多变，烦闷易怒、悲观、抑郁；自我否定、自信心不足；无法与人合作（包括家庭成员）；工作上经常抱怨、挑毛病、与同事关系恶劣；抱怨工作环境，容易出现神经过敏，看待事情比较消极。产生职业倦怠感的教师容易表现出疲劳感，无心工作，工作压力大，对自己做事没有信心；对待新事物也提不起兴趣，消极看待事物，缺乏上进心；经常抱怨、发牢骚。

（二）个人生活方面

大部分的幼儿教师表示，在幼儿园工作压力大，占用他们的业余时间长，日子久了他们对与孩子接触都有一种惧怕的心理；一部分教师感觉自己总把在工作中的低落情绪发泄在家人身上；即使常常更换工作，原有的情绪和压力并没有缓解，自身也没有调节和意识到这种倦怠感，新的环境也不能从根本上解决其自身问题；更甚者，工作时间久了，教师对幼儿辛辛苦苦教导没能及时得以回报，有时幼儿的一点调皮的小举动恰似故意惹他们生气，认为幼儿是没有感情的动物。对幼儿不能用平等的眼光对待，甚者还以标签式的语言对幼儿进行评价。

（三）工作方面

工作上没有积极性、办事草率；注意力不集中；缺乏决策能力，感觉不到成就感，有拈轻怕重的心理；教学古板不灵活；教师缺乏对幼儿的关爱，不注重幼儿的身心发展及个体差异，对幼儿的组织管理也出现差别对待。因此，他们便减少了与幼儿的接触，对幼儿缺少关爱和互动；把幼儿作为自己宣泄情绪的对象。对他们更多的是责怪、迁怒，甚至是不合理的责罚，以消极的情绪和急躁的心理行为来对待幼儿。再者，工作敬业率下降，不管是教育有关部门或是幼儿教师本身对专业的要求都是很高的,包括教师的自身素质和职业技能也如此，但出现倦怠感后的行为与前者会存在很大的落差，即使表现得也很敬业，却缺乏许多自主性和创造性。除此之外，出现职业倦怠的教师，其懒惰的表现增多，对推动学前教育事业的发展产生极大的消极影响，教师的教学质量也会随之下降。

四、幼儿教师职业倦怠的原因分析

（一）教师行业产生职业倦怠的主要原因

随着社会的迅速变化和发展，对幼儿教师要求也是不断提高和更新，使其不断面临着新的决策与挑战。教师职业是服务型职业，无论体制是否改革，都是他们的职责所在。教师职业也被认为是一个伟大的职业，把他们比作辛勤的园丁，像燃烧的蜡烛勇于牺牲自己。从这些都可看出，教师的教育教学质量要求也随着社会的发展而不断提高，一旦有所下降，教师将不可避免地受到社会严厉的批评与谴责。社会压力如此之大，幼儿教师每天耐心悉心地照顾幼儿的饮食起居，促使幼儿健康成长，十年如一日，职业倦怠现象由此产生。

民众对于这一职业没有统一看法，很多人认为，当幼儿教师无异于保姆，只不过是多照顾了几个幼儿。每个人都能胜任，只要不出什么意外就行了。幼儿教师和其他教师一样，假期时间较长，是一个工作日相对较少的职业；还有一些人士曲解幼儿教师职业的真正含义，将教师或是保育员看成是管理幼儿吃喝的保姆。长此以往，幼儿教师职业得不到较好的理解和重视，因此，幼儿教师很容易形成职业倦怠。

随着社会的发展，家长的文化水平和教育理念也在不断更新，孩子的未来成为越来越多家长关心和期盼的问题。“不能让孩子输在起跑线上”，家长对幼儿园教育也有了更多的重视和更高的要求。在家长眼里，幼儿教师就应该像母亲一样做到无微不至，全心全意对幼儿付出，倘若幼儿的表现没能达到他们所期盼的类型时，教师那“无微不至”和“付出”的形象便从家长心中抹去，这也很可能促使幼儿教师出现职业倦怠的现象。

（二）幼儿教师产生职业倦怠的特殊原因

幼儿教师产生职业倦怠的特殊原因，表现在职业和个人因素两方面。

1．职业因素

幼儿教师职业的特殊性在于，它不像小学或者中学教师那样单一地教授某一课程，而是要求幼儿教师在教学活动中，将保育和教育的工作结合起来，并促进幼儿德智体美的全面发展；他们的教学寓教于乐、寓教于游戏。除此之外，教师的教学内容要符合幼儿的心理发展特点，符合幼儿的年龄阶段特征；注重保教结合，教他们养成良好的日常行为和学习习惯，学会基本的自理能力。教师接触的对象是幼儿，其身心发展及个体差异都比较大，加上家长和社会的期望值高，教育教学任务便更加繁重。每个孩子生活的环境不同，其家庭的教养方式也有差异，教育工作施展起来比较困难。幼儿教师若没有强大的心理作支持，所承受的压力又不能及时得到倾诉，得不到同事、家人的理解和关心，长久下来，就会促使其工作积极性降低，逐渐形成职业倦怠。

此外，幼儿教师的待遇偏低，在访谈中，几位老师陈述，幼儿教师的薪资收入相对于小学教师收入较低，以都匀市为例，县级以上的公立幼儿园教师，大多每月薪资在 2000 ~ 3000 左右，偏远地区和私立幼儿园教师薪资更低。保育老师在幼儿园普遍薪资不超过 1500 元，由此看来，教师的待遇与其付出的劳动是不对等的，某种程度上促使教师职业倦怠。

再次，幼儿教师所处的环境流动性不大，考虑到幼儿对陌生环境不比成人的适应能力，常常施行“坐班制”，在另一种层面上便于幼儿园的制度管理。由此，他们所处的环境除了教室就是办公室和家庭，与外界环境接触甚少，生活境况比较单一；每天从早上接孩子入园进班，组织教育教学活动外，还要照顾幼儿饮食起居，培养其良好的生活卫生习惯，教他们基本的礼数。幼儿教师与社会外围的沟通减少；再加上社会制度，园内规章的要求，教师与教师之间存在强烈的竞争，他们之间的关系处于微妙状态，长期持有压抑心理，这种心理压抑不能即时得以缓解，对工作没有积极性，感到无力，缺乏成就感，逐至形成职业倦怠。[6]

2．个人因素

众所周知，幼儿教师以女性居多。这也是由女性本身所散发的“母性意识”来决定的，女性较男性在做事和具体细节上更耐心、细心。而这种品质正是在关注学龄前儿童的身心发展阶段中所必需的；事实虽如此，可女性也是人，人无完人，即使再怎么细心也不可能做到十全十美。她们也有自己的弱点，在幼儿园这种以女性教师居多的工作环境下，共事更易矛盾重重，钩心斗角，以至于对工作没有积极性，有自卑心理且成就感低，教师便易产生职业倦怠。

五、幼儿教师职业倦怠的缓解对策

（一）进一步提高幼儿教师的经济待遇

国家对提高教师的薪资待遇，合法保障教师应有的权益提出了相应的法律法规。根据《中华人民共和国教师法》第二十五条规定：教师职业的平均薪资应当不低于国家公务员的平均薪资水平，而幼教也同属教师法中所保障的教师行列。自改革开放以来，经济不断发展，为提高国民的整体素质，在发展物质财富的同时，也要注重国民精神财富的提高；在当下孩子的教育问题越来越受到重视，从先前的九年义务教育到如今学前期教育的普遍发展，学龄前的教育受到了广泛关注，而这一连串的教育重任便落实到幼儿教师的肩上。国办发〔2003〕13号《关于幼教改革与发展指导意见》规定，幼儿教师也应享有和中小学教师一样的待遇和地位，同样享有教师的进修培训、薪资待遇、社会保险及养老保险等方面的合法权益。所以，幼儿教师也应当受到尊重与重视，享有教师法中所规定的待遇，在保障他们基本的薪资待遇和社会保障的同时，对奖金发放进行严守把关，薪资发放、职称评定以明文条例进行，一方面减少其"惰性"行为，另一方面保障尽职教师应有的待遇。提高幼儿教师物质生活水平，使他们的付出与报酬相平衡，把更多的精力放在幼儿教育事业上，全身心投入到工作中，推动我国学前期教育事业的稳步发展。

（二）提高幼儿教师社会地位

1．政府及教育机构对学前教育的相关法文条例做及时地调整

政府和教育机构根据本民族地区的经济发展和教育事业的发展状况，适时加大对教育事业的投入，改革教育管理机制，摒弃老旧过时的条例和观念，紧随时代发展的步伐。通过立法驱使政府和教育机构对学前教育事业的重视，相关政府部门设立专门的学前教育机构，使优秀合格的幼儿教师们享有其应有的薪资待遇、医疗保险及养老保障等合法权益。[7]

2．加强社会舆论和家庭教育等宣传手段

为增强社会对幼儿教师职业特点的了解，可借助一些媒体宣传工具，开展家园合作教育。幼儿园的教育教学渗透着教育学、心理学及卫生学等理论基础，同时还以健康、语言、社会、科学、艺术等五大领域为教学内容，根据学前儿童的年龄阶段特征施展活动，促进幼儿德育、智育、体育、美育等方面的发展。一个好的、称职的幼儿教师可谓是一个全能王，能够将幼儿不理解且复杂的内容用浅显易解的方法教授给幼儿。可见，幼儿教师的工作并非老旧邻里所说的"看孩子的幼儿保姆"。让更多的人士了解幼儿教师职业，在幼儿园可多举办一些家园合作活动，如家长会或家长开放日还有一些亲子活动等，使他们从中逐渐体会幼儿教师职业的一日劳作，还能拉近与孩子的距离，增进亲子感情。利用家园合作活动日给家长做一些与幼儿教师职业相关的讲座，在为促进孩子的身心健康发展了解一些基本的育儿知识的同时，加强其对幼儿教师职业的认同，使幼儿教师职业在社会上得到认可和尊重，保障其应有的合法地位。

（三）改善教学环境

幼儿教师在园工作时间长，大多是与幼儿交往，与外界联系少。在这样的情景下，幼儿园及幼教组织机构应实施以人为本、酌情管理，即从情感入手，以情感人，建立和谐、友好的幼儿园关系，创造和谐融洽的心理环境；满足教师的生存需求，为他们的工作、学习和生

活排忧解难，争取各方支持，开源节支，创造良好的工作条件；不断完善自我，体现自我的人生价值；对中青年教师更需营造乐业从教的空间、发展和创新的空间，给予他们最起码的尊重，理解他们的所忧，关心他们的所感，创设一个安全、温馨、舒心的工作环境。只有这样，教师对工作的环境有了感情，思想稳定，以园为家，才会乐于从之。

（四）教师要努力提升自我素养

首先，端正自己的态度，正确看待职业倦怠的现象。了解职业倦怠产生的原因，绝大多数是来源于工作压力，产生无力感。因此，教师自身要有条不紊地组织教学和工作，增强自身的整体水平，减少来自工作上的压力。有职业倦怠的征兆，自己能及时调整，在征兆萌芽之际便将其扼杀，那么我们便可及时恢复平衡，而不需要一个长期过程。因此，保持一种积极的心态应对职业倦怠现象并及时调整，也免受其常困扰。

其次，应采取积极的态度和措施，放松自己，反省自己的失误，并及时处理。教师要纠正偏见，树立正确观念，寻求积极的应对方式等。由于职业倦怠与教师的职业压力有关，教师要学会自我放松，不要让自己的身体及精神一直处于紧张状态，当感到压力不断时，持续的放松往往比睡眠更有效。

再次，坚持正确的信念与职业理想。“教师的信念与职业理想是教师在压力下维持心理健康的重要保障。”[8]因此，坚持正确的教育理念和积极的教学态度，对提高教师与幼儿之间互动与合作的效率及缓解教师职业倦怠现象具有一定的作用。

最后，教师及时的反思是一个促进教师心理健康的有效方法。通过对教学经验和教学过程的反思来对视自身的教学行为，引导教师投入教学从而促进心理健康。及时反思不仅仅是教学过程中的简单反省，也是一种思考教育问题的方式，教师需对此做出理性的决策，并承担一定的责任。

六、结　论

本课题在综述教师职业倦怠的相关文献资料的基础之上，对幼儿教师职业倦怠状况进行观察，对影响幼儿教师职业倦怠的相关因素进行研究。整体上来看，幼儿教师职业倦怠的现象并不严重，但是有职业倦怠倾向的教师比重在大幅度上升；此次课题研究深度较大，大多信息是根据本人在实习见习期间收集到的，采集到的信息相对有限，一定程度上影响研究的信任度和有效度，研究幼儿教师职业倦怠的因素分析还不够全面。若能建立一个相对动态的幼儿教师从职业压力到职业倦怠的过程模型，对教师职业倦怠研究是一个很好的补充。而今，重视学前教育已成为全民共识，切实避免幼儿教师职业倦怠问题，不仅需要全社会来共同关注，集中各方面的力量来共同努力，相互配合；同时，作为幼儿教师自身也需要不断提升、超越自己。只有这样才能走出职业倦怠，全身心投入工作，从而更有效地促进幼儿的健康发展。

参考文献

[1]　梁慧娟. 教师职业倦怠的成因及对策[J]. 学前教育，2005（5）.
[2]　林运清. 浅谈幼儿教师职业倦怠的成因及对策[J]. 长沙铁道学院学报，2008（6）.
[3]　林琳. 内江市幼儿教师职业倦怠的调查研究[J]. 教育探索，2010（12）.
[4]　张冬梅. 大连市幼儿教师职业倦怠状况分析[D]. 大连：辽宁师范大学，2008.
[5]　王欢. 昆明市幼儿教师职业倦怠研究[D]. 重庆：西南师范大学，2005.
[6]　孟丽美. 幼儿教师职业倦怠的成因及对策[J]. 和田师范专科学校学报，2011（11）.
[7]　毛艳美. 社会支持与幼儿教师职业倦怠的关系研究[D]. 郑州：河南大学，2010.
[8]　伍新春，张军. 教师职业倦怠预防[M]. 北京：中国轻工业出版社，2008.

论教师对幼儿行为的观察策略

何厚鸿

摘　要：观察幼儿行为是教师了解幼儿最重要的方式，要达到有效观察，需教师制订观察策略。观察、记录、分析是幼儿教师观察的重要步骤，观察和记录是前提要素，分析观察结果是重要环节，促进幼儿发展是最终目的，也是实施观察策略的核心。观察策略包括四个方面：幼儿区域活动中观察；幼儿游戏活动时观察；幼儿自由活动时观察；随机观察。

关键词：幼儿教师；幼儿行为；观察策略

幼儿教师在教育之路上扮演着先行者的重要启蒙角色，他们在帮助幼儿获得知识和促进幼儿身心发展上一直起着不可忽视的作用。促进幼儿发展是其职责所在，但要促进幼儿发展首先就必须要了解幼儿。一名合格的幼儿教师，就应该做到对幼儿倾以心血，对其行为进行细致深刻的观察，做到真正了解幼儿和关爱幼儿。对幼儿的行为进行观察并且记录，加以细致而深刻分析，找到科学管理幼儿的方式和促进幼儿发展的方法，是帮助幼儿最有效的方式，也是观察的意义所在。制订有效而合理的观察策略，能帮助我们了解幼儿，找到促进幼儿发展的方法，能科学有效地帮助幼儿获得最大程度的发展。

幼儿在老师、父母、家人、同伴及幼儿园、家庭、社会的影响下而产生的种种外部活动，总体概括为语言、动作、表情、神态及相关的心理活动，即幼儿行为。对幼儿行为的观察，要求幼儿教师制订观察目标，详细、具体、准确地记录幼儿行为，思考、分析、观察、记录，找到促进幼儿发展的有效方法。正如著名意大利幼儿教育学家玛丽亚·蒙台梭利所说，每位教师都要将自己的眼睛练得如同鹰眼般锐利，才能观察到儿童最细微的动作，才能知道儿童最殷切的需要。只有通过观察和分析，才能真正了解孩子的内心需要和个别差异，并采取应有的措施来配合幼儿成长的需要。倡导尊重和热爱儿童个性，促进幼儿身体、智力、精神和个性的健康发展，同时，玛丽亚·蒙台梭利在作品中也向我们阐述了教师对幼儿行为观察的重要性。

一、教师观察幼儿行为的重要性

（一）了解幼儿身心发展状态，促进幼儿发展

教师通过对幼儿行为的观察，可以了解幼儿身体心理的发展状况，知道他们的认知、动作发展的水平及情感和社会性的发展状态，可以了解幼儿的兴趣及发展需要，及在发展中存在的问题。只有通过观察，教师才算是从真正意义上去了解了幼儿，才学会换位思考，会用

幼儿的心理和角度去感受幼儿的心灵世界，教师只有真正走进了幼儿的心灵世界，才会真正了解幼儿，做到接纳、尊重和关爱幼儿，为幼儿的健康发展制定策略，促进他们发展。

（二）提升教师素质，促进幼儿发展

幼儿教师只有通过观察和分析幼儿的行为，不断进行教学思考，在不足中不断提升自身素质和知识修养，才能知道怎样教学才能促进幼儿发展。树立健康的儿童观，从真正意义上去引导幼儿的学习，做促进幼儿健康成长和帮助他们发展的合作者与支持者。教师在观察幼儿的过程中会思考为什么幼儿会产生那样的行为，会反思自己在教学活动过程中是否存在不足，会逐渐对教学活动的不妥之处加以改进，促进教学效果的提升，同时，教师也慢慢在观察过程中找到管理幼儿的科学模式，在自我提升中促进幼儿的不断发展和进步。

（三）制定科学幼儿发展策略，促进幼儿发展

现代生理学和心理学研究表明，儿童的身心发展有其自身特点，认知和情感领域及动作领域都表现出许多不同的特征，认识并尊重这些特点是教育者开展工作的前提。[1] 所以教师只有通过观察幼儿的行为，去了解幼儿的身心发展规律，结合理论，制定适合幼儿年龄发展特点的活动和策略，做到观察结果与理论相结合，让活动开展得更适宜、更有效，从而促进幼儿的发展与进步。结合上述，促进幼儿发展是教师进行幼儿行为观察的重要动力。

二、教师观察幼儿行为的类型

观察是教师指导教学活动的一个前提准备，而教师进行有效的行为观察，可以从以下两个方面着手，即观察方式和做好记录。

（一）观察方式

有效观察策略的实施离不开正确观察方式的选择，观察方式多种多样，这就要求幼儿教师要在观察以前进行筛选，充分了解各种观察方式，鉴别并正确选择合适的观察方式。制定科学的观察策略，提升观察的效率，找到幼儿存在的问题，才能为幼儿的发展出谋划策。

1．直观性观察

（1）直接观察。

直接观察靠教师的感官来感应。这种方式只适用于对单个或人数较少时，及无观察设备的情况下，或幼儿行为发生得比较突然和偶然的突发状况下。如幼儿园的晨检活动时，教师对先到的幼儿进行了观察，看看他们的洗漱情况，能否独立完成。

（2）参与性观察。

参与性观察是指教师参与到自己所设置的活动中去，在与幼儿一起活动的过程中进行观察。这种方式一般适合于师幼游戏活动，教师作为参与者参与活动，这时就可选择参与性观察的方式。如在丢手绢游戏中，教师可以参与其中，一边与幼儿进行游戏一边观察，了解幼儿对游戏的兴趣和反应，当游戏结束后把行为记录下来进行分析。

（3）无结构观察。

无结构观察是指没有经过事先的设定，对幼儿发生的行为进行随时记录，具有随机性。这种方式较为灵活，适用于任何时候，但观察的范围较小。直观性观察是教师运用感官感应和基本记录工具结合作用的方式进行观察，比较灵活。

2．辅助性观察

（1）间接观察。

间接观察是运用精密的观察仪器作为辅助，对幼儿行为的发生过程全部记录，其观察效果准确而精密，适用于幼儿人数多，范围较广时。幼儿教师开展区域活动时可选择这种方式，例如录像和录音。幼儿园采用录视频的方式将幼儿朗诵诗词的过程拍录下来，可以从视频中分析幼儿的语言发展状况。

（2）非参与性观察。

非参与性观察是指教师不参与到活动中去，站在以旁观者的角度对幼儿的行为进行观察。这种方式一般在教师要看幼儿的各方面发展状况时使用。譬如在幼儿区域活动时，可以在旁观察幼儿的活动情况，也可以使用录像的方式来记录他们各方面的反应。辅助性观察的最大特点是借助精密仪器的辅助作用。

3．计划性观察

（1）有结构观察。

有结构观察是指对要观察的对象、目标、目的、时间事先有一定的设置，按照预想计划和步骤进行观察。这种方式主要适用于阶段性的观察记录，它可以有时间的限制，也适合设置表格，可以同时记录多名幼儿的行为表现。教师可以事先通过制定表格，对幼儿的行为先进行记录，以便后期进行观察分析。如在幼儿游戏活动时，教师采用表格可以同时记录多名幼儿的行为，后期结合记录的表格进行分析。

（2）全面观察。

全面观察指对一定场景中全部现象进行观察及记录。这种方式对教师的要求较高，一般是要在对全部幼儿熟悉与深度了解的前提下，才能在幼儿行为发生后的第一时间反应和记录。譬如在幼儿进餐时，保教老师的参与可以帮助主班老师一起观察幼儿的营养均衡状况，及是否有挑食的行为。

（3）抽样观察。

抽样观察是指将观察到的大量幼儿行为中的人物、时间、场景、活动等现象进行取样观察和分析。这种方式适用于观察表和有大量观察数据统计的情况下，教师可以对已有的观察数据进行筛选和分析。选择此种方式，可以让观察变得细致，操作起来也较简单。如幼儿园的主班老师将其他班老师做的幼儿行为观察记录收集起来，进行抽样分析，找出与本班幼儿行为的相通处，借鉴其他老师的解决方法，从而找到促进幼儿发展的策略，这是间接的观察方式。

（4）定期观察。

定期观察是指有时间和选择性地进行观察。这种方式主要是用来分析幼儿某方面的发展情况。譬如在对幼儿的语言表达水平的训练上，主班老师采用轮流朗诵诗歌的方式，每周一幼儿轮流朗诵，对幼儿的朗诵情况进行记录，这一期的观察结果与上一期的进行比较和分析，从而能够找到促进幼儿语言发展的方法。四种方式的共同之处是都要进行一定的事先准备和计划，所以具有准备性和计划性。

（二）做好记录

1．记录方式

（1）日记式记录法。

日记式记录指对幼儿长时间的研究与观察，以日记的方式记录幼儿行为的方法。这个方法需要准备记录本和笔，对时间的精确性要求也稍高一些，如某带班老师就采用这种方法，对幼儿行为做了观察记录和分析。

（2）实况记录法。

实况记录法是指详细完整地记录幼儿的行为的方式。此种方法较为普通，对观察者无特殊要求，只需将幼儿行为如实地记录下来。如某研究生就对某幼儿园幼儿的一日生活进行了实况观察并记录。

（3）轶事记录法。

轶事记录法是指将有价值的、有意义的幼儿行为及表现幼儿个性的行为事件记录下来，分析幼儿行为。此种方法要求教师要学会筛选，并有选择性地记录有价值和有典型意义的幼儿行为。如教师在幼儿自由活动时观察到了某幼儿看见其他幼儿没有玩具，便将自己从家里带来的玩具与其一起玩耍，该教师并把这一行为记录下来。其实就采用了此种方法。

（4）样本记录法。

样本记录法指的是详细、连续、顺序地记录和描述幼儿行为。此种方法的唯一要求是记录时要有详细、具体和适当的情境描述。如某实习老师在实习期间，对某幼儿进行了几天详细的观察，并按时间段观察记录了幼儿的行为，充分描述了幼儿行为发生时的场景。

2．记录内容

教师在观察幼儿行为的过程中要注意内容的记录，主要要求教师要注意记录以下几个内容，提高观察有效性。

（1）外在表现。

要记录幼儿扮演了怎样的角色及所表现出的语言、动作、表情、态度等，这些重要的信息资料透露着幼儿的心理发展水平，隐藏着很多的观察契机，读懂幼儿信息对分析幼儿行为有着重要的基础作用。对于幼儿表现出来的行为，我们要求原原本本地记录，因为直接而客观的真实记录是行为的原材料，是幼儿的真实表现，用事实与理论结合分析，才能找到促进幼儿发展的方法。

（2）时间。

要记录幼儿行为发生在什么时间，持续了多长时间，是否有中断的现象发生。要注意时间的准确性，因为它决定了观察的准确性和有效性，所以要求幼儿教师在观察时要准确的记录幼儿行为发生的时间点和时间段。

（3）地点。

记录发生的地点，在哪发生的，发生地的特征，是怎样发生的，为什么会发生。这是幼儿行为观察的基点，是重要的观察要素，只有掌握了解这些要素后，我们才能更准确地分析和判断幼儿行为。

综上所述，教师在观察记录幼儿行为内容时，一定要记录幼儿行为的外在表现、发生的时间和地点。教师除要记录以上内容外，还要熟练掌握幼儿心理学知识，它能帮助教师了解幼儿心理发展水平、特点与规律，对幼儿行为进行有效的解读和分析。[2]

三、教师观察幼儿行为的对象区域

观察途径主要包括区域活动观察、游戏活动时观察、自由活动观察和随机观察四个方面，其中区域活动是最核心的观察途径，它涵盖观察了 10 个区域，观察面最广。

（一）区域活动中观察

幼儿的区域活动大致上分为阅读和语言区、建构和木工区、数学区、美工区科学区、益智区、角色游戏区、音乐区，任何一个区都是重要的观察点，是重要的观察途径。幼儿教师要注意抓住观察的契机去了解孩子，进行有效的行为观察和制订相应活动发展策略，进而帮助和促进孩子的发展。在活动中支持和引导他们产生更浓厚的兴趣，更好促进孩子的发展。正如著名教育学者单中惠所说，对于需要得到发展的儿童和促进他发展的成人而言，十分重要的是，他们不仅应该观察而且应该激发他们的孩子正在觉醒的个体力量和个体活动，以及在几乎不易察觉的开始及表露的细微迹象之中正在崛起的精神，这表述了观察幼儿行为的重要性。它要求幼儿教师要细致观察行为，了解幼儿各方面发展需求，不断促进幼儿发展。在区域活动中教师要做的常规性观察是：幼儿做了什么，是怎么做的，做的相关水平如何等；幼儿经验在哪些方面是有待丰富与完善的；幼儿间互动情况如何，要及时捕捉幼儿互动的信息和信号。

1．阅读区与语言区

阅读区和语言区是幼儿语言开始发展及建构的基础区，对于幼儿语言特点观察，我们可以了解幼儿的言语与心理活动之间的关系。语言的表达往往是幼儿心理需求的表现，通过观察，我们可以知道幼儿的心理需要和语言发展水平到哪个阶段，进而来判断他们的语言表达和阅读能力的发展状况。通过观察，我们知道在幼儿园阅读区中，大部分幼儿都能看懂图片和初步懂得图片的意思并向成人表达他们所理解的意思，这就说明小班幼儿已具有初步阅读的能力，这时幼儿教师就可以制定相应的适宜幼儿发展的活动计划和目标，来促进幼儿语言能力的进一步提高。

2．建构区和木工区

建构区与木工区，对于这两个区的观察，我们的主要重点是观察幼儿的动手能力及他们对建构在头脑中的反应，有没有初步形成合理的建构理念。这时就需要幼儿教师在幼儿进行建构活动木工区活动时仔细观察，甚至可以询问幼儿搭建的是什么，有什么想法，幼儿把最真实的想法说出来，幼儿教师通过观察了解以后，把幼儿表达的语言及思想记录下来，做以后的观察分析。

3．数学区

数学区的观察，主要是观察幼儿对于数的敏感程度。这是数学发展的基础，也是重要的观察要点，幼儿教师主要观察和记录幼儿对数概念反应度，简单数的识记，数学游戏的思考与动脑程度。最佳的观察契机是在数学游戏中进行的观察，这是最能折射出他们对数反应灵敏度的重要环节。在对幼儿进行观察后，就知道幼儿关于数的发展水平，幼儿教师就可制订适宜幼儿发展的关于数的活动与计划了。

4．美工区

美工区是幼儿动手操作的环节，所以是对他们制作作品的过程着重观察及记录。对于他们的作品进行了解，问问其作品表达的是怎样的意思，可以把幼儿表达的言语记录下来。同时，美工区也是幼儿发挥创造力和想象力的地方，在那里我们能观察到幼儿的内心世界和想法，从而开发他们的艺术智力。因此，对于美工区的观察，我们主要把重点放在幼儿的作品制作过程上，以记录制作过程与表达关于作品想法为观察策略，为幼儿能有更好作品及今后的发展做铺垫。

5．科学区

科学区是幼儿理性建立的基础环节，主要是观察幼儿对事物的态度是否有初步的科学理念。对他们的观察也是为了促进他们建立科学的意识，例如幼儿的建构过程就是一个良好的观察点，它可以引导我们了解幼儿的想法。我们除了要教授给幼儿相关的科学知识外，还要了解他们建构的想法，再分析他们的想法是否合理与科学，对于不合理的部分进行指导，帮助他们进一步树立科学的观念。

6．益智区

益智区主要是开发幼儿的大脑，促进他们智力的开发。观察重点在于幼儿在动脑的活动时有没有进行思考，大脑有没有得到开发。在益智活动中大脑的反应如何，这些都是益智区的观察要点。这个区的观察教师应把重点放在智力反应稍弱的幼儿身上，真正帮助他们智力的发展。

7．角色游戏区

角色游戏区主要是让幼儿对角色定位，对于这个区的观察，幼儿教师主要观察幼儿在多重角色中是如何选择与诠释的，概念是否清晰与合理。对不合理的成分，加以指导，帮助他们找到合理的角色定位。

8．音乐区

音乐区主要是对基础音乐的学习，对简单的旋律和节奏进行初步的感受，主要注意他们对音乐作品的演奏和对旋律的初步感受及对音乐作品的理解。在不同的音乐作品中应该有不同的表达与感受，观察幼儿能不能正确表达他们的艺术感受，把他们的相关表现行为记录下来，作为观察资料，帮助他们进一步建立艺术的学习基础。

（二）游戏中观察

教师在幼儿游戏活动时扮演着多重角色，既是幼儿游戏活动的观察者，也是参与者与支持者。观察可以了解到幼儿喜欢的游戏活动的种类，所偏好的玩具和游戏设备，喜欢的游戏场所及游戏主题。游戏观察量表的运用也能帮助教师了解幼儿的行为。[3]

游戏时幼儿往往表现出最真实的状态，幼儿教师可以通过事先准备的表格记录幼儿行为，结合教师的回忆，使观察变得更加完整。游戏的类型多种多样，但无论哪一种都可以对幼儿进行观察，选择合理的即可。观察他们对所设置的游戏活动的理解与反应，能推出他们的心理活动及各方面的发展状况。

（三）自由活动时观察

除幼儿一日活动以外，在课后、午休、餐前餐后及任何自由活动时，教师都可以进行观察，这种自由的方式能最大限度地记录下幼儿的各种行为。这要求老师舍弃一些条条框框，只要有幼儿行为的发生就要随时观察，有什么就记录什么。在幼儿自由活动时的观察比较零散，但却很全面。因为幼儿教师要做观察和记录，所以要求幼儿教师要有专门的记录本，这是做好观察的基本要求。

（四）随机观察

随机观察时比较自由，即教师只要看到有关的幼儿行为就可开始观察。幼儿教师记录幼儿午餐时捡起地上饭粒吃就是典型的随机观察。

四、教师观察幼儿行为的方法策略

观察、记录与分析是观察策略有效实施必不可少的步骤，是重要的观察技巧。观察时制定表格可以大大提高观察的效率。记录时要注意保持客观的态度，抛下先入为主的观念，要善于抓住幼儿偶然和特殊的反应，做真真实实的记录。就像印度克里希那穆提《一生的学习》中所说的那样，“唯有了解我们自己思想和情感的反应方式，我们才能真正帮助孩子成为一个自由的人”。

掌握基本的观察技巧能使观察达到事半功倍的效果。要知道分析的重要性，它是对观察结果的解释和说明，是观察和记录的意义所在。幼儿教师在分析的过程中，要注意运用幼儿心理发展理论进行分析，要把观察到的实际行为与儿童分享，让他们一起感受，一起认识，并一起成长。要了解分析的最终意义，不仅仅是只看到幼儿发生的不好的行为后去控制，而是要从产生这些行为的背后进行分析和解读，进行整合后形成自己的独特而科学的管理幼儿的模式，促进幼儿发展，这才是幼儿教师实施观察策略的出发点。根据观察策略，可简单从以下几个活动观察的案例进行分析。

（一）区域活动观察

周二下午 4:25，小二班小楠（男）在区域活动的建构区活动时，建构速度很快。举手示意，“老师您看！这是我拼的房子”。5 分钟后，“老师，这是我拼的圣诞树”，该行为持续了10分钟。该观察中幼儿的建构发展较迅速，幼儿语言中表露着希望被赞扬的心理信息。此时教师需要读懂幼儿行为传达的讯息做出应对，譬如注视幼儿作品，告诉他说：“你的作品很有特色，能不能把你的想法分享给我们大家啊！”为启发幼儿思维可告诉他：“我们还可以建构其他哪些物品呢？”

（二）游戏活动观察

采用制作表格，结合抽样观察的方式对中班幼儿下午的丢手绢游戏做了以下观察记录与分析（见表 1）。

表 1

姓名	性别（男/女）	年龄（岁）	行为表现
邓萱萱	女	4.5	清楚游戏规则，较大兴趣投入游戏
汪泽涛	男	5	清楚游戏规则，会提醒小伙伴规则
周婷	女	4	不明白规则，对游戏不感兴趣
何铅颜	男	4	不明白规则，对游戏有兴趣
帅棋冰	女	4.5	能参与游戏，但兴趣不是很大
行为分析：观察幼儿丢手绢游戏，抽样观察了 5 名幼儿，2 名幼儿对游戏有兴趣且明白游戏规则，1 名对游戏有兴趣但不明白规则，1 名不明白规则也不感兴趣，1 名能既不讨厌也不喜欢。幼儿的参与兴趣与其理解程度相关，此外游戏趣味性也是影响幼儿参与度高低的重要因素。这要求幼儿教师制订游戏活动时选择适合幼儿年龄特点和具有趣味性的游戏，同时要清楚的讲述游戏规则，以促进每个幼儿的发展为原则。			

（三）自由活动观察

在幼儿园实习的过程中，我观察到 10 月 13 日下午自由活动时，小班一男孩把一女孩背部衣服掀开并用手摸。此行为表明幼儿对异性有较大的好奇心，对异性的好奇让该幼儿产生了探索行为。幼儿对异性等新个体的强大兴趣驱动了幼儿的探索行为模式。[4]对此种行为，教师可以制定主题活动来让幼儿了解自己的身体部位，指导幼儿不能随意触摸他人身体部位，也要保护自己的身体部位，积极正面地解答幼儿的疑惑，帮助幼儿树立正确的观念。

另外我还观察到了某日上午 11 点 30 午餐期间，大班的一男孩捡起桌上的饭粒，放入嘴里。幼儿捡饭粒吃的行为是值得鼓励的勤俭行为，是教师长时间教导的结果。此种行为应该被肯定和赞扬，让幼儿知道这是正确的行为，促进幼儿节约意识的发展。

（四）随机观察

某日上午 8 点左右，7 岁的张汀汀（女）过来敲老师的门，老师开了门。她环顾了四周发现桌上的零食和水果，便拿着一个水果问“老师这是什么”，“是柿子呀，你想吃就拿着吃哦！”老师说。幼儿拿着一个柿子离开了老师的视线。9 点 20 分，她拿着 4 个橘子过来，给了老师一个。该案例中幼儿的语言透露了她的心理——想吃零食，用间接的语言暗示教师。

此外，幼儿将橘子分享与老师，有一定的分享意识。这就要求教师在平日活动过程中在充分肯定的基础上加以指导和教育，让幼儿知道分享的重要性。例如此时就可以说："老师觉得你真的很棒呢！你把你的橘子分享给了老师，老师也奖励你一个小礼物吧！"这就向幼儿传达了分享很重要的讯息。采用一些强化物作为奖励，如当幼儿有主动的分享行为和意识时可以奖励她小礼品，可以巩固幼儿刚建立的分享意识。[5]

五、总　结

"千里之行，始于足下"，幼儿平日里的点点行为，是他们未来成长为人的积累。幼儿的语言、动作、神态、表情都透露着其心理发展需要，作为幼儿教师，我们就要读懂这些信号所表达的信息，就应该要了解我们的幼儿，就应该对他们的行为进行观察，就应该重视幼儿的每个行为，就应该有一套属于自己的观察策略，就应该做一名爱的观察者，为他们的发展与进步做好每一刻的细心的观察，制订促进他们发展的计划和策略，为他们的发展出谋划策，书写他们的美好明天。

参考文献

[1] 柳海民. 教育学原理[M]. 北京：高等教育出版社，2011.
[2] 魏勇刚. 学前儿童发展心理学[M]. 北京：教育科学出版社，2012.
[3] 黄人颂. 学前教育学[M]. 北京：人民教育出版社，2009.
[4] 孟昭兰. 普通心理学[M]. 北京：北京大学出版社，1994.
[5] 刘儒德，陈琦. 当代教育心理学[M]. 北京：北京师范大学出版社，2008.

良好师幼关系建立的对策初探

兰永红

摘　要：师幼关系是指教师在教育教学和与儿童交往的过程中形成的比较稳定的人际关系。《幼儿园教育指导纲要（试行）》提出："以关怀、接纳、尊重的态度与表达。""善于发现幼儿感兴趣的事物、游戏和偶发事件中所隐含的教育价值，把握时机、积极引导。""关注幼儿在活动中的表现和反应，敏感地察觉他们的需要，及时以适当的方式应答，形成合格探究式的师生互动。"这些表述体现了《幼儿园教育指导纲要》（试行）对师幼互动的特别关注，也是其全新理念的重要内容之一，更是良好师幼关系建立的重要策略。

关键词：幼儿教师；幼儿；师幼关系；师幼互动；师幼交往；对策

《幼儿园教育指导纲要（试行）》总则指出：幼儿园教育是基础教育的重要组成部分，是我国学校教育和终身教育的奠基阶段。城乡各类幼儿园都应该从实际出发，因地制宜地实施素质教育，为幼儿一生的发展打好基础。幼儿教师作为教育者的角色，更有着不可推卸的责任。因此，教师不仅仅是教育者、管理者，更应成为幼儿发展的引导者、支持者、参与者与合作者。蒙氏教育教学以儿童为中心，以学生为主，追求学生的意愿；传统教育教学则以教师为中心，以老师为主，大大限制了幼儿的探索性和求知欲，只能按部就班。随着时代的日益发展，新科技的普及，幼儿的认识远远超乎我们的想象。这就要求，作为新时代幼儿教师的我们必须更新观念，在幼儿需要帮助时，不管是生理还是心理，我们都应及时发现并给予必要的帮助，这既有助于幼儿健康快乐地成长，也有助于建立良好的师幼关系。而良好师幼关系的建立并不是一味地"讨好"幼儿，而是应具体情况具体分析。在教学活动中，对于表现好的幼儿，应予以肯定和表扬；但对于表现稍差的幼儿，应予以鼓励和引导。对于做错事的幼儿，切勿大声斥责，更不要当众批评孩子，也不要把孩子单独放在讲台上告诉大家以后不要向他学习，这会大大伤害孩子的自尊心。在教师与幼儿相互作用中，教师对幼儿的尊重和细心照顾，对幼儿的安全感、自信心的发展和幼儿童年期对事物的积极探索都是必不可少的。因此，对于犯错误的孩子，教师应先关心和询问原因，再加以引导，而不是不问缘由地只知道责骂。作为幼儿教师，就应善于发现和关注孩子的差异性，不能不问原因就批评孩子。例如，在一堂画太阳的美术活动中，老师先让孩子们说出太阳的形状和颜色之后，让孩子们把太阳画出来。在这过程中，教师发现有一位小女孩画出来的太阳颜色竟然是黑色的，但这位教师并没有当众或立即批评她，而是走到她身边蹲下来，微笑着轻声问道："可以告诉老师，你画的太阳为什么是黑色的吗？"小女孩看看画再看看老师，认真地回答说："因为我妈妈在工地上晒着太阳工作，特别辛苦，太阳又热又晒，所以我把太阳画成黑色的，那么太阳就不会那么热，妈妈就不会被晒了。”对于这一时期的幼儿，他们内心已萌发自尊心，教师只有懂得保护孩子的自尊心，幼儿才会对老师产生安全感、信赖感和亲切感，才会愿意和老师交流，跟老师说出自己内心的想法和感受，跟老师“打成一片”。作为一名幼儿教师，应关爱幼儿，尊重幼儿，良好师幼关系的建立才会成为可能。

一、良好师幼关系的内涵

教师和幼儿之间在整个幼儿园教育过程中联系紧密，这不仅仅体现在日常的教育活动与游戏活动中，也体现在洗漱、进餐、如厕以及午睡等各个环节中，贯穿着幼儿园教育和生活的全过程。在这密切的联系中，幼儿对老师不但有尊重、信赖、崇拜，更有对母亲、父亲般的亲子依恋。同时教师对幼儿不但有师道尊严，而且更多具备着母性般的温柔和父性般的关爱，更应该具有不可或缺的童心和童趣，与幼儿应该建立像朋友一般的亲密关系。

首先，是非对称性的相依。教师与幼儿作为关系主体，在互动的过程中，教师有计划地做出一些反应，实质是开展教学活动，给予幼儿引导的方向与目标，幼儿则根据教师的引导，调整自己的行为，以达到教师预期的目标。在这种关系中，可以说幼儿所做出的各种行为反应是依附于教师的引导，而并非完全出于自己的主观意愿，对比师幼双方的主导权来看是非对称性的，因此，从这个角度理解，师幼关系是非对称性的相依。教师作为成年人既是幼儿的教育者，同时也是幼儿的保护者，幼儿作为孩子则是受教育者和被保护者。

其次，是主体间的平等性。它强调教师与幼儿主体之间相互的统一性和整体性，同时也是一对一的或者是一对多的多个主体间的内在相关性，重点在于教师与幼儿之间应当相互理解、沟通、积极地交流相关信息，从而实现教师与幼儿相互间的认同感，以求在相关的事物之间达成共识。教师与幼儿都是具有独立个性的自然人，都具有普通人应该有的人格尊严、物质生活和精神生活需要，都有在社会发展中寻求生存、娱乐、成长、游戏、自我认识、自我发展和自我价值实现的权利，因此教师应当在教育活动过程中与幼儿建立平等的朋友关系，从而更好地与幼儿进行感情的沟通、信息交流、平等对话，这是师幼间的第二层关系。

最后，是反向性的影响。既是指在师幼互动过程中，幼儿所表现出来的情感、态度和行为对教师产生的影响，相对于教师对幼儿的正向影响而言，其作用相反，称反向性影响。反向性影响可以促进教师的自我反思与专业化成长。良好的师幼关系能增添教师的自我效能感和提高教师的自信心，从而为教师个人的专业成长提供动力，使教师能以饱满的热情、积极的心态投入到教育中，同时进一步促进幼儿身心的健康发展。世间万物都在不断地发展变化，孩子也不例外，他们也是不断发展变化的群体，以自己独特的方式汲取自己成长发展所需的能量，利用各种机会和一切可能的条件发展自己的能力，激发身体的内在潜能。他们对于事物和人的判断能力，理解思考能力、反应行动力往往超乎教师的想象，激发教师的灵感，给教师以帮助和启迪。

师幼关系的类型，具体表现为五方面：① 温暖型；② 参与型；③ 支持型；④ 冲突型；⑤ 控制型。

二、良好师幼儿关系重要性

在幼儿园的教育活动过程中，教师与幼儿的关系是一种最基本、最重要、最亲密、最深切的人际关系。能否建立良好的师幼关系将直接影响幼儿身心的发展，并且将进一步影响幼儿园教育的效果。

师幼关系与亲子关系、同伴关系等幼儿的其他社会关系相比，其特殊之处在于它蕴含着教学的因素，具有“教学关系”这一侧面。师幼关系从根本上来说，就是一种人和另一种人之间的具有感情色彩的人际关系。因此，师幼关系不但影响教育教学活动的效果，也对幼儿的发展，包括智、德、体、美都起着重要作用，与幼儿之间的情感交流和行为交往，会对幼儿的自我意识、情绪情感等社会方面的发展产生重大影响。

1．良好师幼交往对幼儿的发展具有重要影响

师幼关系是教育过程中最基本、最重要的人际关系，良好的师幼关系对幼儿自我概念的发展以及他们对自己的行为与学业成绩的期待有着密切联系，幼儿学业的好坏取决于他们的社会性技能与自信。而这两方面与师幼间的互动和幼儿之间的情感以及教师自身与幼儿关系的洞察力都密切相关。然而，良好的师幼交往是高质量教学的基础和前提条件。教师在进行教学活动之前，首先都需要根据本班幼儿的年龄特点及水平制订教学目标，依据教学目标制订具体的教育计划，包括情感、能力、认知，在施教过程中，按照教育计划针对幼儿的发展指导幼儿活动。为使幼儿达到预设的行为目的，教师在交往中会一遍遍反复提醒、督促、训练幼儿。不但可以让幼儿清楚知道自己在活动中该干什么、不该干什么，还可以促进他们对教育内容的内化，有利于幼儿对固有技能的习得和即成规范的掌握，从而提高教育的效率。同时，良好的师幼交往能够提供使幼儿心情愉快、情绪饱满、积极性高的情感氛围，让幼儿开心地玩、开心地学、开心地做，在幼儿园里快乐地成长。

2．良好的师幼交往对幼儿积极情感的发展具有重要影响

良好的师幼交往离不开良好的感情基础，在幼儿园，教师不仅要与幼儿有认知上的交流，更需要情感和心灵上的互动，这样幼儿才愿意亲近教师，在互动过程中产生愉悦感，这对良好的师幼关系是十分有益的。细心、耐心、责任心、爱心是教师必备的基本道德修养，幼教工作是一个烦琐而又辛苦的事情，需要幼教工作者对幼儿有细心、耐心、爱心、责任心，这既关系到教学的质量，更关系到教师与幼儿彼此之间良好师幼关系的建立，这就要求教师对幼儿要有耐心、有责任心，要细心观察和平等对待每一个幼儿，最重要还是要有爱心，用心爱护每一个孩子，使幼儿可以感受到来自教师的温暖、安全和可依赖的情感体验，获得精神需要的满足，从而促进建立良好的师幼关系，使幼儿从良好的师幼关系中获得心理上的安全感和归属感。

3．良好的师幼交往对幼儿亲社会行为的发展发挥着不可低估的作用

对于学前儿童来说，不仅要学会知识技能，亲社会行为的学习也是非常必要的。教师作为幼儿社会知识的传授者和社会行为的指导者，在和谐的师幼关系中，通过师幼间的积极交往，在教师的示范指导下和对教师的观察模仿中，幼儿能够学会分享、合作、安慰、同情等亲社会行为，并发展积极的社会性情感。同时，由于教师在幼儿心目中具有重要的地位，教师的一言一行都会对幼儿产生很大的影响，包括对幼儿的情感、态度、评价及幼儿自我意识

发展具有决定性的影响。同时，对于幼儿同伴间的关系，教师也应给予正确的引导，在此过程中发展幼儿的亲社会行为，促进幼儿同伴间良好情感。小桀是班上新来的小朋友，所以十分渴望交到新的朋友。但是，他却用了错误的方式，如果别的小朋友惹到他，或者只是轻轻碰到他一下，他都会对其大打出手，因此在班上经常会听到这样一种声音："老师，×××又打人了。"每次老师都会让他独自站在前面罚站，并没有加以正确引导。后来我对他观察了一段时间，发现他平时都是一个人玩，每当他尝试去跟其他小朋友一起玩时，其他小朋友都会因为他喜欢打人而迅速走开，当别的小朋友不愿意和他一起玩时，他就会动手打他们。发现这一特点之后，我知道他是因为太渴望朋友了，所以想用打人的方式来吸引别的幼儿的关注。有一次，小齐哭着向我走过来，告诉我，小桀打他了，我安慰了他之后，便把小桀叫过来，问他为什么打人，他说因为小齐不和他玩，我没有责骂小桀，而是问他："小齐是不是你的朋友？"他说："不是，因为他都不和我玩。""那你想不想和小齐成为朋友。"我问道。这时，他弱弱地回答："想。"我把他轻轻地拉过来靠近我，说："那你看着小齐，跟他道歉，如果他原谅你了的话，以后他就是你的朋友了。"听到我这样说了之后，小声地对小齐道歉："对不起！"可是小齐并没有出声，我又对想小桀说："他没有听到，说明他还没有原谅你，那怎么办呀？"于是他加大了一点点音量，一直对小齐重复说着"对不起"这三个字，并用渴望得到原谅的眼神看着小齐，这时小齐看到小桀一直跟自己道歉，也觉得有点不好意思了，也不生气了，很不好意思地笑了，说了一句："没关系。"听到小齐这样说了之后，小桀也笑了，我看着小齐说："小齐，小桀已经认识到自己的错误，也跟你道歉了，以后你们就是朋友了，所以以后你要带着你的好朋友一起玩，也可以带着他和你的其他好朋友一起玩，并把小桀介绍给他们，可以吗？"后来他们就很开心地一起去玩了。后来每次我问小桀他的朋友是谁的时候，他都会说是小齐。因此，在师幼过程中，教师应时时关注幼儿，适时的支持，鼓励幼儿，才能起到很好的激励作用。在幼儿发生冲突时，教师应正确引导，做到努力追随孩子，不压制、不限制，认知把握交往的方向。同时，教师要学会抓住契机，发展幼儿的亲社会行为，促进幼儿同伴间的交往，从而促进良好的师幼交往。

三、良好师幼儿关系建立的主要影响因素

（一）与幼儿自身有关

1．幼儿能否在幼儿园里健康快乐地成长，对幼儿今后的学习和心理健康都有着重要的影响

托尔斯泰说过："如果教师只爱事业，那他会成为一个好教师。如果教师只像父母那样爱学生，那他会比那种通晓书本，既不爱事业又不爱学生的教师好。如果教师既爱事业又爱学生，那他是一个完美的教师。"因此，教师不仅要教好幼儿，更要关心热爱幼儿。幼儿从一个熟悉温馨的家庭来到一个陌生还未知的"大家庭"，面对陌生的环境、陌生的人，难免产生恐惧、不安的情绪，而这种情绪的消除则需要幼儿第一个接触的陌生人——老师。作为幼儿的教育者和管理者，教师与幼儿之间关系的好坏，对幼儿是否能更好地融入这个"大家庭"起着至关重要的作用。因此，教师应给孩子多一点关心，多一点关爱，像妈妈一样关心和呵护他，让幼儿感受到妈妈般的爱。在幼儿园里，经常会出现这一现象：早上家长把孩子送到幼

儿园的时候，有的幼儿一直哭闹，不想待在幼儿园。对于这样的幼儿，切不可采取责骂和不理睬的态度，更不可当着班上幼儿的面羞他，应先安慰他，帮他擦干眼泪，抱抱他，表示你关心他，同时小声地向其父母询问原因，而不是一直问幼儿为什么不想待在幼儿园，这样问幼儿反而会闹得更厉害，因为幼儿在回答教师的同时，他又会想一遍令他伤心的事，他就会哭得更伤心，然后再跟他说说故事，转移他的注意力，等他情绪稳定之后，尝试说服他跟别的幼儿一起玩，让他体验和知道其实这个“大家庭”的人也很关心他，很爱他。只要消除了他的戒备心和反感心理，他就会很快融入这个“大家庭”中来。

2．尊重幼儿，给予幼儿人格上的平等，做幼儿的“朋友”

从教育内容的角度来说，教师是传授者，幼儿是接受者，教师把自己的知识传授给幼儿是理所应当的，但幼儿作为一个独立的社会个体，在人格上与教师是平等的，因此，教师应给予幼儿平等的言语权，促进师幼积极交往。在幼儿的一日活动中，无时无刻不在与他人进行交往，根据幼儿具有的独特特点，教师一般以语言交流为主，因此，教师要使用平等的、简单明了的、有效的语言跟孩子交流，这样孩子能清楚地知道自己要做什么，该怎么做，而不是在教学中不断表达自己的思想和言语，让幼儿在教师的言语前失语，这样的方法大大限制了幼儿的发展，教师更不能一味地以命令、警告的方式告诉他们不能做什么，不应该做什么。要打破教师言语的“霸权”，构建平等的师幼关系，学会倾听幼儿。以平等、尊重和温和的语气和孩子对话，使他们敢想、敢说、敢做、敢探索，保护孩子的个性发展。同时，作为新时代的幼儿教师，应改变传统教育教学“以教师为中心”的旧观念，改用蒙氏教育教学“以儿童为中心”的新观念，不是一味地将自己的知识传输给幼儿，教什么学什么，而是用平等的态度引导孩子观察，保持一颗童心和好奇心，与孩子共同探讨、交流。教师作为教育者，除了是老师的角色，也应是幼儿最好的朋友。幼儿与教师是一种朋友式的友好关系，幼儿只有把教师看作他们的朋友，才会把自己真实的想法告诉教师，教师才能了解他们的想法，站在幼儿的角度看问题。作为一名幼儿教师，只有真正做到关心热爱幼儿、了解尊重幼儿、支持鼓励幼儿，与幼儿建立良好的关系，才能促进幼儿的心理健康。

3．给幼儿出错的权利，接纳幼儿的错误认识

《学前儿童科学教育活动指导》说道：教师应意识到幼儿的错误代表着幼儿当前的认识水平。那些在成人看来是错误的认识，在幼儿的认知结构和水平上却可能是合理的或正确的。教师要给予幼儿出错的权利，并应把幼儿的错误作为了解他们思维线索的机会和背景，尽量采取一种宽容和理解的态度。因此，当幼儿犯错时，对于知识上的错误，教师应及时给予正确的引导，鼓励幼儿的探索行为，而不是责骂幼儿，更不能带有攻击性的语言，如“你怎么那么笨啊”之类的。在实习中，早上体能大循环时，小齐没有遵守纪律，自己一个人跑到操场旁的幼儿活动区去玩滑滑梯，由于夜里下过大雨，结果滑下来时，裤子被滑滑梯上的积水全弄湿了，因为当时他的书包是我帮他背的，所以他朝我走了过来，刚走到我面前，还没等我开口，他立马就说：“书包里有我的裤子，我的裤子在书包里，我带了裤子的。”他一直强调他的裤子在书包里，而且边说，边朝班主任的方向看去，但是才刚把拉链拉开一个细缝，他立马说：“书包里没有我的裤子，我的裤子不在书包里。”看到这一情况，我相信他是知道自己没有带有裤子的，他是因为怕被班主任骂他，所以才故意说他的裤子在书包里。当时我

没有责骂他，而是让他知道自己错了、为什么错了之后，再加以引导，在这之后的十分钟内，我对他进行了观察，他认识到自己的错误，并改正了，平时顽皮好动的他一直遵纪守规。自从这件事之后，他更愿意亲近我了，也愿意把他的一些开心的事和我一起分享，当然，也愿意把他的一些小秘密告诉我，因此，我们成了“好朋友”。这是最值得我欣慰的一件事，我也深深体会了“给别人一次机会就等于给自己一次机会”这句话。因此，教师在处理幼儿问题行为上，对于幼儿的问题行为，如果处理不当，不仅会伤害到孩子的自尊，还会很容易破坏教师与幼儿之间的关系，导致师幼之间的紧张与对立，从而影响良好师幼关系的建立。所以，教师在处理问题上，要给幼儿出错的权利，要冷静分析事情的起因，善于观察，具体问题具体分析，再加以正确引导；同时控制自己的情绪，不可武断，要客观处理，为良好师幼关系的建立创造条件。

（二）与幼儿教师有关

1．教师应该积极关注每个幼儿，对幼儿的发现、失败以及冲突都要保持高度的敏感性，给幼儿一种支持感

教师应积极参与到幼儿的活动中，当幼儿遇到困难时，教师不要立即帮助解决，可以先在一旁观察，给幼儿独立面对问题的机会，同时观察他们是怎样解决的。如果幼儿遇到解决不了的问题，教师再帮助他们一起解决，但绝不是直接解决，而是通过提问、提出多种建议等方式，让幼儿自己动手解决，或者以活动伙伴的身份进行示范等。教师可以鼓励幼儿之间进行积极、充分的言语和情感交流，同时教师要善于倾听，真正理解和包容不同幼儿的不同观点，并通过及时且有启发性、针对性的反馈帮助幼儿理清思路，为幼儿提供全新的线索，让幼儿有充分的时间和空间思考与行动，以保持探索的信心。例如，我在上“按规律排序”的科学活动中，先让孩子们分组自己动手进行排序，鼓励幼儿可以和同伴交流，同时我会在一旁引导他们，结果效果非常好，甚至结果还出乎意料，表现特别棒。教师只有在活动中处处留心，用心对待孩子，那么孩子反馈给我们的也会是有效的，同时也有助于提高教学效果。

2．树立正确、科学的幼儿观

幼儿观就是教师对学生的基本看法和态度，是对幼儿本性的一种见解，这直接决定师生关系的性质和内涵。正确的幼儿观主要包括：① 对幼儿进行客观、公正、科学的认识，尊重其独立性和主动性，要坚持“幼儿能做的自己做，不会的老师教”的原则。② 以发展的眼光看待幼儿，对幼儿永远保持教育期待。研究表明，那些感受到教师高期望关怀的幼儿更可能具有高水平的自我意识。③ 善于发现幼儿的优点和长处，并鼓励幼儿发展优长，尊重幼儿的个性发展，并为幼儿的个性发展创造条件。研究表明，教师对待幼儿的方式和态度会直接影响幼儿的自尊水平，教师对幼儿的接受、尊重、关心、鼓励和期望有利于幼儿自尊的发展。④ 对幼儿有信心，只要教得好，每个幼儿都可以有机会成才。

3．主动与幼儿沟通，经常与幼儿交往，善于理解学生

教师要掌握和幼儿沟通与交往的主动性，与幼儿不仅要有语言上的交往，更要有心灵上的交往，多和幼儿谈心、讨论问题，掌握沟通的技巧和策略，就能最大限度理解幼儿，走进幼儿心里。教师要学会站在幼儿的角度思考问题，为幼儿着想，耐心听取学生的意见，满足

学生的正当要求，对于无理的要求就要学会加以引导。让幼儿感受到来自教师的真诚，从而愿意亲近教师；拉近与幼儿的距离，建立亲近的关系，从而建立良好的师幼关系。

4．正确表达教育爱

作为教师，要热爱自己的工作，更要有一颗爱心，这是对教师最基本的要求，爱是教育工作的前提，也是与幼儿建立密切关系的基础。但是这种爱并不是一味地“讨好”幼儿，而是一种特殊的爱，是有教育意义的爱。教师不仅要对幼儿有爱，还要学会表达自己的教育爱。正确表达教育爱的方式有很多种，教师要由衷地赞扬和鼓励学生、赏识学生、期待学生、相信每一个学生都会成功，尊重与信任幼儿等等。周宏老师说过：赏识教育，是生命的教育、是爱的教育、是充满人情味的富有生命力的教育；但同时也说了，赏识教育不是表扬加鼓励，是赏识孩子的行为结果，以强化孩子的行为；是赏识孩子的行为过程，以激发孩子的兴趣和动机；创造环境，以指明孩子的发展方向；应适当提醒，增强幼儿的心理体验，纠正幼儿的不良行为。因此，教师在表达教育爱的同时，也要用正确的方式表达自己的赏识。

（三）与幼儿家庭有关

教师与家长之间的关系对良好师幼关系也起着重要影响，教师与家长之间的关系也常常影响教师对儿童的态度和行为方式以及幼儿对教师的感受，从而影响师幼关系。教师要认识到，幼儿园所处的地区不同，家长的文化教养、职业状况、精神面貌、生活方式也各有差异。幼儿园在帮助部分家长更好履行父母的职责，并与集体教育保持一致时，要从实际出发，防止急躁心理、避免要求过高，要以增进家庭的幸福为出发点，而不是单独去向家长“告状”或者片面指责孩子，要反思幼儿园应负的责任，并与家长共同研究、共同改进教育对策。在幼儿园经常会出现家长在来接孩子问到孩子的表现时，教师会直接当着孩子的面对孩子进行评价，当然，对于表现好的孩子会是一种鼓励，但是对于表现稍差的孩子就会造成一些伤害，所以，当孩子表现不好时，切记不要在孩子面前直接告知家长，因为现在的孩子都比较“早熟”，在告状的时候，他们就会感觉你是坏人，而且不可靠，如此，以后他们就会变得不愿意亲近你，更不会把心里话告诉你，从而影响良好师幼的发展。对于家长提出的要求要切合实际，以家长的能力和物力所能达到的为标准，不能苛求。但同时，也要体谅家长的困难，在能力范围之内尽力给予照顾和帮助，以加深彼此之间的友情，从而促进良好师幼关系的发展。

四、良好师幼关系建立的主要策略

（一）教师关注幼儿身心发展特点，调整与幼儿相处方式

1．每个幼儿都有其特点与优点，教师应用赏识的眼光对待每一个幼儿，善于发现和开发幼儿的特长，并加以正确引导，把其培养成为国家需要的人才

首先，作为一名幼儿教师，充分了解和研究自己的教育对象是最基本的要求。如幼儿的性格特点、原有的知识基础、兴趣爱好、家庭背景等。不了解幼儿，教师就不能深入幼儿内心，无法和他们有共同语言，教育效果就会大打折扣。教师只有了解这些最基本的，为更深入地了解幼儿做好基础准备，因此，了解和研究幼儿是教师与幼儿建立良好关系的前提。小

班的幼儿出现恐惧、焦虑等情绪时，对任何人都是抵触的。但是，教师如果能从他的兴趣爱好入手的话，和他聊他感兴趣的东西，很快就会消除他的焦虑心理，这样教师也会很快地走进幼儿内心，从而建立良好的师幼关系。

2．树立正确、科学的幼儿观

幼儿观就是教师对学生的基本看法和态度，是对幼儿本性的一种见解，这直接决定师生关系的性质和内涵。正确的幼儿观主要包括：① 对幼儿进行客观、公正、科学的认识，尊重其独立性和主动性，要坚持“幼儿能做的自己做，不会的老师教”的原则。② 以发展的眼光看待幼儿，对幼儿永远保持教育期待。研究表明，那些感受到教师高期望关怀的幼儿更可能具有高水平的自我意识。③ 善于发现幼儿的优点和长处，并鼓励幼儿发展优长，尊重幼儿的个性发展，并为幼儿的个性发展创造条件。研究表明，教师对待幼儿的方式和态度会直接影响幼儿的自尊水平，教师对幼儿的接受、尊重、关心、鼓励和期望有利于幼儿自尊的发展。④ 对幼儿有信心，只要教得好，每个幼儿都可以有机会成才。

（二）教师应主动加强自身的学习，提升相处的“主控感”

随着《幼儿园教育指导纲要（试行）》以及《3—6 岁儿童学习与发展指南》的颁布，教师的教育观念也不断更新，良好的师幼关系也有所进步，但从侧面也对教师提出了更高的要求，特别是随着时代的变化和发展，新科技的发展，幼儿的认识超乎我们的想象，所以教师加强和提升自身的学习是非常必要的。

首先，教师提升自身素质是时代和社会发展的要求，是学校发展的需要，同时也是教师自我发展、实现自身价值的需要，随着社会的发展，现代社会对教师的要求越来越高，要想不被社会淘汰，就必须主动加强自身的学习，提高自身能力。一支优秀的教师队伍，是学校的宝贵和无形的财产，是学校最有潜力、最充足的资源。作为一名幼儿教师，必须充分掌握本专业知识，也要掌握其他一些非专业知识，只有不断地学习和进步，才能成为一名优秀的幼儿教师，赶上时代的步伐。随着时代的发展、知识的更新、教育技术的进步、教学方式的转变，需要我们具有良好的自身素质和高超的教学水平。如此，才能在幼儿心中树立“万能教师”的良好形象，提高在幼儿心中的地位，从而建立良好的师幼关系，提升相处的主控感。

其次，良好师幼关系的建立受到许多因素的影响和制约，但由于教师是教育活动的主要设计者和教学过程的主要调控者，师幼关系的建立和发展主要取决于教师，这就要求作为新时代幼儿教师的我们必须更新观念。教师作为教育者，在传统的教育手段下，由于仍受挂图、教具等制约，其教育方法仍然以单向的语言传递和直接告知为主，教育行为有很强的控制性，这样就很难真正突出幼儿的主体作用。而利用多媒体制作课件，采取看、听、动等的学习方法，让幼儿带着思考去看，并能组织语言说出来，教师直接告知的语言减少了，主控的行为减少了，幼儿自然而然成为教育活动的主体，从而增加教师与幼儿之间的情感交流，促进师幼关系的发展。教师在设计、制作与使用学前教育课件的同时，其教育观念得到了潜移默化的转变。学前教育课件是形、声、色、知、情、意相融合的统一体，不仅能促进幼儿智力的发展，而且能够促进幼儿非智力因素的发展。多媒体课件创设各种形象生动、灵活多变的学习情境，虚拟了现实，再现了生活，营造出轻松自然、欢快愉悦的探索氛围，这些特点既可以吸引幼儿的注意，激发幼儿的兴趣和好奇心，诱发幼儿的情感共鸣，又可以让幼儿在不知不觉中全身心地投入教学活动中。幼儿在这种轻松愉悦的氛围里，渐渐放松警惕，能大胆地表达自己内心的想法，愿意和教师亲近，这有助于教师和幼儿之间的情感交流，从而有助于良好师幼关系的发展。

（三）教师关注幼儿家庭环境质量，弱化不良的亲子关系

亲子交往和同伴交往对幼儿的发展有重要作用，然而不少研究发现，师幼交往对幼儿亲子交往、同伴交往也有很大的影响。积极、适宜的师幼交往对幼儿亲子交往，特别是对不安全的亲子依恋具有一定的弥补和调整作用，并能促进良好亲子交往的发展。同时，教师与幼儿之间是否形成亲密、安全的依恋关系，对幼儿同伴交往的主动性、态度、能力交往行为和过程以及同伴社交地位等，也有十分显著的影响。由此可见，师幼交往会通过影响幼儿的亲子交往以及同伴交往而对幼儿各方面的发展产生间接作用。

五、结束语

儿童在 3 岁左右开始进入一个全新的环境——幼儿园，由此也建立了另一种重要的人际关系，即师幼关系。而幼儿来到幼儿园第一个接触的人便是教师，因此，教师和幼儿是分不开的。在幼儿的一日活动中，生活、学习都离不开教师，幼儿和教师在一起的时间比和他们父母在一起的时间还要长。教师在幼儿心里有着不可替代的重要地位，因此，教师对幼儿有特殊的影响力，幼儿与教师之间结成的这种人际关系对幼儿身心各方面的发展，包括生理和心理都发挥着重大的影响。作为一名幼儿教师，在与幼儿交往过程中，要充分尊重幼儿，给幼儿人格上的平等，平等对待每一个幼儿。每个幼儿都有其特点与优点，教师应用赏识的眼光对待每一个幼儿，善于发现和开发幼儿的特长，并加以正确引导，把其培养成为国家需要的人才。每个孩子的内心都有一扇门，教师只要找到进入孩子内心的钥匙和通道，就能快速走入孩子的内心世界，了解和走进孩子，培养良好的师幼关系。幼儿从一个家庭来到另一个“大家庭”，既然称之为“大家庭”，就得让孩子在幼儿园这个大家庭中像在自己家一样，有人疼爱、有人关心，这份关心就来自教师，这就需要教师把孩子当成自己的孩子一样疼爱，并培养与孩子之间友好的同伴关系，这有利于良好师幼关系的建立。每个孩子都应该是快乐的小天使，良好的师幼关系则是关键所在，因此，作为一名幼儿教师，必须处理好和孩子之间的关系，建立良好师幼关系，让每个幼儿都能在幼儿园这个“大家庭”里快乐地成长。

参考文献

[1] 柳海民. 教育学原理[M]. 北京：高等教育出版社，2011.

[2] 魏勇刚. 学前儿童发展心理学[M]. 北京：教育科学出版社，2012.

[3] 刘琨. 建立良好的师幼关系，促进幼儿心理健康[J]. 教育教学论坛，2014（26）.

[4] 常畅. 论幼儿教育中平等的师幼关系[J]. 湖南第一师范学报，2006（3）.

[5] 中华人民共和国教育部. 幼儿园教育指导纲要（试行）[M]. 北京：北京师范大学出版社，2001.

男幼师的专业认同感的调查研究
——以黔南民族师范学院为例

石浩宇

摘　要：我国学前教育专业男生极为稀缺，对此，以网络问卷的形式对黔南民族师范学院学前教育专业四个本科年级男生进行了专业调查，了解到影响男生专业认同感的因素主要为薪资、传统观念以及课程安排不合理等几个方面。然而男生从事幼儿教育无论是从对幼儿的成长及发展，还是对幼儿教师队伍的整体优化都具有重要的意义，因此笔者从合理的课程设置、提高就业渠道及待遇，提高学前教育男生对专业的认同感和自我优势的认识，正确地对待本专业，消除传统的观念等方面提出几条可以提升学前教育专业男生专业认同感的建议和策略。

关键词：学前教育；男生；专业认同感

3～6岁是幼儿发展的关键期，教师对幼儿的成长极为重要，教师说的话以及行为动作都会影响到幼儿的发展。根据下文表1的数据，目前幼儿园大部分都为女教师，男教师所占比例不足3%，幼儿园教师职业女性化过于严重，这样培养出来幼儿性格可能会柔弱、娇气，长大后则会影响到幼儿的全面发展，男教师刚毅、独立、好奇心强等性格品质是当前幼儿所稀缺的，所以，也就导致幼儿园极为需要男教师。

随着社会经济文化的发展以及二胎政策的发布，社会对幼儿教师的需求量也越来越大，同时男性幼儿教师紧缺的问题也日益突显。幼儿园男教师在社会处于极为稀缺的状态，然而，由于传统因素和人们长期形成幼儿教师是女性从事的职业观念，导致男生从事幼教工作都背负着巨大的心理压力，再加上学校培养模式存在不足，男同学们对自身专业认识不够，从而对专业认同感不高，再者，学前教育专业大多为女生，一个班只有极个别的男生，所以在一定程度上也使男生们面临严重的心理压力，无法认识到自身的专业优势，使得他们毕业之后，只有极少的男生从事幼教工作，导致幼儿园男教师一直处于严重稀缺的状态。

一、我国幼儿园男教师师资力量现状

根据表1教育部“教育统计数据”显示，可以看出我国2012—2015年幼儿园教师的性别结构现状，四年来，我国幼儿园教师力量逐年增加，但是男教师比例变化不大，还是处于稀缺状态。总体上，幼儿园男教师比例不足3%，同时也反映了幼儿园对男教师的需求量，每个幼儿园都希望能招到男教师，这样也要求各个学校大量培养学前教育男教师，为我国学前教育行业输出更多的人才。

在幼儿园，男生处于极为重要的地位，男教师可以负责体育、民间游戏以及其他多项运动，男教师不仅心胸开阔，而且知识面比较广，运动方面更具有天然的优势，男教师性格和女教师性格可以相互补充，这样才可以塑造幼儿健全的人格、坚强勇敢的性格以及抽象的逻辑思维。

表 1　我国 2012—2015 年幼儿教师性别结构现状

年份/年	专任教师总数/人	女性教师总数/人	男性教师总数/人	男性教师比例/%
2012	1 479 237	1 449 139	30 098	2.03
2013	1 663 487	1 630 288	33 199	2.00
2014	1 844 148	1 806 076	38 072	2.06
2015	2 051 021	2 008 462	42 559	2.08

二、黔南民族师范学院学前教育专业男生认同感现状

（一）调查情况

认同来源于英文 identity，“认同”一词最开始是著名心理学家学弗洛伊德提出来的概念。他说，认同就是自己与他人、社会群体和模仿人物在感情上、心理上出现大致一样的心理行为过程。

学前专业认同：是指学习者能够非常清晰地认识到本专业的知识和技能，并且学习者能够积极主动学习和探讨研究本专业的相关课程、领域。学前教育专业认同感主要表现在学习者对自身专业知识的吸收能力以及是否能主动花更多的时间去学习本专业的相关问题。并且，在工作中可以得到老师学生的认可以及上课时能够发挥出相应的知识技能，促进幼儿进步，体现自身的价值。

高校作为培养师资力量的机构，在教学模式上，应该给学习者提供全面完善的专业课程和浓厚的学习气氛，让学习者能够有欲望学习，根据本校的生源情况，做出合理的课程安排，建立培养机制，让学习者们更好地学习专业技能以及提供一些专业问题对策，提升同学们的专业认同感，为社会输出更多的各行各业优秀人才。

笔者对黔南民族师范学院学前教育专业男生认同感采取了问卷调查的形式，自制“学前教育专业男生认同感问卷调查”，对黔南民族师范学院学前教育专业 39 名男生进行了调查，一共发放问卷 39 份，收回有效问卷共 39 份，针对 39 名男生进行了一定的深入分析，如表 2 所示。

表 2　黔南民族师范学院学前教育男生专业认同分析

年级/级	男生数/人	比例/%
2013	29	74.36
2014	5	12.82
2015	1	2.56
2016	4	10.26

1．大部分男生并非自愿就读学前教育专业

对就读学前教育专业的动机调查中，约有60%的同学表示自己是被调剂专业的，有15%的同学表示自己喜欢学前教育，约12%的同学觉得学前教育专业就业压力小，另外则有10%的同学表示不知道。

由表3可见，就读学前教育专业的男生大部分都是非自愿、服从调剂而来的，由于人们传统思维根深蒂固，认为幼儿园只有女教师，导致很多男生都背负着压力就读学前教育专业，导致最后也对本专业认识不深。

在深入对该校的39名同学进行深入采访后可知，他们当中很多人选择就读学前专业的想法是到校读书，然后再想办法转入其他专业，但是由于一些因素，大部分人无法转入其他专业，只有先就业再择业或者是深造考研。

表3　就读学前教育专业的动机以及因素

问题	人数/人	比例/%
喜欢	6	15.38
调剂专业	24	64.54
就业压力小	5	18.28
不知道	4	10.26

2．低年级对于本专业的了解与认同程度不高

对黔南民族师范学院学前教育专业了解程度调查发现，2013级的29名同学对学前教育专业有一定的了解，知道学前教育专业的教育内容，其中15名同学表示以后会进入幼儿园工作，在校期间，他们也比较关注学前教育行业相关动态，认为在大学四年见习、实习的过程中学习到很多知识和技能，对学前专业有一个比较清晰的认识，另外14名同学则表示不会进入幼儿园工作，一方面他们可能要继续深造读研，另外一方面则不喜欢学前教育，毕业之后可能考公务员或者进入民企，从事与自己兴趣相关的工作。

2014级的5名同学对专业了解不是特别清楚，也不知道毕业之后自己需要做什么，一方面是他们对学前专业的知识技能了解不深，另外一方面，则是马上就大四了，他们对知识技能等掌握不牢固，表示现在很焦虑，不知道毕业后考公务员还是当幼儿园教师。

2015级与2016级的5名同学主要是刚刚开始入学，他们对学前专业还没有太多的认识，而且大一大二的学习还是以公共基础课程为主，目前为止，他们没有接触或者刚刚接触到学前教育专业课程，对本专业还没有太多的认识，而且面对其他同学的询问，他们大多数人都表示不好意思说自己是学前教育专业的，因为长期形成的观念以及个人的腼腆，不好意思说出口，来读这个专业是因为好就业，然后再择业。

3．学前教育专业课程设置不合理

技能课程是教师开展课程的基础技能，只有掌握技能才能更好地促进幼儿发展，如果不懂学前教育相关技能的话，在幼儿园根本无法上课。专业课程以及技能课程的设置是否合理，会影响到一个人的就业状态以及对专业的了解认同程度。

通过调查，如表4所示，对技能课程是否感兴趣，比如舞蹈、钢琴、音乐、环境创设等，约10%的同学表示很满意，约15%的同学满意，另外50%的同学则勉强满意，约20%的同学不满意这样的专业技能，不愿意学。很多男生对学前教育专业兴趣不高，都抱着打酱油的心态，期末考试能过就行，甚至还有一些同学对这些专业技能比较反感，认为自己不适合学这样的课程，底子薄，没有基础，学不来等等。在设置课程方面（比如舞蹈），很多男同学都觉得比较尴尬，不会跳舞，很难认真学习。

表4　就读学前教育专业的动机以及因素

问题	人数/人	比例/%
很满意	4	10.26
满意	6	15.38
还行	20	51.28
不满意	9	23.08

4．多数男生不愿去幼儿园实践

学前教育实习和见习，是指让学生到幼儿园或者学前机构实践自己所学的专业知识和技能，也是让学生更好地了解学前教育，了解到幼儿教师的工作和日常，并从中学习到一些经验，将在校学到的理论与实践联系起来，让自己对本专业有更好的认识和理解。

在本次调查中，如表5所示，约10%的同学认为实习和见习很重要，认为实习对自己就业有很大的帮助，约25%的同学觉得实习比较重要，觉得实习对提升自己有一定的作用，还有60%左右的同学认为实习不实习都无所谓，因为不喜欢学前教育，反正毕业也不会从事学前工作，实习不实习，对以后就业没有太大的影响。

表5　你认为教育实习和见习重要吗

问题	人数/人	比例/%
重要	4	10.26
比较重要	10	25.64
无所谓	25	64.10

由于学校专业技能课程的设置存在一定问题，所以，低年级实践课程比较少，到了大二大三才开始进行教育见习，本来就对专业的认同不高，久而久之，对专业没有多大兴趣，然后又没有实践的机会，这样他们对本专业的热情就更加少了。

5．大部分男生毕业都会从事本专业相关工作

很多学前教育的男生背负着巨大的思想压力到学校就读。调剂专业，也可以看得出他们对学前教育专业喜欢、感兴趣的程度。另外，学前教育男教师在一定程度上，没有得到社会的承认。此外，我国学前教育师资力量一直稀缺，特别是男教师，一直属于稀缺的状态，这也是很多男生愿意就读学前教育专业的重要原因之一。

（二）调查分析

根据调查，如表 6 显示。50%的同学认为学前教育就业前景很好，进入幼儿园工作也会比较容易，到了幼儿园可以慢慢适应那里的环境，毕业后，先就业再择业，25%的同学认为要考虑一下，虽然幼儿园好就业，但是薪资低、男教师少，担心自己进入幼儿园后，会处于边缘地方，他们将幼儿园当作是自己的退路，到时候自己实在找不到工作，则可能会进入幼儿园工作，另外的 23%同学认为自己不会进入幼儿园工作，他们多选择考研，或者往其他方向发展。

表 6　你认为学前教育专业的就业前景如何

问题	人数/人	比例/%
很好	20	51.28
还能接受	10	25.64
不考虑	9	23.08

在该校学前教育专业中的 39 名同学大都是非自愿报考学前教育专业，导致他们对本专业存在一定的抗拒心理，再加上学校课程设置不合理，很多男同学都不喜欢舞蹈等专业课程，从而导致他们对自己的专业的认同感很低。学前教育就业形势很好，但是工资福利等方面略低，他们认为以后毕业了会先找满意的工作，幼儿园则是他们的一个保底工作，他们对本专业的课程掌握都不深，也不重视。就读学前专业的同学基本都是非自愿选择的，一方面学校提供的实践机会比较少，甚至到了大三才开设有实习、见习等实践课程，导致他们在平时学习的时候意识不到专业课程的重要性，三天打鱼两天晒网，对专业没有什么概念可言。很多人在大一大二都不知道学前教育专业是做什么的，很多学生对这个都没有什么概念，专业技能课程开设比较迟，到大三大四的时候又忙于实习毕业等事项，对专业技能课程的学习时间就会更少，没有过多学习专业技能。

三、提高学前教育专业男生认同感的策略

（一）政府方面

1．政府要积极引导社会转变传统观念

政府在引导社会转变传统观念上具有重大的作用。政府可以制定一些相关的政策来引导社会正确对待男生从事幼儿园工作，才会让更多男教师投入到幼儿园的教育当中去。

比如在男生就业的时候，政府可以利用一些现有的资源给予男教师做上岗培训，通过邀请一些幼儿园优秀教师给男教师们讲解幼儿园方面的知识，让男教师们正确认识到幼儿教师的工作和方法，让他们对幼儿园有一个整体客观的认识。其次，要对男教师们做好心理疏通，男教师们刚刚进入幼儿园，面对社会观念的影响，心理压力可能很大，可以在上岗培训的同时，安排心理医生对男教师们进行一定的心理辅导，这样他们对幼儿园工作才会充满信心。

政府可以制作相关的宣传片来引导社会正确对待男教师的工作，通过媒体、电视以及报刊等平台方式传播出男教师在幼儿园的重要性与正能量，引导社会慢慢转变对男生从事幼儿教育的观念，减轻男教师们的思想压力，为幼儿园吸取更多男教师，促进幼儿的全面发展。

政府还可以利用行政手段，设置男教师到幼儿园的一些优惠政策，通过政策性的决策与调整，吸引更多的男教师到幼儿园就业，促进幼儿园事业的男女教师平衡发展，同时，也对正在高校就读的学生们认真学习本专业具有促进作用，提高专业认同感。

2．提高学前教育教师的待遇

薪资待遇，是一个是否肯留下来工作的最大因素，薪资的高低也决定了一个人对该工作的热爱程度，目前我国幼儿园教师薪资水平比较低，各地区的薪资水平不一致，也导致了很多人不愿从事幼教工作。

幼儿园薪资低，教师们根本无法养活自己，再加上幼儿园事情繁杂，则更可能导致他们不愿意去幼儿园工作。同时，幼儿园是我国各级教育最为薄弱的环节，政府要想办法来提升教师的薪资待遇以及福利，才能吸引更多的人才投入幼儿园的建设当中来。

社会也要树立正确的观念，认同男教师在幼儿园的特殊性，要给予充分的肯定和认同，而不是受到传统观念的影响，认为男教师在幼儿园是一件没有前途的事情，个人也要树立正确的就业观念，在校学好专业技能，不断加强实践，才能更适合社会的发展需要。

只有从政府、社会、集体到个人，都对学前教育给予足够的关注和重视，想办法改善男教师的生活条件和工作条件以及薪资福利，这样才能使他们在校时努力学习专业知识，毕业后选择进入幼儿园工作，促进幼儿全面的发展。

（二）高校培养方面

1．强化学前教育专业发展与就业指导培训

一方面，高校要对学前专业的男生加强就业培训指导，首先，学校可以根据社会单位用人需求等情况，每月或者每个季度根据社会用人单位需求，整理好数据发放给学生们阅读，让他们能够了解到社会的需求，调整自己，帮助他们树立正确的就业规划。其次，高校要充分让他们了解到学前教育男生的专业情况以及特点优势，邀请学前领域相关的专家给予学生培训，帮助他们认识到学前教育专业背景以及就业前景，了解到男生在幼儿园的重要性，努力学好专业知识，为以后毕业进入到幼儿园工作更加有信心。

另一方面，每个高校都有自己的创业园区，高校要引导学前教育男生去创业、做项目，培养他们的创业意识以及对社会需求的敏锐性，等到毕业的时候，学前教育男生可以选择自主择业，可以去幼儿园应聘，也可以自己开幼儿园，办一所具有特色性的民族性幼儿园，而且，随着中国老龄化越来越严重，到时候，学前男教师们不仅可以办幼儿园，也可以开办托儿所、老年人活动场所等，使自己更好地就业。

男同学们经历过就业培训后，对市场的人才需求等方面也有一定的了解，这样就可以使他们从自身出发，根据社会的人才需求来调整自己，不断进行学习，使自己毕业后能更加与社会的人才岗位匹配。

2．考虑差异性，合理安排课程

通过高校毕业生的就业情况，就可以看出大部分学生从事的行业和所具有的基本素质，一个人对自己所从事的工作可以看出来他在学校对本专业的热爱情况。如今，就业改革制度不断深入，社会对人才的要求越来越高，社会就业压力增大，而且高校毕业生每年增长很快，每年都有几百万学生进入社会，所以在校的时候，要能根据自己的优势来学习学前教育的相关课程，这样才会有兴趣学习，毕业后才能使自己更加具有竞争力。

所以，高校应该根据男女的发展特点，注重细节，来设置丰富多样的课程，要充分考虑到学生身心发展特点，为他们创造具有个性化的课程。比如男生就应该多学习相关的专业技能，比如体操、武术、书法等，在专业技能必修的同时，男同学也可以自行选修乐器或者手工制作等课程，提高他们的兴趣。女生则学习钢琴、美术、舞蹈等专业技能知识，也可以同样选修体操等技能，这样都会提高他们对专业的认同感，激发他们的学习兴趣，提升自信心。

只有他们喜欢上了专业课程，具有专业认同感，才会好好地去学好专业知识并热爱本专业，毕业以后也会变得更优秀。

（三）提高男幼师的优势认识

男生从事幼儿教育对幼儿的健全发展有着巨大的影响。在社会传统观念中，学前教育男教师没有得到社会的尊重和认可，导致了男生对自己以及专业定位不清晰，找不到自己的专业优势所在。

目前，幼儿园里，女教师比例占了80%左右，培养出来的幼儿性格阴柔，没有男生那种阳刚之气，所以男教师的出现能够有力地平衡这一点，他们能够为幼儿树立刚强、勇敢的形象，这些对幼儿早期健康的成长都有着巨大的作用，男教师在幼儿园处于一种不可忽视的地位。

要提高男生的专业认同，正确对待传统观念，除了政府和学校的积极引导，也要男同学们树立正确的价值观、思想观，全面对待传统观念，努力学习，认识到自己优势。比如在校的时候，努力学习专业技能，多多去幼儿园见习，提升经验，为自己毕业进入幼儿园做一个缓冲。

参考文献

[1] 王佳媛，贾玉霞，王西明，等. 高师院校学前教育专业男生培养中的问题与对策[J]. 当代学前教育，2008（5）.

[2] 龙宇，汤雅黎，邓李梅. 学前教育的男生专业认同的现状与对策——以湖北省某高校为例[J]. 教育与教学研究，2015（9）.

[3] 孙爱莲，王雪琴. 学前教育专业男生专业认同的研究[J]. 学前教育研究，2016（16）.

[4] 陈振. 影响学前教育专业男生职业认同感的因素及教育对策[J]. 沙洋师范高等专科学校学报，2008（6）.

[5] 张焕荣. 学前教育专业男大学生职业认同感的培养[J]. 衡水学院教育学院，2010（10）.

[6] 李莉环. 西部地方师范院校学前教育专业男生专业认同感调查研究[J]. 甘肃高师学报，2016（7）.

幼儿教师专业成长的行动研究探索

周　林

摘　要： 本论文旨在研究行动研究对幼儿教师专业成长的重要性，研究的目的是为了提高幼儿教师对于行动研究的重要性认识，研究通过幼儿教师开展行动研究的实际案例展开，分析与探讨行动研究的重要性，并通过案例总结出幼儿教师实践行动研究的方法，帮助幼儿教师通过行动研究来促进幼儿教师专业成长。

关键词： 行动研究；行动研究方法；幼儿教师；专业成长

近年来幼儿教师的专业成长成为社会和家长关注的焦点，“专家型幼儿教师”一说由此被提了出来，幼儿教师提高自身的科研能力也成为非常必要的事。相较于其他研究而言，行动研究因其研究对象的具体性、研究过程的实践性、研究结果的即时利用性等特色，非常适合一线教师研究解决自身教学中的问题。那么行动研究对幼儿教师的专业成长到底有什么作用呢？其重要性又体现在什么地方呢？

一、行动研究

所谓“行动研究”，就是教育工作者在实践中通过行动与研究的结合，创造性地应用教育理论去研究与解决不断变化的教育实践中的具体问题，从而提高教育教学质量以及自身专业化水平的一种研究活动。它所探讨的问题具有独特性，仅仅是幼儿教师自己的问题；它是一种系统的螺旋式前进的反思性探究活动，研究的过程反反复复，不断验证和完善；它类型多样，有独立模式、支持模式和合作模式等。

行动研究不同于其他教育科学研究之处是：

1．研究者就是教育者本身

行动研究最大的特点是研究者就是教育者本身。提到“研究”，很多人不由自主地就想到专家学者，认为那是专家学者做的事，而行动研究是适合一线教师进行的研究，解决的是一线教师自己的问题，也是一线教师自主解决问题的过程。

2．研究内容的具体性与多变性

行动研究所研究的问题更具体也更多变。一般的教育研究研究的是教育中普遍存在的问题，而行动研究研究的是一线教师在教育教学场景中直接面对的问题。这些问题更具体，也更易随实际变化，因而研究的内容是动态变化的。

3．研究结果的即时利用性

在研究过程中所得到的结果，教师可以立即应用到该教学中，以检验研究结果的正确性，再根据检验结果及研究内容的变化及时调整自己的研究方法，这样所得到的结果更加贴合实际，也更加有利于问题的解决。

二、幼儿教师专业化

教师的专业成长又称教师专业发展，是指教师在整个专业生涯中，依托专门组织、专门的培养制度和管理制度，通过持续的专业教育，习得教育教学专业技能，形成专业理想、专业道德和能力，从而实现专业自主的过程，就是教师从非专业到专业的转化过程[2]。幼儿教师专业化是指幼儿教师个人逐步发展成专业人员，幼儿教师职业逐步走向成熟专业的过程。

幼儿教师资格证是从事幼儿教师职业的必备条件，但不能说拥有幼儿教师资格证的人都是专业的。幼儿教师的专业化包括幼儿教师的知识与技能的专业化，但还包括理论知识以外的一些东西，如自身对学前教育的态度与认识。专业与否，应建立在对一份职业正确的理解与热爱之上，建立在对职业生涯更高更好的追求上，而不仅仅只是知识与理论的简单叠加。幼儿教师的专业化是“给儿童更好的教育”的基础，幼儿教师可以通过借鉴其他幼儿教师教学经验、反思本人教育活动中的问题、做好教育研究等方法来实现自身的专业成长。

三、行动研究与幼儿教师专业成长

在后文的案例中，幼儿教师切实用行动研究解决了一次歌唱活动的失败问题，通过行动研究的一步步开展，问题的所在也一步步揭开，最终得到了一个最优的开展该歌唱活动的方法。这体现了幼儿教师的专业成长是幼儿教师主动发展的结果，是不断完善自我、切实提高教育质量的过程。要想获得专业成长，就得从教育实践中来，再回到教育实践中去，从这个角度来说，行动研究是符合幼儿教师专业成长的需要的。其在幼儿教师专业成长中的重要性主要体现在以下几个方面：

1．帮助幼儿教师促进理论与实践的结合

作为一名幼儿教师，专业知识与专业技能的具备是基本的，但是这些理论性的知识与技能在遇到实际教学场景中的一些问题却显得有些无能为力。很多理论应用于实践时就会出现问题，特别是对于新手教师来说。因为新手教师的教学经验不够，无法自如地将理论应用于实际，而行动研究所需要的理性思考与探究正好能够帮助新手教师解决这个问题。新手教师在全面分析解决问题的过程其实无形中将理论应用于实际了，也无形中让幼儿教师更好地去认识研究中所用到的理论知识。

2．促进幼儿教师教育信念的发展

从事一门职业，首先要能够去爱这份职业，只有真正对这份职业产生热爱，才能够做好这份职业，对于幼儿教师来说也是这样。幼儿教师在进行行动研究的过程中，自己研究并解决问题，这个过程能够使幼儿教师感受到自己的价值，从而获得自我效能感，帮助幼儿教师从无意识朦胧教育信念转向有意识知识性与概括性教育信念。其实具有行动研究意识的幼儿教师本身就显露出了良好的教育信念，因为只有对幼儿教育充满热爱的人才会努力提高自己的能力。

3．促使幼儿教师自我反思与更新

时代在发展，幼儿也在发展。现在的幼儿所接触的东西比较多，各方面发展得都比较迅速，作为幼儿教师，教育能力要能够走在幼儿发展的前面，要注重自身教育能力的更新。行动研究就是一个不断更新、不断探索的过程。在实践中发现问题，进行反思并给出解决方法，再在实践中尝试运用所得到的方法去解决问题，最后反思所得到的结果及存在的问题，然后再实践与反思。幼儿教师做行动研究，其实就是自身反思与更新的过程。

4．提高社会对幼儿教师职业专门化的认同

对于幼儿教师这个职业，很多人的认识存在偏差，认为幼儿教师就是带孩子的，是“保姆”，而忽视了幼儿教师需要掌握的大量技能与幼儿时期对于孩子发展的重要性，这种偏差造成幼儿教师社会地位低、待遇与付出不平衡等问题。幼儿教师的行动研究结果是一种属于幼儿教师自己的知识形态，是不同于一般理论知识的。幼儿教师行动研究所得到的结果是更符合于真实教学场景的，有着理论知识不能代替的特殊作用，对于更好地促进幼儿发展也有着自己不可替代的作用。“一种幼儿教师自己的知识形态”是幼儿教师不可替代最好的标志。

5．提升幼儿教师的教育科研能力

教育科研能力是衡量教育者价值的一个标准，但教育科研能力要怎样提高呢？行动研究算是一个很好的答案。行动研究本身就是一种教育研究手段，幼儿教师去做行动研究这件事，本身就是提高自己教育科研能力的过程[3]。在螺旋式的探究过程中，幼儿教师可以不断尝试重组与构建所研究问题的相关知识，站在一个新的角度去看待问题，最后在这样反复的过程中得到一个研究结果。这样的过程，就是教育科研能力实现与成长的过程。

四、幼儿教师开展行动研究的实践

在实习期间本人参与记录了所在班级主班老师所进行的一次行动研究，这次研究是针对一次歌唱活动的失败而展开的，研究目的在于探讨如何开展好这次歌唱活动。下面是相关的过程与记录：

1．活动方案一

活动名称：《比尾巴》（中班）

活动目标：

（1）学唱儿歌，能自然大方地演唱。

（2）感知问答歌的特点，体验问答歌的趣味性、知识性。

（3）愿意积极地参加歌唱活动。

活动准备：

《比尾巴》歌曲、钢琴、动物图卡。

活动过程：

（1）谈话导入，引出“尾巴”：你知道动物园吗？

（2）教师提问，引出歌词。你知道动物中谁的尾巴长长的吗？谁的尾巴短呢？……

（3）教师带领幼儿熟悉歌词。

（4）教师教唱儿歌。

（5）幼儿合唱儿歌。

（6）幼儿分组问答合唱歌曲：一组问一组答，体验问答歌曲的趣味性。

（7）结束活动。

第一次实施课堂实录：

导入：

师：小朋友们，你们知道动物园吗？

生：知道，老师我去过，上个星期……

师：嗯，那动物园里哪个动物的尾巴是长长的？

生：猴子，狼（幼儿兴趣很高）！

师：小朋友们都很棒，那老师想考考小朋友了，动物园里谁的尾巴短？

生：兔子（齐声说）！

师：那谁的尾巴好像一把伞呢？

生：孔雀（部分幼儿说），松鼠（部分幼儿说）。

师：嗯，小朋友真了解动物朋友呀，那我们一起看看小朋友们猜对了没。（依次拿出图卡猴子、兔子和松鼠。）

展开：

师：这些答案呢其实是一首歌的歌词，等下老师要教大家唱歌，现在跟着老师念下歌词，老师念一句小朋友们念一句，谁的尾巴长。

（依次念完歌词。）

师：再跟着老师念下歌词，谁的尾巴长。

幼：谁的尾巴长（稀稀拉拉的声音）。

师：谁的尾巴短（教师提高音量）。

幼：谁的尾巴短（很多幼儿开始干自己的事）。

（坚持念完，幼儿无精打采地望着老师。）

师：现在我唱一遍给大家听，好吗？

幼：好（无精打采地回答）。

（教师边弹边唱，幼儿兴趣又回来了。）

师：现在老师唱一句小朋友们唱一句，谁的尾巴长。

幼：谁的尾巴长。

（教唱结束，大部分幼儿表现出厌倦。）

师：现在老师弹钢琴，小朋友们唱。

（幼儿东倒西歪，稀稀拉拉地唱完。）

师：现在请男生唱问题，女生唱答案。

（幼儿不明白老师的意思，没有人唱。）

师：好吧，那现在请大家一起唱一遍。

（匆忙结束。）

2．提出问题

在这次的歌唱活动中，整个活动显示出成人化的特点，幼儿的积极性很差，原定活动目标也没有达成。那么是什么造成了这次活动的失败，要怎样才能组织好这次活动呢？

3．分析问题

（1）对于活动中存在的成人化这个问题的解决，可以从歌唱教学方法这个方面入手，教师在活动中连续使用了提问法、读词法、分句教唱法、重复练唱法等几个歌唱教学方法，这几个歌唱教学方法的特点就是相对比较死板，有着成人化的特点，以教师的单方面灌输为主，因此灵活地调整好歌唱教学方法是组织好这次活动的一个切入点。我们从提高幼儿的主动性出发，计划在保留部分原来教学方法的基础上增加听赏教学法（播放歌曲旋律，引导幼儿初步感知歌曲特点）；示范表演法（示范表演，让幼儿对此次的儿歌有个整体的初步印象）；随歌表演法（带领幼儿随着音乐做动作）三个歌唱教学方法。

（2）活动目标二没有达成，是由于教师在引导幼儿进行对答游戏时没有做好，设计将幼儿分组对唱改为教师唱幼儿答，并交换互换对答演唱歌曲，以此来达到幼儿体验问答歌的乐趣这个目标。

（3）幼儿参与积极性较差这个问题，在前面改进方法的基础上，计划在歌曲中增加动作表演，以动作带动幼儿的积极性。

4．制订计划

在反思之前的基础上，重新拟定教案，利用新的教案在另一个中班开展活动。

5．第一次修改后的教案

活动名称：《比尾巴》（中班）

活动目标：

（1）学唱儿歌，能边唱边做对应的动作。

（2）感知问答歌的特点，体验问答歌的趣味性、知识性。

（3）愿意积极地参加歌唱活动。

活动准备：《比尾巴》歌曲、歌曲动作设计

活动过程：

（1）直接导入，播放歌曲旋律，引起幼儿兴趣。

（2）再次播放歌曲，让幼儿初步感知歌曲：歌里说了什么？它们在干什么？

（3）教师示范表演歌曲，并鼓励幼儿一起做。

（4）教师教唱歌曲与相应动作，并给予幼儿个别指导。

（5）带领幼儿随着音乐一起表演歌曲，鼓励幼儿大胆做。

（6）问答小游戏，教师问，幼儿答，并交换角色：现在老师唱问题，你们唱答案。

（7）请小朋友上去唱问题，其他小朋友唱答案。

（8）教师总结结束。

第二次实施课堂实录：

导入：

（教师播放歌曲旋律，教师随着旋律打拍子，并带动幼儿一起。）

师：小朋友们，刚刚我们听的这首歌好听吗？歌里面唱了什么呢？

幼：好听，老师歌里有猴子；歌里有兔子（幼儿积极回答）。

师：嗯，有猴子，有兔子，那小动物们在干嘛呢？我们再一起听一下（教师再次播放歌曲旋律）。

师：它们在干吗？哪位小朋友举手告诉老师。

幼：它们在说尾巴。

师：那歌里说谁的尾巴长呢？谁的尾巴短呢？……（依次问完。）

幼：猴子……（开始积极回答，后来部分幼儿开始游离。）

师：嗯，对了，那这首歌呢就叫作《比尾巴》。现在老师唱一遍，大家注意听，等会儿后面我们会有小游戏哦（教师唱了一遍，并加上动作，遇到歌词中的问题用手在耳边绕表示问题，猴子尾巴长用手比出一个长的长度，尾巴短用手比出一小段距离，像把伞用双手放在头顶上）。

（部分幼儿跟着老师一起尝试做动作。幼儿积极性回来了。）

师：现在老师唱一句，大家跟我唱一句，还要做跟老师一样的动作哦。

（依次教唱完。做动作由于有的动作幅度过大，场面有些混乱。）

师：现在我们跟着音乐一起唱。（教师带领幼儿一起唱，并鼓励有些幼儿大胆唱出来和做动作。）

（幼儿积极性较高，但在歌词中答案部分由于没有动作，有的幼儿有些不知所措。）

师：现在老师唱问题，你们唱答案。

（幼儿积极性良好。）

师：现在轮到你们唱答案，我来唱问题。

（有些幼儿表现出厌倦。）

师：现在我请小朋友上来唱问题，其他小朋友唱答案。

（幼儿积极性很高。）

（教师依次请了三个小朋友问问题，很多没有单独上去问问题的幼儿游离。）

（教师总结结束。）

6．反　思

在第二次《比尾巴》的教学活动中，课堂气氛，幼儿的参与积极性都有了提高，但是在其动作创编的过程中，教师只设计了问题的动作而没有设计答案的动作，因而在活动中幼儿在做动作时会混淆，而且设计的动作幅度过大，在做动作时也不方便施展。所以我们准备重新设计一个更符合幼儿特点的音乐游戏，以动物头饰吸引幼儿参与游戏，更好地感受到歌唱活动的乐趣；在活动导入的方法上，由于这次的直接导入方法对于吸引幼儿参与活动的效果还是不佳，所以我们计划采用游戏导入的方式来提高幼儿的活动兴趣。

7．制订新的计划

在反思基础上重新制订活动方案，并将新的活动设计方案换一个中班实施以检验效果。

8．第二次修改后的教案

活动名称：《比尾巴》（中班）

活动目标：

（1）学唱儿歌，能自然大方的演唱。

（2）感知问答歌的特点，体验问答歌的趣味性、知识性。

（3）愿意积极地参加歌唱活动。

活动准备：《比尾巴》歌曲、动物头饰

活动过程：

（1）“说哪指哪”游戏导入，引出“尾巴”：上课之前我们一起玩一个小游戏，老师说到什么，你们就指出什么。

（2）播放歌曲《比尾巴》，引导幼儿理解歌曲：这首歌里说到了哪些小动物的尾巴啊？

（3）再次播放歌曲，教师跟唱，并有重点地夸大重点歌词，引导幼儿加深对歌曲的理解：它们的尾巴有什么特点？

（4）教师教唱歌曲，提出后面有小游戏提醒幼儿好好学唱。

（5）播放歌曲，并帮助幼儿熟悉歌曲。

（6）出示动物头饰，教师介绍游戏玩法并示范玩法。

（7）带领幼儿玩游戏自然结束。

第三次实施课堂实录：

师：现在我们大家先一起玩一个小游戏“说哪指哪”吧，老师说到什么，你们就指什么。（幼儿兴趣和积极性较高。）

师：鼻子，嘴巴，脚，耳朵，眼睛，尾巴（依次说完，并且开始语调缓慢，让幼儿适应游戏，后面越说越快直到说“尾巴”）。

幼：哈哈哈，老师，我们没有尾巴呀（幼儿哄堂大笑）！

师：那谁有尾巴呢？

幼：小动物有尾巴，老鼠有尾巴，猴子有尾巴……（幼儿积极说着自己的答案）。

师：那老师放一首歌给你们听，大家要仔细听听歌里说了什么（教师神秘地说）。（播放歌曲。）

师：这首歌里提到了哪几个小动物的尾巴呀？

幼：老师有猴子的，老师有兔子的，老师有松鼠的……

师：那猴子的尾巴是怎样的呢？兔子和松鼠的又是怎样的呢？

幼：猴子尾巴长长的（部分幼儿回答）。

师：那我们再听一遍，大家要认真听哦。（再次播放音乐，这次教师跟着音乐一起唱，并在动物尾巴的问答关键词上稍微表现夸张一些。）

师：谁的尾巴长？

幼：猴子。

（依次问完。）

师：那现在老师教大家唱这首歌，大家要认真学哦，后面有好玩的游戏呢！

（幼儿听到游戏，一下子精神起来。）

（教师分句教唱完。）

师：现在我们跟着音乐一起唱。

（幼儿大部分积极性良好，小部分游离。）

（将幼儿围成一个圆圈。）

师：现在老师要请小朋友上来玩游戏，老师这有小动物的头饰，待会老师请小朋友们上来当小动物，我们一起围着圆圈唱歌，唱到“猴子尾巴长”的时候戴猴子头饰的小朋友就站到圆圈里去，唱到“兔子尾巴短”的时候戴兔子头饰的小朋友跑到圆圈里去，做对的小朋友有小贴纸奖励哦。现在老师来当猴子，我们一起唱歌。（教师示范玩法。）

（幼儿活动积极性很高。）

师：现在老师请小朋友来当动物（三个小动物，同一种头饰有两个，每次给六个小朋友戴上头饰，其他小朋友唱歌，请完班上所有小朋友。）

（在游戏中自然结束活动。）

9．总结与反思

这次的《比尾巴》音乐活动和前面两次的《比尾巴》音乐活动相比，取得了最明显的进步，整个活动开展得较有条理，在活动中也注意吸引幼儿的注意力，提高幼儿积极性。利用游戏作为教学手段也符合幼儿的年龄特征，使幼儿在游戏中自然、愉快地学习。对于如何组织好《比尾巴》这个音乐活动，我们在分析前一次所出现问题的基础上，不断反思及实践，最后在第三次《比尾巴》教学活动中取得了良好的效果，也找到开展《比尾巴》歌唱活动的更好方法。这次活动的成功是两次反复实践的结果，但在最开始组织活动时，我们就应该做好活动设计，全方面地考虑活动中可能出现的问题，从而避免一些不必要问题的出现，这也是我们以后组织教育教学应该注意的问题。

五、幼儿教师开展行动研究的建议

这次真实参与幼儿教师行动研究的过程，不仅提高了我对于行动研究的认识，而且让我亲身感受到了行动研究的效果，让我明白了行动研究对于幼儿教师专业成长的重要性所在。在此基础上笔者进一步提出对于幼儿教师实施行动研究的建议。

1．幼儿教师要善于发现教育教学中的问题

许多幼儿教师对于行动研究的认识存在误区，不知道自己到底能研究什么。其实小到如何上好一节课，大到教育教学规律的研究都可以是行动研究，而最重要的是幼儿教师要找到问题，才能去解决问题。所以说幼儿教师要善于发现自身教育教学中存在的问题，从而找到行动研究的切入点。

2．要在原有经验基础去反思，从而找准“病因”

针对所发现的问题，幼儿教师要在原有经验的基础上去反思，不能因为问题的出现而把之前的经验全部推翻，一否全否的做法必然导致研究的失败。成功的研究是建立在原有经验的基础上的，在分析经验的基础上才能更好掌握问题的症结，从而有针对性地解决问题。

3．积极吸收他人的建议，更好地去认识问题

在行动研究的过程中，单靠幼儿教师一个人去解决问题是很困难的，因为一个人的思想难免具有局限性。因此在行动研究的过程中，幼儿教师可以利用周围的资源，积极与他人合作，听取别人的建议，从而为切实解决问题找到方法，为研究的正确性提供保障。

4．在实践中进一步检验研究结果

实践是检验真理的唯一标准，对于行动研究所得到的解决问题的方法，应当放到实际中去检验才能检验方法的正确与否,单靠对问题的文字性分析不足以证明研究结果的正确与否。因此要在实践中进一步检验研究结果，问题来源于实践，自然要归于实践。

5．正确认识研究的反复性与曲折性

行动研究的特点就是具有反复性与曲折性，不断地发现问题、解决问题，反复地检验研究结果，从而得到一个更优的研究结果。在看待行动研究的结果时，幼儿教师要避免走入唯心主义的误区，要客观看待研究结果，接受实践的检验，在这样反复的过程中保证研究结果的正确性。

六、结　语

行动研究对于幼儿教师专业成长的重要性已毋庸置疑，幼儿教师要正确运用行动研究，了解掌握其方法，让其为自己的教育事业与专业成长提供正面意义，避免走入研究的误区。幼儿教师的专业成长是一个全方面发展的过程，除了行动研究，幼儿教师还应掌握其他提升自我、发展自我的方法，让自己全面发展。作为一名幼儿教师，要明白自己身上所承担的责任，努力提高自己的专业知识与专业技能，要善于运用行动研究观察问题、解决问题，要切切实实地把幼儿的健康成长作为自己的职业追求。

参考文献

[1] 杨先花. 对教育行动研究的反思——从教育主体角度来探讨教育理论与教育实践的关系[J]. 湖北民族学院学报（哲学社会科学版），2005（8）.

[2] 张家选. 略论教师继续教育与专业发展[M]. 继续教育，2010（1）.

[3] 李焕稳. 教育行动研究是幼儿教师成长的重要途径[J]. 天津师范大学学报（基础教育版），2002（12）.

[4] 林光灵. 论教育行动研究与教师专业化成长[D]. 福州：福建师范大学，2005.

民族地区农村幼儿园教师队伍现状调查
——以都匀市农村幼儿园为例

余　立

摘　要：本次研究以都匀市农村幼儿园的教师为调查对象，通过调查了解都匀市农村幼儿园的教师队伍现状，发现其中所存在的问题，例如，公立幼儿园与私立幼儿园教师队伍差距较大，教师数量严重不足，队伍不稳定，整体学历以专科为主，待遇也没有保障，农村幼儿园缺乏优秀教师等，并针对所存在的问题提出建议。

关键词：农村幼儿园；教师队伍；现状调查

一、研究背景

《国家中长期教育改革和发展规划纲要（2010—2020年）》提出要大力发展学前教育，重点发展农村学前教育。要使农村学前教育得到发展，从某种意义上就要解决农村幼儿园教师队伍的发展，那么对于农村幼儿园教师队伍的调查就显得尤为重要，只有清楚了解教师队伍的发展情况，才能对症下药，真正意义上去促进整个农村学前教育的发展，缩小城乡幼儿园之间的差距。从另一方面来说，人们逐渐富裕起来，收入差距在缩小，人口政策在变动，民族地区人们对于小孩的教育要求也在不断提高，特别是农村地区，已不再只是满足于物质生活上的要求，更多的是在精神上得到的满足，幼儿园老师不仅仅要照顾孩子的日常生活，还要让孩子在其他各个方面都能得到发展。就当前来看，农村幼儿教育发展缓慢，学前教育落后，各个方面都出现很多问题，特别是目前教师队伍跟不上国家及人民的要求，因此，农村教师队伍的建设就显得尤为重要。幼儿教师是学前教育工作的主要承担者，是儿童早期发展与教育的重要引导者，幼儿教师的任务是艰巨的，幼儿教师对于学前教育的发展更是起着关键作用。作为一名幼教工作者，只有清楚地知道农村幼儿教师队伍的发展现状，找到其中存在的问题，并提出相应的解决措施，农村学前教育才能更好更快地发展。

二、研究目的

通过调查弄清民族地区农村幼儿园教师队伍现状，分析梳理存在的主要问题并提出有针对性的建议。本研究为幼儿教育及学前教育相关研究者和管理者提供农村幼儿园教师队伍发展现状的第一手资料，为农村幼儿园自身发展过程中存在的问题找到解决的途径与办法。

三、研究方法

本研究用调查法，以贵州省都匀市农村地区的园长及教师作为研究对象，了解幼儿园教师的发展情况，从三个方面着手对农村幼儿园教师队伍现状进行研究。首先，调查农村幼儿园教师队伍中存在的问题；其次，对农村幼儿园教师专业素质情况进行统计分析；最后，对教师队伍中存在的问题提出建设性意见，调查方法如下：

通过文献分析法，查阅优质期刊、书籍、论文网站等关于农村幼儿教师队伍现状调查的研究成果，并查阅所调查地区教育行政部门及幼儿园教师管理文件，查看幼儿教师教育活动设计方案，作为本研究的指导和依据。

通过实地调查法，选取都匀市的农村幼儿园作为调查对象，其中私立幼儿园 3 个，公立幼儿园 4 个，还通过发给都匀市其他幼儿老师网络问卷，了解其他地区教师队伍的情况，进入幼儿园发放问卷，与园长交流，观察教师的上课情况，对所调查的幼儿园进行实地观察和访谈，观察老师自身和教学的情况及整个幼儿园的师资配备，保教结合的人数及形式，和老师交流，了解及补充对教师的现状调查，作为论文写作的基础。

通过问卷调查，选取都匀市农村幼儿园的 7 个幼儿园园长和教师作为研究对象，还抽取了都匀市其他农村幼儿园的幼儿教师进行调查。总计发放 60 份问卷，实际收回 55 份有效问卷，全部由女性教师填写，最后完成对数据的统计与分析，作为论文数据及写作内容的来源。

四、当前农村幼儿园存在的主要问题

（一）公立幼儿园与私立幼儿园教师队伍之间差距较大

第一，最大的差距是教师配备情况，公立幼儿园每班是配备三个教师，主班老师和辅班老师，保育老师，而私立幼儿园在乡村地区的一个班仅有一个教师，教育及保育集一身，乡镇里面稍微好一点的幼儿园，一个班有两个老师，这就导致私立幼儿园教师的工作量很大，而且保育与教辅是幼儿安全与健康发展的基本保障，保育的缺少不利于幼儿的成长。

第二，第二个就是教师之间的差距，在调查的老师中，私立幼儿园教师学历主要以中专为主，一些园长的学历也是专科，私立幼儿园老师没有职称，而公立幼儿园教师以大专为主，少数幼儿老师是本科，有编制的教师大部分是初级，高级的很少，这也就导致公立幼儿园与私立幼儿园之间教师工资的差距很大，私立幼儿园教师放假的时候就没有工资，也没有五险一金。

第三，第三个差距就是幼儿园教学内容上的差距，公立幼儿园教师教学任务比较轻松，不涉及小学拼音、识字等内容，而私立幼儿园的教师涉及的东西太多，教一些语言、写字、算术等小学内容。

（二）农村幼儿园教师的基本情况不太乐观

第一，教师队伍性别比例严重失调，在所调查的教师中，我发放的问卷全是女老师填写的，大多数幼儿园都没有男教师，最多的有 3 ~ 5 个男教师，有男教师的也没有参与到教学中，而是去到管理阶层，在访谈园长的过程中，园长说："我们也愿意招收男幼儿教师，但是如果没有什么能力，就算是幼教毕业的我们也不要。"很多男教师不愿意进入幼儿园，在校期间也不愿意认真学习专业知识及技能，导致幼儿园男教师的缺乏，特别是农村地区。男教师在幼儿园中对于幼儿的发展很重要，有利于幼儿性别角色的形成，还可以促进幼儿的独立及坚强的气质。

第二，幼儿教师的年龄都是基本在 25 岁左右，偏年轻，25 岁左右的教师占 50%，30 岁以上的很少，只有幼儿园园长的年龄稍微大一些，都是在 35 岁左右，教师队伍年龄偏年轻，教龄大部分都只是在 3 ~ 5 年左右，任教 10 年以上的大多也是园长及管理人员，缺乏经验，知识及教学都处在正在学习的过程中，在教学上并不是好事。

第三，幼儿老师整体的学历偏低，很多都是专科学历，特别是乡村私立园以中专为主，本科学历的老师基本被分配到县里或是镇上。都匀市农村地区的公立幼儿园，本科学历占 68%，专科学历 32%，幼儿园自己聘用的幼儿教师几乎都是专科学历，教师学历影响教学质量，很多有用的幼儿园园本课程也不能被开发出来使用，教学计划与教学的方案只能从网上摘抄，教学也不符合幼儿的实际发展水平，忽视幼儿各方面的发展，小学化倾向严重。

第四，教师工资不高，有职称和有编制的很少，老师队伍不稳定，调查中，学前教育教师的收入与职称、编制成正比，而工资待遇又影响教师队伍的稳定，有职称而且是编制的老师工资在 3000 ~ 4000 元，没有职称没有编制的在 1000 ~ 2000 元，而且职称评定在幼儿园也很少，没有编制的教师属于幼儿园自己聘请的，属于临时的，与其他正式教师之间待遇相差较大，最明显的体现在私立幼儿园，所有调查的教师都是没有职称，没有编制，工资都是 1000 ~ 2000 元，县城的教师工资待遇高于镇上，对于问卷中"您会一直做幼儿教师吗"这个问题的回答，60%的教师的回答都是"看情况而定"，没有选择一直做下去，选择这个选项的老师都是工资比较低的，工资待遇是影响教师队伍的稳定情况最重要的因素，教师队伍的不稳定又影响着学前教育的发展。

第五，师幼比偏高，教师工作负担比较重，在所调查的幼儿园，除了昌明高寨幼儿园幼儿人数少一点，每个班只有 25 人左右，其他幼儿园幼儿人数都是在 50 ~ 60 人，有一个幼儿园幼儿人数达到 70 人，小孩人数过多，老师数量少，就会导致教学质量得不到保证，幼儿老师不仅要教育孩子，还要负责保育工作，用中午休息的时间备课及制作玩教具。

第六，教师的资格达不到标准，在调查的总人数中，有 10 位老师没有教师资格证，有 11 位教师是属于非学前教育专业，有一个教师既不是幼师毕业，也没有教师资格证，文凭只是中专毕业生，幼儿教师应该取得幼儿园教师资格证，应该具备幼儿师范学校毕业及以上学历。随着我国教育事业的进步与发展，对从事教师的学历要求在不断地提高，一些条件好一点的幼儿园要求教师必须是本科及以上，发达城市的一些幼儿园招收幼儿教师时，都规定只招收研究生学历的教师，教师资格不达标及非幼师专业的人员进入幼教行业，对于幼儿教育的影响是不利的，因为在幼儿园，不仅是照看孩子，更重要的是孩子的各个方面成长，做好幼小衔接的工作，学前教育老师必须不断学习相关的知识，了解孩子身体及心理发展规律，才能去胜任幼儿教师这一职业，否则就会影响幼儿的成长。

（三）幼儿园教师学习和培训的机会少

私立幼儿园的教师有一些从来没有出去培训和学习过，公立幼儿园教师也只是偶尔出去培训，邀请专家指导学习的情况也很少，私立幼儿园由于没有被纳入教师管理体系，缺少国家的资助，教育及培训经费严重不足，教师自己的工资也只够维持日常生活，没有能力出去学习，公立幼儿园提供出去学习及培训的机会大多也只针对一部分幼儿园优秀教师，并不是全部，而且大部分教师工作和学习上产生冲突，没有多余的时间出去学习，农村教师没有出去学习与观摩的机会，她的教学经验及理念就只能停留在以往的基础上，学不到新的知识，缺乏创新意识，导致民族地区农村幼儿教育的落后，与城市之间差距进一步拉大，从而影响了整个学前教育的发展。

（四）教师教育观念不正确，教学方式落后

教师在对下列问题的回答情况是这样的，问题：你赞成下面哪些观点？答案：① 孩子都是吃软怕硬的；② 对待幼儿应该给好心不给好脸；③ 树大自然直；④ 犯错须体罚；⑤ 都不赞成。选择“都不赞成”的老师只占 50%，另外 50%的教师教学观念都存在错误的地方，特别是私立幼儿园，90%的老师都会选择其他选项，民族地区农村幼儿教师对科学有效的教育及管理存在误区，都觉得管理幼儿应该严格及严肃，否则就会管理不下来，这个观点其实不仅仅存在农村，城市也会有这样的观点，在见习及实习中我们也会发现这样的现象，性格凶的教师很容易控制教学，而温柔的、不发火的教师有时候还会被幼儿欺负，所以就会出现对待幼儿应该凶一点，在教学中，我们应该细心地去发现孩子的发展特点，用心和幼儿相处。

观摩的过程中，教学情景一：幼儿园教师在教幼儿数的分解，那位幼儿园教师采用的办法是直接告诉五可以分成几和几，然后教幼儿一遍一遍的朗读，读了几分钟左右，这种教学幼儿虽然都是跟着老师大声朗读，积极性很高，但是由于教师的教学方法落后，教学质量却不是很高。绝大多数教师认为应该把教材作为课程内容依据，以自然为主线，动物、沙土、民间游戏，都可以成为教学资源，但是农村教师缺乏这些因地制宜的能力，本身的知识也有限，无法用农村环境采取教学，在对教学资源的调查中，农村地区除了县城和好一点的乡镇，很多地方都还没有电脑、教学参考书、钢琴等基础设施，教师就只能靠自己的讲解，这些因素加在一起就导致了整个民族地区农村教学方式的落后。

（五）教师自身的专业素质比较低

1．教师对学前教育的相关文件不太了解

在调查中发现，很多教师对五大领域、纲要、指南等文件的内容和目标都不太掌握，对于提升自身能力也在学习的过程中，民族地区农村幼儿园教师对于专业素质需要提升表现在专业教育技能技巧、学前专业知识、现代教育技术、文化教育知识及科研能力等方面。

2．教师难以把握课堂，准确进行教学

教学中会经常出现以下问题：由于知识面不够，经常回答不出幼儿所提的问题，对于舞蹈、歌唱、绘画等技能不会，不能运用专业知识处理教学问题，也不能总结自己的教学经验。农村幼儿教师专业素质不高和在职前及职后的培训不够有很大的关系。农村幼儿教师大多数把自己的工作与保姆等同，安于现状，缺乏上进心。在面对越来越新的教育理念和现代教育技术时，农村幼儿教师更多表现出力不从心以及束手无策。

农村幼儿教师的教研能力与实践能力较差，由于文化素质与专业素质较低，工作任务重，不会分析、评估和反思自己的教育教学实践活动，不能够从儿童的需要及实际的发展水平及一些教育情景去进行教育实践活动。

五、农村幼儿园教师队伍问题的成因分析

农村幼儿教师队伍中之所以会出现这些问题，可以从两个方面分析。

（一）幼儿教师自身的因素

在调查幼儿教师教育地位问题中，很多教师选择了这个选项：幼儿教师的地位很低，会被别人瞧不起。但是，幼儿教育是人生中教育的基础阶段，对受教育者本身影响深远，而幼儿教师又是影响幼儿教育的主要因素，在旧观念中，幼儿教师就是“保姆”，教幼儿的也是女生，对男教师不认可，从而导致很多男教师不愿意从事学前教育这一行列，农村幼儿园缺乏优秀师资，减慢了农村学前教育的发展。也导致了农村幼儿园教师队伍中教师整体质量不高的情况，农村幼儿教师没有摆正自己的位置，对于自己的生存也是安于现状，过一天算一天。

（二）国家及政府对于农村学前教育的重视程度不够

特别是对私立幼儿园和偏远山村的幼儿教育投资不够，导致很多私立幼儿园和偏远山区幼儿园自身运营困难，更别说是为教师提供福利保障和培训机会，对于教师的职称评定制度不完善，管理体制的长期不健全，很多的学前教育政策在农村得不到落实，私立幼儿园为了达到盈利的目的，压低教师工资待遇，不招收保育教师，胡乱增加幼儿人数，由于国家政策没有在农村得到落实，出现了教师工资待遇低、师幼比例高、幼儿教师负担重等问题。

六、改善民族地区农村幼儿园教师队伍的建议

（一）提高教师的待遇及地位

农村幼儿园除了依靠国家及地区的帮助，还可以通过其他的途径来解决其发展困境，国家通过鼓励及动员一些企业家兴办幼儿园，分担公立幼儿园的负担，专门建立一些农村教师基金会，多渠道扩大和补充农村幼儿教育资金的投入，提高农村地区幼儿教师的待遇，还应普及幼儿教师对于幼儿教育及终身教育的重要性，提高农村幼儿教师的地位，鼓励城市优秀教师或者幼儿教育专家到农村对当地教师进行帮助，减少农村幼儿园对教师培训经费的支出，把这部分经费补贴到教师待遇中，稳定教师队伍。

（二）建立健全农村幼儿教师的职称评定，规范幼儿教师的标准

都匀农村幼儿园中，只有少数教师有正式编制，并能评到初级或高级职称，其他大部分的临时教师和私立幼儿园教师就没有职称评定的资格，这种现象极大地影响了教师工作的积极性和上进心，相关部门应对教师编制及职称提出改革，对农村幼儿园中富有经验的民办教师及临时教师通过职业培训及考试选拔，转为公办教师，给予公办教师资格。农村幼儿园在选拔幼儿园教师的时候，应该严格按照国家规定的政策，必须是幼儿师范学校毕业及学前教育专业的学生，并且持有幼儿园教师资格证，才能进入幼儿园从事幼教工作，在保育教师的选拔上也应该规范选拔标准，每个班级应该配备正式的保育教师，且学习、培训过幼儿保育知识，以减轻农村幼儿教师的工作负担。

（三）加强幼儿教师的职前教育及职后培训，提高教学能力

在师范院校中，学校应该注重教师的理论学习及技能的培养，做一个全能型人才，理论和技能一起学习，在调查的数据中显示，农村幼儿教师大部分在 25 岁左右，她们的专业知识与教育教学能力还不够满足现在学前教育的发展，所以职后的培训也很重要。职后培训可以选择多种途径，邀请幼儿教育专家，建立网络培训，组织优质课的评比与观摩，加大现代教育技术手段的学习，从多种途径提高农村幼儿教师的教学能力及研究能力。

（四）加大农村幼儿园的硬件设施建设

都匀市的农村幼儿园和城市幼儿园差距较大，比如钢琴、电脑、电视、幼儿教育杂志、儿童图书、户内户外玩教具等教学资源，在都匀市区的幼儿园几乎都有，而农村的幼儿园却缺乏这些资源，这给农村的幼儿教师在教学时带来了诸多的不便利，大多数的课堂只能靠教师的口头表述，难以达到教学的目标及效果。农村教学资源的匮乏，教学条件的落后，也是影响农村幼儿教师队伍稳定的因素之一。所以，国家应加强对这方面的投入，让农村幼儿园与城市幼儿园减少发展的差距，让农村的孩子也能享受到城市里面同等的教学环境，这样一

来，农村幼儿教师也不会一心想跑到城市发展，在教学时也能全心付出，真正去促进农村幼儿教育的发展。

（五）教师个人要树立正确的职业观

作为一名农村幼儿教师，不应该因为农村落后，就不想在农村工作，嫌弃农村的环境不好，我们更应该做的是，关爱幼儿，做好自己的工作，增强创意，选择了这一职业就要学会去坚持，把发展好农村幼儿教育放在本位，做一个幼儿喜爱、领导放心、对学前教育有贡献的农村幼儿教师。

参考文献

[1] 赵跟喜，骆兰. 甘肃省民族地区农村学前儿童教育现状及对策——以临夏回族自治州部分乡镇为例[J]. 社科纵横，2013（5）：146-149.

[2] 郭晓燕，赵兴太. 农村幼儿园建设亟待加强——基于河南省×村幼儿园情况调查[J]. 中国城市经济，2010（8）：247-247.

[3] 上海市委党校课题组. 推进素质教育教师是关键[J]. 教育发展研究，2000（1）：29-30.

后　记

学前教育专业是黔南民族师范学院的重点专业，2002 年开始招收本科生，2012 年开始招收教育硕士。近十年来，在人才培养和学科专业发展方面取得了丰硕的成果，培养了一批优秀人才，打造了一批科研平台。学前教育专业已成为我校的特色热门专业，充分利用“服务国家特殊需求人才培养项目”学士学位授予单位开展培养教育硕士试点工作、贵州省重点学科“教育学”、贵州民族地区学前教育专业研究生工作站、黔南民族师范学院一流学科“教育学”、民族地区学前教育师资专业能力创新创业训练中心及黔南民族师范学院“民族教育研究科研创新团队”进行大胆探索和实践，在理论研究和实践探索方面取得了显著成效。在师生团队共同努力下，涌现出一批优秀的学士学位和硕士学位论文，有些如“儿童对死亡的认知研究”“精神虐待对儿童心理发展影响”等选题上具有前沿性、新颖性，对于当前幼儿教育实践有较好的指导和参考意义。

本书按照幼儿教育五大领域框架进行构思设计，精选了 2012 级、2013 级学前教育专业本科生的 29 篇优秀学士学位论文。本次编写工作由辛均庚统筹，负责本书的整体构思、统稿润色、修改定稿等工作，王双宏、石恒帅、刘珊等参与构思设计、编撰、组织协调等工作，并对全书进行了审阅和修改，其余人员参与了编写和修改工作。

本成果可以为民族地区学前教育的改革与发展提供理论参考和实践指导。在编写过程中，我们参考了学术界的部分观点和研究成果，在此一并感谢。同时，我们恳请广大读者和专家学者给予批评指正。

编　者

2018 年 3 月